구원이란

무엇인가

구원이란

무엇인가

ⓒ 김기호, 2021

초판 1쇄 발행 2021년 12월 1일

지은이   김기호
펴낸이   이기봉
편집   좋은땅 편집팀
펴낸곳   도서출판 좋은땅
주소   서울특별시 마포구 양화로12길 26 지월드빌딩 (서교동 395-7)
전화   02)374-8616~7
팩스   02)374-8614
이메일   gworldbook@naver.com
홈페이지 www.g-world.co.kr

ISBN   979-11-388-0357-1 (03230)

구원이란 무엇인가

평신도를 위한 쉽게 읽는
칼빈주의 구원론

김기호 지음

좋은땅

김성태 명예교수(총신대학교 신학대학원)

중앙아시아 교회는 경교회의 역사까지 거슬러 올라가면 천 년의 세월이 넘는다. 17세기에 폴란드와 벨라루스의 접경지대를 거쳐서 아제르바이잔을 지나 중앙아시아에 칼뱅주의 신학을 가진 개혁주의 선교사들이 진출한 적이 있었다. 이러한 개혁주의 선교사들의 영향으로 우크라이나와 러시아 침례교회 내에 개혁주의 신학을 가진 소수의 교회지도자들이 있다. 그러나 대다수의 중앙아시아 개신교회는 러시아 침례교회의 영향과 미국 쪽에서 들어온 오순절교회 선교의 영향으로 알미니안 신학의 영향력이 상당하다. 어떤 의미에서 신학의 혼란과 무질서한 신학의 혼돈이 있다. 이런 상황에서 성경적인 신학과 신앙을 정립하며, 중앙아시아 개신교회 내에 개혁주의 신학과 신앙의 뿌리를 내리는 일은 무엇보다 중요하다.

본서의 저자 김기호 선교사는 오래전에 중앙아시아로 선교 사역을 떠나 카자흐스탄과 키르기즈스탄의 여러 지역에서 개혁주의 신학과 신앙이 성경적 신학과 신앙임을 확신하고, 현지 교회지도자들을 올바른 신학과 신앙으로 인도하기 위해서 지금까지 최선을 다해 헌신하고 있는 신실한 선교사이다.

이번에 김 선교사가 저술한 『구원이란 무엇인가』의 내용을 살펴보니 칼뱅주의 신학의 구원의 서정(Ordo Salutis)을 명쾌하게 설명하고 있을 뿐만 아니라 성경적 근거와 개혁주의 신학자들의 연구를 잘 정리하여 서술하고 있어 누구라도 개혁주의 신학의 구원론을 어렵지 않게 이해 할 수 있도록 설명하고 있다. 이 책은 성경적 개혁주의 구원론을 이해 하는 것뿐만 아니라, 개혁주의 신학과 신앙의 기초를 든든히 세워 가 는 데 있어서 요긴하고 능력 있게 사용되리라 확신하며, 본 서의 일독 을 기쁨으로 추천한다.

추천의 글

신성욱 교수(아세아연합신학대학교 설교학)

　기독교 신앙의 진수 가운데 '구원'만큼 중요하고 필수적인 주제는 없을 것이다. 이처럼 소중한 구원에 관한 성경적인 정리가 제대로 되지 않은 까닭에 구원파와 같은 이단들이 활개를 치며 기성 교회와 교인들을 어지럽히게 된 것이다. 믿음을 통해서 구원을 받지만 구원은 전적으로 하나님의 은혜로 말미암아 주어진다. 내가 가진 믿음도 내 믿음이 아니라 하나님이 은혜로 주신 선물이다. 서양인들은 동양인들보다 복음이나 구원을 이해함에 훨씬 유리한 면이 있다. 동양인들은 공로의식이 있기 때문에 자신이 뭔가 대가를 지불하지 않은 상태에서 공짜로 받는 것에 익숙지 못하다. 물론 복음이 공짜이긴 하지만 싸구려가 아니다. 값으로 지불할 수 없을(priceless) 만큼 굉장히 가치 있는 것이지만 그것을 지불할 능력이 없기 때문에 공짜로 얻게 하셨을 뿐이다. 따라서 구원의 복음을 듣고 천국 백성이 된 이들은 하나님이 바라시는 삶을 행함과 순종으로 드러냄이 필요하다.

　저자는 본 서에서 칼빈주의 입장에서 하나님의 은혜로 구원 받은 성도가 기본적으로 알고 있어야 할 참구원의 의미와 과정에 대하여 성경적 근거와 토대 위에서 구원을 이해할 수 있도록 소개하고 있다. 인간의 사색에서 나온 이론이 아닌 성경이 말하고 있는 구원이 무엇인지 알기 원하는 이들이나 이미 알고 있지만 보다 분명하게 성경적으로 정리하기를 원하는 이들에게 필독을 권한다.

머리말

    그리스도의 대속의 은혜를 통해 구원 받은 우리 신자들이 하나님께서 인정하시고 기뻐하시는 신앙생활을 위해서는 꼭 필요한 신앙의 지침서가 있다. 그것은 성경 66권 하나님의 말씀이다. 성경은 신자들의 신앙의 옳고 그름을 구분할 수 있는 근거와 표준이 되며, 하나님이 원하시는 신앙의 삶을 위한 귀중한 안내서와 같다. 시편 119편 105절을 보면 "주의 말씀은 내 발에 등이요 내 길에 빛이니이다"라고 했고, 디모데후서 3장 16절에서는 "모든 성경은 하나님의 감동으로 된 것으로 교훈과 책망과 바르게 함과 의로 교육하기에 유익하니"라고 말함으로써 성경은 구원 받은 신자들에게 꼭 필요한 신앙생활의 안내서와 같다는 사실을 분명하게 보여 주고 있다. 또한 장로교 12신조 중에 제1조 역시 하나님의 말씀인 성경에 대하여 "신·구약 성경은 하나님의 말씀이니 신앙과 본분에 대하여 정확무오한 유일의 법칙이다."라고 진술함으로써 성경은 우리 신자들의 신앙생활에 있어서 유일한 신앙의 법칙이요, 신자들을 바른 신앙의 길로 인도해 주는 안내서와 같다는 사실을 가르쳐 주고 있다.

    그러나 현재 우리 주변의 현실을 보면 많은 신자들이 하나님의 말씀에 신앙의 근거와 표준을 두기보다는 인간의 이성이나 개인적인 영적 체험, 또는 오랜 교회의 전통에 두는 등, 성경보다는 다른 외적인 것에 신앙의 표준을 두려는 모습들이 나타나고 있다.

결국 이러한 신앙의 태도는 신자들이 받은 구원에 대해서도 전적인 하나님의 은혜임을 고백하고 감사하기보다는 마치 인간의 어떤 노력과 행위가 구원을 받는 데 있어서 일정 부분 기여를 한 것이 아닌가 하는 엉뚱한 생각을 갖도록 만드는 역할을 하게 되었다. 여기에는 전적으로 부패하고 무능력한 타락한 인간의 상태를 바로 이해하지 못한 잘못된 성경관을 가진 교회지도자들의 가르침이 큰 영향을 주었다고 생각된다. 따라서 본 서에서는 성경적 구원의 의미가 무엇인지, 왜 인간에게 구원이 필요하게 되었는지를 성경을 통해서 확인함으로써 인본주의적 구원관이 왜 잘못되었는지를 지적하고 성경적 바른 구원관이 어떤 것인지에 대하여 칼빈주의적 입장에서 소개해 보려고 한다. 바라기는 본서를 통해 바른 성경적 구원론을 이해하고 죄인들을 구원하시기 위해서 오신 예수 그리스도의 고귀한 희생과 독생자를 십자가에 내어놓으신 하나님 아버지의 무한하신 사랑(롬 5:8)과 긍휼에 감사와 영광을 돌려드리는 찬양과 고백이 일어나기를 소망해 본다.

끝으로 본 서가 나오기까지 인도해 주신 하나님께 감사와 모든 영광을 돌려 드리고, 기도해 주신 모든 분들과 바쁘신 중에도 추천의 글로 격려해 주신 존경하는 김성태 교수님과 신성욱 교수님께 진심으로 감사의 인사를 드린다.

> 디모데후서 1:9 "하나님이 우리를 구원하사 거룩하신 소명으로 부르심은 우리의 행위대로 하심이 아니요 오직 자기의 뜻과 영원 전부터 그리스도 예수 안에서 우리에게 주신 은혜대로 하심이라"

차례

구원의
의미와
필요성

구 원 이 란 　 무 엇 인 가

1

성경적 구원의 의미

구원의 사전적 의미는 어려움이나 위험에 빠진 사람을 돕거나 구해 주는 것을 말한다. 그러므로 구원이란 자기 스스로 해결하기 어려운 모든 악한 것과 위험한 질병과 심각한 재난의 상태에서 건짐을 받는 것이라고 볼 수 있다. 병든 사람에게는 그 병에서 깨끗이 고침받는 것이 구원이요, 물에 빠져 죽어 가는 사람에게는 그 물속에서 건짐을 받는 것이 구원이며, 가난에 허덕이는 사람에게는 그 경제적 고통에서 해방을 받는 것이 구원이라고 할 수 있다.[1]

성경에서도 구원이라는 말이 다양한 의미로 사용되었다. 몇 가지 예를 들면, ① 영혼의 구원(시 6:4; 35:3, 9, 17; 벧전 1:9), ② 고통에서의 구원(시 107:13, 19), ③ 사자의 입에서의 구원(시 22:21), ④ 대적에게서의 구원(신 20:4), ⑤ 악을 행하는 자로부터의 구원(시 59:2), ⑥ 죽음의 질병에서의 구원(사 38:1~22), ⑦ 원수들의 분노에서의 구원(시 138:7), ⑧ 풍랑에서의 구원(마 8:25~26), ⑨ 죄에서의 구원(마 1:21) 받는 것 등등이다.[2]

---

1) 김기호, 『바른 신앙을 위한 핵심 교리 탐구』, (서울: 도서출판 좋은땅, 2021), 96.
2) Ibid.

그러나 성경에서 말하는 구원의 가장 기본적인 개념은 죄에서 건짐을 받아 영적인 신분이 바뀌는 것이다. 즉 구원은 타락으로 인하여 전적으로 부패한 마귀의 자녀(요 8:44; 엡 2:2~3)에서 예수 그리스도의 속죄(롬 4:25; 고전 15:3~4)를 통해 하나님의 자녀(요 1:12)로 그 신분이 변화된 것을 의미한다.[3] 따라서 이러한 성경적 구원의 의미를 좀 더 구체적으로 살펴보면 다음과 같다.

1) 구원은 하나님의 은혜

구원이 하나님의 은혜라고 하는 의미는 하나님께서 구원의 은혜를 택한 백성들에게 베풀어 주실 때 아무런 조건이나 대가 없이 거저 주셨다는 의미이다. 즉 성경이 가르쳐 주는 구원은 인간의 어떤 행위나 노력으로 얻을 수 있는 것이 아니라 전적인 하나님의 은혜로 주어지는 선물이라는 것이다.

- 로마서 3:24 "그리스도 예수 안에 있는 속량으로 말미암아 하나님의 은혜로 값없이 의롭다 하심을 얻은 자 되었느니라"

- 로마서 5:15 "그러나 이 은사는 그 범죄와 같지 아니하니 곧 한 사람의 범죄를 인하여 많은 사람이 죽었은즉 더욱 하나님의 은혜와 또한 한 사람 예수 그리스도의 은혜로 말미암은 선물은 많은 사람에게 넘쳤느니라"

---

3) 안창천, 『파워8확신』, (서울: 도서출판 우리하나, 2018), 18.

- 디모데후서 1:9 "하나님이 우리를 구원하사 거룩하신 소명으로 부르심은 우리의 행위대로 하심이 아니요 오직 자기의 뜻과 영원 전부터 그리스도 예수 안에서 우리에게 주신 은혜대로 하심이라"

2) 구원은 예수 그리스도의 희생을 통한 선물

로마서 5장 12절을 보면 "그러므로 한 사람으로 말미암아 죄가 세상에 들어오고 죄로 말미암아 사망이 왔나니 이와 같이 모든 사람이 죄를 지었으므로 사망이 모든 사람에게 이르렀느니라"라고 했다. 이 말씀에서 보여 주는 것처럼 아담은 그의 첫 범죄를 통해 그의 모든 후손들에게 죄와 사망을 물려주게 되었다. 그러므로 아담의 후손인 모든 인류는 한 사람도 예외 없이 아담 안에서 죄인이 되었고, 사망에 이르게 되었다. 따라서 이러한 죄인이 구원을 받기 위해서는 누군가 죄를 대신해서 죽어야 한다. 그러나 우리 모두는 아담 안에서 죄인으로 태어난 존재이기 때문에 다른 사람을 대신하여 죽을 수 없다. 그 이유는 이미 언급한 것처럼 아담 안에서 모든 사람이 죄인이기 때문이다. 그런데 긍휼과 사랑이 풍성하신 하나님께서 인간 스스로 해결할 수 없는 죄의 문제를 독생자 예수 그리스도를 이 땅에 보내서서 완벽하게 해결해 주셨다. 즉 죄가 없으신(히 4:15)[4] 예수님께서 택한 백성들을 위해 십자가에서 속죄의 피를 흘려 죽으심으로 죄 문제를 해결해 주셨다는 것이다. 따라서 구원은 예수 그리스도의 십자가 희생을 통해 선택된

---

4) 히 4:15 "우리에게 있는 대제사장은 우리의 연약함을 동정하지 못하실 이가 아니요 모든 일에 우리와 똑같이 시험을 받으신 이로되 죄는 없으시니라"

하나님의 백성들에게 주어진 선물이다.

- 마태복음 1:21 "아들을 낳으리니 이름을 예수라 하라 이는 그가 자기 백성을 그들의 죄에서 구원할 자이심이라 하니라"

- 요한복음 10:14~15 "나는 선한 목자라 나는 내 양을 알고 양도 나를 아는 것이 아버지께서 나를 아시고 내가 아버지를 아는 것 같으니 나는 양을 위하여 목숨을 버리노라"

- 로마서 5:8~9 "우리가 아직 죄인 되었을 때에 그리스도께서 우리를 위하여 죽으심으로 하나님께서 우리에 대한 자기의 사랑을 확증하셨느니라 그러면 이제 우리가 그의 피로 말미암아 의롭다 하심을 받았으니 더욱 그로 말미암아 진노하심에서 구원을 받을 것이니"

- 갈라디아서 1:4 "그리스도께서 하나님 곧 우리 아버지의 뜻을 따라 이 악한 세대에서 우리를 건지시려고 우리 죄 를 대속하기 위하여 자기 몸을 주셨으니"

- 에베소서 1:7 "우리는 그리스도 안에서 그의 은혜의 풍성함을 따라 그의 피로 말미암아 속량 곧 죄 사함을 받았느니라"

- 디도서 2:14 "그가 우리를 대신하여 자신을 주심은 모든 불법에서 우리를 속량하시고 우리를 깨끗하게 하사 선한 일을 열심히 하는

자기 백성이 되게 하려 하심이라"

- 베드로전서 3:18 "그리스도께서도 단번에 죄를 위하여 죽으사 의인
  으로서 불의한 자를 대신하셨으니 이는 우리를 하나님 앞으로 인도
  하려 하심이라 육체로는 죽임을 당하시고 영으로는 살리심을 받으셨
  으니"

3) 구원은 사망에서 생명으로 옮기는 것

모든 인생은 최초의 범죄자 아담으로부터 죄와 사망을 물려받았다
(롬 5:12). 따라서 우리 모두는 이러한 영적 사망에서 구원 얻을 만한
아무런 조건이 없음에도 불구하고 예수 그리스도의 고귀한 십자가의
희생을 통해서 사망에서 생명으로 옮겨지게 되었다.

- 요한복음 5:24 "내가 진실로 진실로 너희에게 이르노니 내 말을 듣고
  또 나 보내신 이를 믿는 자는 영생을 얻었고 심판에 이르지 아니하나
  니 사망에서 생명으로 옮겼느니라"

- 로마서 5:17 "한 사람의 범죄로 말미암아 사망이 그 한 사람을 통
  하여 왕 노릇 하였은즉 더욱 은혜와 의의 선물을 넘치게 받는 자들
  은 한 분 예수 그리스도를 통하여 생명안에서 왕 노릇 하리로다"

- 로마서 5:21 "이는 죄가 사망안에서 왕 노릇 한 것 같이 은혜도 또

한 의로 말미암아 왕 노릇하여 우리 주 예수 그리스도로 말미암아 영생에 이르게 하려 함이라"

4) 구원은 죄 용서함 받고 의롭게 되는 것

로마서 3장 10절을 보면 "기록된 바 의인은 없나니 하나도 없으며"라고 했는데, 이 말씀이 교훈하는 것은 모든 사람이 죄인이라는 사실이다. 그러면 어떻게 죄인이 죄 용서함을 받고 의롭다 함을 받을 수 있겠는가? 성경은 인간의 행위나 율법을 지키는 것으로는 의롭게 될 수 없다(롬 3:20)는 사실을 분명하게 말씀하고 있다. 오직 가능한 길은 택한 백성들의 속죄를 위해 피 흘려 주신 예수 그리스도를 믿는 믿음으로 말미암아 죄 용서함을 받고 의롭게 될 수 있다고 성경은 증거하고 있다. 갈라디아서 2장 16절을 보면 "사람이 의롭게 되는 것은 율법의 행위로 말미암음이 아니요 오직 예수 그리스도를 믿음으로 말미암는 줄 알므로 우리도 그리스도 예수를 믿나니 이는 우리가 율법의 행위로써가 아니고 그리스도를 믿음으로써 의롭다 함을 얻으려 함이라 율법의 행위로써는 의롭다 함을 얻을 육체가 없느니라"라고 했고, 21절에서는 "내가 하나님의 은혜를 폐하지 아니하노니 만일 의롭게 되는 것이 율법으로 말미암으면 그리스도께서 헛되이 죽으셨느니라"라고 말씀하고 있다.

- 로마서 3:22 "곧 예수 그리스도를 믿음으로 말미암아 모든 믿는 자에게 미치는 하나님의 의니 차별이 없느니라"

- 로마서 3:24 "그리스도 예수 안에 있는 속량으로 말미암아 하나님의 은혜로 값없이 의롭다 하심을 얻은 자 되었느니라"

- 로마서 5:9 "그러면 이제 우리가 그의 피로 말미암아 의롭다 하심을 받았으니 더욱 그로 말미암아 진노하심에서 구원을 받을 것이니"

- 로마서 5:18~19 "그런즉 한 범죄로 많은 사람이 정죄에 이른 것 같이 한 의로운 행위로 말미암아 많은 사람이 의롭다 하심을 받아 생명에 이르렀느니라 한 사람이 순종하지 아니함으로 많은 사람이 죄인 된 것 같이 한 사람이 순종하심으로 많은 사람이 의인이 되리라"

5) 구원은 새로운 피조물로 변화되는 것

구원 받기 이전의 성도의 삶은 이 세상 풍조를 따르고 공중의 권세 잡은 자를 따랐던(엡 2:2) 마귀의 자녀(요 8:44)이었고 본질상 하나님의 진노를 받을 수밖에 없는(엡 2:3) 불행한 자였으나, 하나님의 선택(엡 1:4)함을 받은 자들만을 위한 예수 그리스도의 속죄(롬 4:25; 고전 15:3~4)와 성령 하나님의 거듭나게(딛 3:5) 하시는 은혜로 구원 받은 모든 이들은 하나님의 자녀(요 1:12)로 새롭게 태어나는 피조물로 신분이 변화되었다(고후 5:17).

- 요한복음 3:3 "예수께서 대답하여 이르시되 진실로 진실로 네게 이르노니 사람이 거듭나지 아니하면 하나님의 나라를 볼 수 없느니라"

- 로마서 8:2 "이는 그리스도 예수 안에 있는 생명의 성령의 법이 죄와 사망의 법에서 너를 해방하였음이라"

- 고린도후서 5:17 "그런즉 누구든지 그리스도 안에 있으 면 새로운 피조물이라 이전 것은 지나갔으니 보라 새 것이 되었도다"

- 에베소서 2:4~5 "긍휼이 풍성하신 하나님이 우리를 사랑하신 그 큰 사랑을 인하여 허물로 죽은 우리를 그리스도와 함께 살리셨고(너희는 은혜로 구원을 받은 것이라)"

- 디도서 3:5 "우리를 구원하시되 우리가 행한 바 의로운 행위로 말미암지 아니하고 오직 그의 긍휼하심을 따라 중생의 씻음과 성령의 새롭게 하심으로 하셨나니"

6) 구원은 천국과 영원한 생명을 소유하는 것

구원은 죄로 말미암아 영원한 형벌[5]의 장소인 지옥에 떨어질 수밖에 없던 자들이 하나님의 택하심과 예수 그리스도의 속죄, 성령 하나님의 거듭나게 하시는 은혜를 통해서 영원한 안식의 장소인 천국과 그 안에서 누리게 될 영원한 생명을 소유하는 것이다. 요한계시록 21장 4절은 구원 받은 자가 가게 될 천국에 대하여 말하기를 "모든 눈물을 그 눈

---

5) 막 9:47~49 "만일 네 눈이 너를 범죄하게 하거든 빼버리라 한 눈으로 하나님의 나라에 들어가는 것이 두 눈을 가지고 지옥에 던져지는 것보다 나으니라 거기에서는 구더기도 죽지 않고 불도 꺼지지 아니하느니라 사람마다 불로써 소금 치듯 함을 받으리라"

에서 닦아 주시니 다시는 사망이 없고 애통하는 것이나 곡하는 것이나 아픈 것이 다시 있지 아니하리니 처음 것들이 다 지나갔음이러라"라고 했다. 이 말씀과 같이 예수 그리스도의 은혜를 입은 우리가 소유하게 될 천국은 지상에서 있었던 모든 비극적 요소가 하나도 없는 찬양과 감사(계 7:9~12)가 있는 곳이다. 즉 하나님께서 베풀어 주시는 진정한 위로와 기쁨이 넘치는 영원한 안식의 장소이다. 그런데 이러한 천국과 영원한 생명은 이미 언급한 것처럼 우리의 어떤 노력으로 만들어낼 수 있는 것이 아니라 하나님의 거저 주시는 구원의 은혜를 통해서만 가능한 것이다.

2

구원이 필요한 이유는 무엇인가

인간에게 구원이 필요한 이유는 인류의 시조이며 대표자였던 첫 사람 아담이 하나님께서 금하신 선악과를 먹고 범죄하여 자신과 그의 모든 후손에게 죄와 사망을 물려주었기 때문이다. 하나님께서는 말씀으로 천지만물을 창조하신(창 1:1~25) 후에 하나님의 형상대로 사람을 만드셨다(창 1:26~27). 그리고 첫 사람 아담과 하와를 에덴동산에 살게 하시고(창 2:8) 한 가지 명령을 하셨다. "여호와 하나님이 그 사람에게 명하여 이르시되 동산 각종 나무의 열매는 네가 임의로 먹되 선악을 알게 하는 나무의 열매는 먹지 말라 네가 먹는 날에는 반드시 죽으리라 하시니라"(창 2:16~17). 이 말씀과 같이 하나님은 선악과를 먹지 말라는 명령을 주셨고 불순종했을 경우 반드시 죽는다는 경고의 말씀을 하셨다. 그러나 아담은 불순종했고 하나님께서 금지하신 열매를 먹었다(창 3:1~7). 창세기 3장 6절을 보면 "여자가 그 나무를 본즉 먹음직도 하고 보암직도 하고 지혜롭게 할 만큼 탐스럽기도 한 나무인지라 여자가 그 열매를 따먹고 자기와 함께 있는 남편에게도 주매 그도 먹은지라"라고 했다. 이렇게 아담과 하와는 하나님께서 금하신 열매를 따먹고 범죄하였다. 그 결과 하나님께서 경고하신 대로 죽음이 찾아왔고, 아담 이후 모든 후손에게 영적 사망과 죄를 물려주게 되었다. 따라서 아담 이후 출생하는 모든 인생은 스스로 하나님이 기뻐하시는 영적 선을 행하거나 구원의 길로 나아갈 수 없는 전적으로 타락하고 부패한 존재가 되었다.[6] 좀 더 구체적으로 아담의 불순종이 가져온 결과를 살펴보면 다음과 같다.

1) 경고의 말씀대로 사망이 찾아옴

선악과를 먹으면 반드시 죽으리라는 경고의 말씀대로 아담은 자기 자신뿐만 아니라 아담 이후 출생하는 모든 후손에게 사망(영과 육)을 물려주게 되었다.[7]

- 창세기 5:4~5 "아담은 셋을 낳은 후 팔백 년을 지내며 자녀들을 낳았으며 그는 구백삼십 세를 살고 죽었더라"

- 로마서 5:12 "그러므로 한 사람으로 말미암아 죄가 세상에 들어오고 죄로 말미암아 사망이 들어왔나니 이와 같이 모든 사람이 죄를 지었으므로 사망이 모든 사람에게 이르렀느니라"

- 로마서 5:14 "그러나 아담으로부터 모세까지 아담의 범죄와 같은 죄를 짓지 아니한 자들까지도 사망이 왕 노릇 하였나니 아담은 오

---

6) 김기호, 『바른 신앙을 위한 핵심 교리 탐구』, 98~99.
7) *Ibid.*, 99.

실 자의 모형이라"

- 로마서 6:23 "죄의 삯은 사망이요 하나님의 은사는 그리스도 예수
  우리 주 안에 있는 영생이니라"

- 에베소서 2:1 "그는 허물과 죄로 죽었던 너희를 살리셨도다"

- 에베소서 2:5 "허물로 죽은 우리를 그리스도와 함께 살리셨고(너희
  는 은혜로 구원을 받은 것이라)"

- 골로새서 2:13 "또 범죄와 육체의 무할례[8]로 죽었던 너희를 하나님
  이 그와 함께 살리시고 우리의 모든 죄를 사하시고"

2) 전적으로 타락하고 부패한 존재가 됨

최초의 범죄는 인간의 몸과 영혼의 모든 기능에 매우 심각한 손상을
가져다주었다. 다시 말해서 인간은 범죄의 결과로 인하여 전적으로 부
패하고 타락한 존재가 되어 생각하는 것이나 행동하는 모든 것이 하나
님이 기뻐하시지 않는 죄악을 향해 달려가는 부패한 존재가 되었다.[9]

---

8) 여기서 "육체의 무할례"라는 말은 신체에 할례를 받지 못한 것을 가리키는 것이 아니라, 심령에
   할례를 받지 못한 것을 가리킨다(신 10:16). 이것은 곧 육체(인간의 부패성)적이고 중생하지 못
   한 것을 의미한다[박윤선, 『성경주석(바울서신)』, (서울: 영음사, 1983), 289].
9) 김기호, 『바른 신앙을 위한 핵심 교리 탐구』, 100.

- 창세기 6:5 "여호와께서 사람의 죄악이 세상에 가득함과 그의 마음으로 생각하는 모든 계획이 항상 악할 뿐임을 보시고"

- 욥기 15:16 "하물며 악을 저지르기를 물 마심같이 하는 가증하고 부패한 사람을 용납하시겠느냐"

- 시편 14:3 "다 치우쳐 함께 더러운 자가 되고 선을 행하는 자가 없으니 하나도 없도다"

- 전도서 9:3 "모든 사람의 결국은 일반이라 이것은 해 아래에서 행해지는 모든 일 중의 악한 것이니 곧 인생의 마음에는 악이 가득하여 그들의 평생에 미친 마음을 품고 있다가 후에는 죽은 자들에게로 돌아가는 것이라"

- 예레미야 17:9 "만물보다 거짓되고 심히 부패한 것은 마음이라 누가 능히 이를 알리요마는"

- 마가복음 7:21~23 "속에서 곧 사람의 마음에서 나오는 것은 악한 생각 곧 음란과 도적질과 살인과 간음과 탐욕과 악독과 속임과 음탕과 질투와 비방과 교만과 우매함이니 이 모든 악한 것이 다 속에서 나와서 사람을 더럽게 하느니라"

- 로마서 7:18 "내 속 곧 내 육신에 선한 것이 거하지 아니하는 줄을

아노니 원함은 내게 있으나 선을 행하는 것은 없노라"

3) 영적 진리를 깨닫지 못하게 됨

타락의 결과 인간은 영적인 진리를 보아도 깨닫지 못하는 영적시각 장애인이 되었고, 진리의 말씀을 들어도 깨닫지 못하는 영적 청각 장애인이 되었다.[10]

- 로마서 3:11 "깨닫는 자도 없고 하나님을 찾는 자도 없고"

- 고린도전서 2:14 "육에 속한 사람은 하나님의 성령의 일들을 받지 아니하나니 이는 그것들이 그에게는 어리석게 보임이요 또 그는 그것들을 알 수도 없나니 그러한 일은 영적으로 분별되기 때문이라"

- 에베소서 4:17~19 "그러므로 내가 이것을 말하며 주 안에서 증언하노니 이제부터 너희는 이방인이 그 마음의 허망한 것으로 행함 같이 행하지 말라 그들의 총명이 어두워지고 그들 가운데 있는 무지함과 그들의 마음이 굳어짐으로 말미암아 하나님의 생명에서 떠나 있도다 그들이 감각 없는 자가 되어 자신을 방탕에 방임하여 모든 더러운 것을 욕심으로 행하되"

---

10) *Ibid.*, 101~102.

4) 하나님과의 교제를 상실하게 됨

아담의 타락으로 그의 모든 후손들은 죄를 물려받게 되었고, 그 결과 하나님과의 교제를 잃어버리게 되었다. 즉 인간은 타락으로 인해 전적인 부패와 무능력한 존재가 되어 참된 생명과 복의 근원이 되시는 하나님으로부터 단절되는 비극을 맞게 되었다. [11]

- 이사야 59:1~2 "여호와의 손이 짧아 구원하지 못하심도 아니요 귀가 둔하여 듣지 못하심도 아니라 오직 너희 죄악이 너희와 너희 하나님 사이를 갈라놓았고 너희 죄가 그의 얼굴을 가리어서 너희에게서 듣지 않으시게 함이니라"

- 골로새서 1:21~22 "전에 악한 행실로 멀리 떠나 마음으로 원수가 되었던 너희를 이제는 그의 육체의 죽음으로 말미암아 화목하게 하사 너희를 거룩하고 흠 없고 책망할 것이 없는 자로 그 앞에 세우고자 하셨으니"

5) 마귀의 자녀가 되었고 죄의 종이 됨

아담의 모든 후손은 전적으로 부패하고 타락한 존재로 태어나 성령으로 거듭나기 전에는 마귀의 자녀이고 마귀의 지배 아래 있는 죄의

---

11) *Ibid.*, 102.

종이 되었다. [12]

- 요한복음 8:34 "예수께서 대답하시되 진실로 진실로 너희에게 이르노니 죄를 범하는 자마다 죄의 종이라"

- 요한복음 8:44 "너희는 너희 아비 마귀에게서 났으니 너희 아비의 욕심대로 너희도 행하고자 하느니라 그는 처음부터 살인한 자요 진리가 그 속에 없으므로 진리에 서지 못하고 거짓을 말할 때마다 제 것으로 말하나니 이는 그가 거짓말쟁이요 거짓의 아비가 되었음이라"

- 에베소서 2:1~3 "그는 허물과 죄로 죽었던 너희를 살리셨도다 그때에 너희는 그 가운데서 행하여 이 세상 풍조를 따르고 공중의 권세 잡은 자를 따랐으니 곧 지금 불순종의 아들들 가운데서 역사하는 영이라 전에는 우리도 다 그 가운데서 우리 육체의 욕심을 따라 지내며 육체와 마음의 원하는 것을 하여 다른 이들과 같이 본질상 진노의 자녀이었더니"

- 디도서 3:3 "우리도 전에는 어리석은 자요 순종하지 아니한 자요 속은 자요 여러 가지 정욕과 행락에 종노릇 한 자요 악독과 투기를 일삼은 자요 가증스러운 자요 피차 미워한 자였으나"

---

12) *Ibid.*, 103.

6) 모든 사람이 죄의 지배 아래 있게 됨

아담의 타락은 그의 모든 후손에게 죄를 물려주게 되었고, 그 결과 모든 사람이 죄의 세력 아래 있게 되었다. 따라서 의로운 사람은 하나도 없다. [13]

- 열왕기상 8:46 "범죄하지 아니하는 사람이 없사오니…"

- 욥기 15:14~16 "사람이 어찌 깨끗하겠느냐 여인에게서 난 자가 어찌 의롭겠느냐 하나님은 거룩한 자들을 믿지 아니하시나니 하늘이라도 그가 보시기에 부정하거든 하물며 악을 저지르기를 물 마심같이 하는 가증하고 부패한 사람을 용납하시겠느냐"

- 시편 51:5 "내가 죄악 중에서 출생하였음이여 어머니가 죄 중에서 나를 잉태하였나이다"

- 시편 143:2 "주의 종에게 심판을 행하지 마소서 주의 눈앞에는 의로운 인생이 하나도 없나이다"

- 잠언 20:9 "내가 내 마음을 정하게 하였다 내 죄를 깨끗하게 하였다 할 자가 누구냐"

---

13) *Ibid.*, 104.

- 전도서 7:20 "선을 행하고 전혀 죄를 범하지 아니하는 의인은 세상에 없기 때문이로다"

- 이사야 53:6 "우리는 다 양 같아서 그릇 행하여 각기 제 길로 갔거늘 여호와께서는 우리 모두의 죄악을 그에게 담당시키셨도다"

- 이사야 64:6 "무릇 우리는 다 부정한 자 같아서 우리의 의는 다 더러운 옷 같으며 우리는 다 잎사귀 같이 시들므로 우리의 죄악이 바람 같이 우리를 몰아가나이다"

- 로마서 3:9~12 "그러면 어떠하냐 우리는 나으냐 결코 아니라 유대인이나 헬라인이나 다 죄 아래에 있다고 우리가 이미 선언하였느니라 기록된 바 의인은 없나니 하나도 없으며 깨닫는 자도 없고 하나님을 찾는 자도 없고 다 치우쳐 함께 무익하게 되고 선을 행하는 자는 없나니 하나도 없도다"

- 요한일서 1:8 "만일 우리가 죄가 없다고 말하면 스스로 속이고 또 진리가 우리 속에 있지 아니할 것이요"

- 요한일서 1:10 "만일 우리가 범죄하지 아니하였다 하면 하나님을 거짓말하는 이로 만드는 것이니 또한 그의 말씀이 우리 속에 있지 아니하니라"

7) 영적 선에 대하여 무능력하게 됨

타락으로 인해 인간은 스스로 자신의 성품을 변화시키거나 구원을 얻기 위해 준비할 수 있는 능력을 상실한 영적으로 무능력한 자들이 되었다.[14]

- 욥기 14:4 "누가 깨끗한 것을 더러운 것 가운데에서 낼 수 있으리이까 하나도 없나이다"

- 예레미야 13:23 "구스인이 그의 피부를, 표범이 그의 반점을 변하게 할 수 있느냐 할 수 있을진대 악에 익숙한 너희도 선을 행할 수 있으리라"

- 마태복음 7:16~18 "그들의 열매로 그들을 알지니 가시나무에서 포도를 또는 엉겅퀴에서 무화과를 따겠느냐 이와 같이 좋은 나무마다 아름다운 열매를 맺고 못된 나무가 나쁜 열매를 맺나니 좋은 나무가 나쁜 열매를 맺을 수 없고 못된 나무가 아름다운 열매를 맺을 수 없느니라"

8) 스스로 회개하거나 복음을 믿을 수 없게 됨

타락한 인간은 스스로 회개하여 복음을 믿거나 그리스도께 나아갈

---

14) *Ibid.*, 106.

수 없는 영적으로 죽은 자이며, 무능력한 존재가 되었다.

- 에베소서 2:1~2 "그는 허물과 죄로 죽었던 너희를 살리셨도다 그 때에 너희는 그 가운데서 행하여 이 세상 풍조를 따르고 공중의 권세 잡은 자를 따랐으니 곧 지금 불순종의 아들들 가운데서 역사하는 영이라"

- 로마서 3:11 "깨닫는 자도 없고 하나님을 찾는 자도 없고"

- 요한복음 6:44 "나를 보내신 아버지께서 이끌지 아니하시면 아무도 내게 올 수 없으니 오는 그를 내가 마지막 날에 다시 살리리라"

- 로마서 8:7~8 "육신의 생각은 하나님과 원수가 되나니 이는 하나님의 법에 굴복하지 아니할 뿐 아니라 할 수도 없음이라 육신에 있는 자들은 하나님을 기쁘시게 할 수 없느니라"

9) 중생의 은혜가 반드시 필요한 존재가 됨

타락한 인간은 영적으로 죽은 무능력한 존재이기 때문에 하나님 나라에 들어가기 위해서는 새롭게 태어나는 중생의 은혜가 반드시 필요하게 되었다. 따라서 거듭나기 전에는 하나님 나라에 갈 수도 없을 뿐만 아니라 하나님께서 원하시는 영적인 선을 전혀 행할 수 없는 존재가 되었다.

- 요한복음 3:3 "예수께서 대답하여 이르시되 진실로 진실로 네게 이르노니 사람이 거듭나지 아니하면 하나님의 나라를 볼 수 없느니라"

- 요한복음 3:5~6 "예수께서 대답하시되 진실로 진실로 네게 이르노니 사람이 물과 성령으로 나지 아니하면 하나님의 나라에 들어갈 수 없느니라 육으로 난 것은 육이요 영으로 난 것은 영이니"

- 로마서 8:7~8 "육신의 생각은 하나님과 원수가 되나니 이는 하나님의 법에 굴복하지 아니할 뿐 아니라 할 수도 없음이라 육신에 있는 자들은 하나님을 기쁘시게 할 수 없느니라"

- 고린도전서 2:14 "육에 속한 사람은 하나님의 성령의 일들을 받지 아니하나니 이는 그것들이 그에게는 어리석게 보임이요 또 그는 그것들을 알 수도 없나니 그러한 일은 영적으로 분별되기 때문이라"

- 디도서 3:5 "우리를 구원하시되 우리가 행한 바 의로운 행위로 말미암지 아니하고 오직 그의 긍휼하심을 따라 중생의 씻음과 성령의 새롭게 하심으로 하셨나니"

3

인간의 덕행이 구원에
영향을 끼칠 수 있는가

    사도 바울은 타락으로 인한 죄의 심각성을 다음과 같이 언급하였다. "기록된 바 의인은 없나니 하나도 없으며 깨닫는 자도 없고 하나님을 찾는 자도 없고 다 치우쳐 한가지로 무익하게 되고 선을 행하는 자는 없나니 하나도 없도다"(롬 3:10~12). 이 말씀에서 바울은 의인도 없고 선을 행하는 자가 하나도 없다는 사실을 강조하여 표현하고 있는데, 이러한 바울의 표현에 대하여 세상의 많은 사람들은 동의하지 않거나 혹은 오해할 수도 있을 것이다.

    우리 인생은 배움과 경험을 통해서 이 세상에 완벽한 사람은 없다는 것을 이미 알고 있다. 그러므로 그 누구도 인생이 완전하지 않다는 사실을 의심하거나 인정하기를 거부하는 사람은 없을 것이다. 따라서 이러한 사실에 근거해 볼 때 우리 인생이 죄인이라는 사실을 인정하기는 쉽다. 그러나 선을 행하는 자가 하나도 없다는 사실은 선뜻 인정하기가 어렵다. 선을 행하는 자가 없다니 어떻게 그럴 수가 있는가? 많은 사람들이 의문을 가지고 바울의 진술을 인정하지 않으려고 할 것이다. 즉 죄에 빠진 인간의 상태가 이처럼 심각하다는 사실을 천 명 가운데

한 사람도 제대로 인정하려 하지 않을 것이다. [15]

우리는 주변에서 불신자들이나 다른 이방 종교의 신도들이 많은 사람들에게 인정받을 만한 선한 일을 행하는 것을 종종 볼 수 있다. 그들은 때때로 우리 기독교인보다 더 열심히 선을 행하며 정직하게 살아가는 모습을 보이기도 한다. 어떤 이들은 나라와 민족을 위하여 자기의 목숨까지도 바치기도 하고, 또 어떤 이들은 자신이 평생 고생해서 모은 재산을 가난한 이웃들을 위해서 기부하는 사람들과 가난한 학생들을 위해 장학금으로 내어놓는 사람들도 있다. 또 철길에 뛰어든 어린 아이를 구하기 위해 자신의 생명도 아까워하지 않고 달려오는 기차에 자신의 몸을 던지는 사람들도 있었음을 우리는 신문이나 방송을 통해 보거나 들어 본 경험이 있다. 이 외에도 생명의 위험에 빠져 있는 사람들을 구하기 위해 자신의 귀중한 생명까지도 희생하는 사람들이 있다. 이렇게 우리 주변에는 기독교인이 아닐지라도 자신보다는 이웃을 위해서 희생하며 선을 행하는 사람들이 의외로 많이 있다.

그렇다면 선을 행하는 자가 하나도 없다는 바울의 진술을 우리는 어떻게 이해해야 하는가? 혹시 바울의 말에 오류가 있는 것은 아닌가? 라고 하는 의문이 일어날 것이다. 그러나 우리가 진정으로 성경을 무오한 하나님의 말씀으로 믿는다고 한다면 당연히 바울과 같이 선을 행하는 사람은 하나도 없다고 고백할 수밖에 없을 것이다. 그 이유는 우리 인생의 모든 신앙 행위의 옳고 그름을 판단해 줄 수 있는 유일한 표준인 성경이 그렇게 말씀하고 있기 때문이다. 그러므로 바울이 선을 행하는 자가 하나도 없다고 했을 때, 그 선이 어떤 의미의 선인지 우리는

---

15) R. C. Sproul, 『알기 쉬운 예정론』, 정중은 역, (서울: 생명의말씀사, 1993), 85.

성경을 통해서 깊이 묵상해 보아야 오해에서 벗어날 수 있을 것이다. 우리 인생이 선뜻 바울의 말에 동의하지 못하는 것은 바울이 말한 선을 상대적인 관점에서 이해를 하고 있기 때문이다. 물론 선이란 상대적인 어휘이다. 어떤 표준에 의하여 우리는 선하다고 판단할 수 있을 뿐이다. 우리는 사람과 사람 사이에서 비교하는 표현으로 선이라는 용어를 사용한다. 우리가 어떤 사람이 선하다고 말할 때 그것은 다른 사람과 비교하여 선하다는 사실을 의미한다. 그러나 선에 대한 궁극적인 표준 곧 우리 모두가 판단받아야 할 표준은 하나님의 율법이다. 그 율법이 하나님은 아니지만 그것은 하나님으로부터 온 것으로 하나님 자신의 완전한 성품을 반영한다. 이러한 하나님의 표준에 비추어 볼 때 아무도 선하지 못하다는 것이다.

성경적 범주에서는 선행이 두 가지 부분으로 나누어진다. 첫째는 하나님의 율법에 대한 외부적인 복종이다. 이것은 가령 하나님이 도둑질을 금지하셨다면 훔치지 않은 것이 선하다는 뜻이다. 진실을 말하는 것이 선한 일이며, 궁핍한 사람들을 도와주는 것이 선한 일이다. 외부적으로는 이러한 미덕들이 매일매일 우리의 주변에서 실천되고 있음을 볼 수 있다. 그러므로 많은 사람들이 이러한 사실들을 보면서 실제로 인간이 선한 일을 행할 수 있다는 성급한 결론을 내린다. 그러나 우리를 괴롭히는 것은 두 번째 부분이다. 하나님께서 어떤 행위가 "선하다"라고 선언하시기 전에 하나님은 율법에 대한 외부적인 복종뿐만 아니라 동기까지도 고려하신다는 점이다. 우리는 단지 외적인 현상만을 보고 평가하지만 하나님은 중심을 파악하신다. 어떤 행위가 선하다는 평가를 받으려면 하나님의 율법에 대하여 외부적으로 순종해야 할 뿐만 아니라 하나님께 대한 진실한 사랑에서 나오는 내적인 동기가 있어야 한다.

우리는 "네 마음을 다하고 목숨을 다하고 뜻을 다하고 힘을 다하여 주 너희 하나님을 사랑하라"(막 12:30)라고 하신 말씀과 "네 이웃을 네 자신과 같이 사랑하라"(막 12:31)라는 주님의 계명을 잘 알고 있다. 이 말씀의 요지는 우리의 모든 행위는 전적으로 하나님을 사랑하는 마음으로부터 나와야 한다는 것이다. 이러한 관점에서 볼 때, 선을 행하는 자가 없다는 바울의 말을 조금은 쉽게 이해할 수 있을 것이다. 그 이유는 때때로 우리의 최선의 행위도 순수하다고만 볼 수 없는 동기에 의하여 더럽혀지고 있기 때문이며, 우리 중에 아무도 마음을 다하고 뜻을 다하여 하나님을 사랑한 사람이 없기 때문이다. 또한 우리의 모든 행위 중에는 육체적인 것들이 조금씩이라도 섞여 있어서 완전하다고 할 수 없기 때문이다. 우리는 살면서 행하는 착한 행동을 통해서 사람들의 박수를 받을 수도 있으며, 동료들에게 존경을 받는 것은 물론이고 많은 사람들로부터 인정을 받을 수 있다.[16] 그러나 우리의 선행이 다른 사람들에게 인정을 받았다 할지라도 그것이 곧 하나님께서 인정하시는 선행은 결코 아니라는 것이다. 그 이유는 우리의 선행이 상대적인 것이기 때문이며, 하나님이 요구하시는 선행의 요건을 완벽하게 갖추지 못했기 때문이다. 외적인 면에서 불완전한 사람들이 보기에는 다 갖춰진 것처럼 보일 수 있지만 완전하신 하나님 앞에서는 아니기 때문이다.

예수님은 마태복음 5장 27~28절에서 "또 간음하지 말라 하였다는 것

---

16) *Ibid.*, 86~87.

을 너희가 들었으나 나는 너희에게 이르노니 음욕을 품고 여자를 보는 자마다 마음에 이미 간음하였느니라"라고 선언하셨다. 이러한 예수님의 말씀은 우리가 외부적으로 실제적인 간음을 하지 않았을지라도 여인을 보고 음란한 생각을 가졌다면 이미 간음한 것과 마찬가지라는 것이다.

그러므로 이러한 예수님의 말씀에 자유로울 사람이 어디에 있겠는가? 중심을 보시는 하나님 앞에서 외부적으로 들어나지 않는 실제적 간음은 행치 않았다 할지라도 아름다운 여인을 보고 이상한 생각을 한 번도 하지 않았다고 당당히 이야기할 수 있는 사람이 세상을 있을 수 있겠는가? 부패한 우리 인생 중에는 하나도 없다.

또한 요한일서 3장 15절을 보면 "그 형제를 미워하는 자마다 살인하는 자니…"라고 했다. 이 말씀은 형제에 대하여 미워하는 마음만 가져도 살인하는 자라고 선언하고 있다. 그렇다면 이 세상에 살고 있는 사람들 중에 미워하는 마음을 한 번도 가지지 않고 살아왔거나 앞으로 그렇게 살 수 있을 것이라고 확신 있게 이야기할 수 있는 사람이 과연 있겠는가? 한 사람도 없을 것이다. 따라서 이런 예수님의 기준에서 판단해 본다면 "의인은 없나니 하나도 없으며" "선을 행하는 자는 없나니 하나도 없도다"라고 하는 바울의 말은 결코 과장이 아니다. 바울의 판단은 정확했다. 실제로 선을 행하는 자가 없으며 하나도 없기 때문이다.

이러한 인간 선행의 결함에 대하여 뵈트너(Loraine Boettner)는 근본적이고 원론적인 면에서 설명하기를, 거듭나지 않은 사람은 하나님이 원하시는 선행을 원천적으로 행할 수 없다는 사실을 분명히 밝히고 있다. 뵈트너는 중생하지 못한 인간도 일반은총 안에서 가족을 사랑하거나 선량한 국민이 될 수 있다고 인정을 하면서, 그는 병원을 짓기 위하여 많은 돈을 기부할 수도 있다고 하였다. 그러나 예수 그리스도의 이름으로 예수님의 제자에게 냉수 한 컵을 주는 일은 할 수 없음을 지적하였다. 음주가는 공리적 목적을 위해서는 금주할 수 있어도 하나님을 사랑하는 의미에서 그렇게 할 수는 없다. 따라서 이러한 일반적인 덕 또는 선행의 일체는 그 목적이 하나님의 영광을 나타내는 데 있지 않다는 치명적인 결함을 갖는다고 했으며, 이 결함은 인간의 어떠한 선의 요소도 전부 가려 버릴 만큼 치명적인 것이라고 하였다. 왜냐하면 그것을 행하는 자가 하나님과 화목되지 않는 한 그가 행하는 어떤 일도 하나님께서 기쁘게 받으실 만한 성질의 것이 되지 못하기 때문이라는 것이다.[17]

계속해서 뵈트너는 스미드(W. D. Smith)의 글을 인용하여 중생치 못한 인간이 때때로 행하는 선이 결코 하나님이 인정하시는 것이 아니라는 사실을 분명하게 지적하였다. "해적의 집단에서도 그 자체에 있어서는 선한 일은 많이 있다. 그들은 국가의 법률에 대해서는 사악한 반역을 감행하는 자들이면서도 그들 스스로의 법과 규약을 가지고 있으며 이 법규에는 절대로 복종한다. 그들은 용기, 충성 기타 해적으로서 갖추어야 할 것들을 많이 갖고 있다. 그뿐만 아니라 그들은 국가의 법률이 요구하는 일들도 많이 행하고 있을 것이다. 그러나 그것은 정부에 복종하는 의미에서 하는 것이 아니라 그들 스스로의 규약을 지키느

---

17) Loraine Boettner, 『칼빈주의 예정론』, 김남식 · 홍의표 역, (서울: 도서출판 베다니, 1996), 96.

라고 하는 일이다. 예를 들면 국가는 정직을 요구한다. 그런데 그들은 자기들의 상호관계에 있어서나 탈취물을 분배하는 데 있어서는 정직을 엄수한다. 그러나 정부의 입장으로 또는 일반적 원리로 본다면 그들의 전 생활은 가장 사악하고 부정직한 것이다. 따라서 그들이 반역적 생활을 계속하는 한 그들은 그 국가의 국민으로서 자기를 추천할 만한 어떤 행위도 할 수 없는 것이다. 그들이 제일 먼저 해야 할 일은 그들의 반역을 끊어 버리고 국가에 대한 그들의 귀순을 고백하고 용서를 구하는 일이다.

이와 같이 모든 사람들은 그들이 중생치 못한 상태에서는 하나님에게 여전히 반역하고 있는 것이다. 비록 그들이 하나님의 율법이 요구하고 또한 인간의 자격으로 요구하는 일을 많이 행한다 할지라도 그것은 하나님이나 하나님의 율법과는 관계없이 행하는 것이다. 그들은 사회의 규칙, 여론에 대한 고려, 이기주의, 세평, 기타 여러 가지 현세적인 사악한 동기에 지배되어 행동하며 그들의 생명과 마음을 주관하시는 하나님은 잊어버린다. 혹시 하나님을 완전히 잊지 않는다 하더라도 사악하게 하나님의 요구를 거절하며 하나님의 의사를 경멸하고 그 마음은 완강한 반역을 계속하여 복종할 것을 거절한다. 인간의 마음이 이러한 상태를 계속하고 있는 한 그는 분명히 하나님에 대하여 반역자이며 은혜를 받을 만한 아무 일도 할 수 없다.

따라서 우선 그가 해야 할 일은 그의 반역을 끊어 버리고 죄를 회개하며 그의 마음을 하나님께로 돌려서 구주를 통한 사죄와 화해를 구하는 것이다. 그러나 이 소원을 하나님으로부터 받을 때까지 그는 이것을 행하고 싶어 하지 않는다. 그의 마음이 변화될 때까지 그는 계속 죄를 사랑할 것이다."[18]라고 하였다.

앞서 지적한 것처럼 전적으로 부패한 인간이 행하는 선에는 결함이 있다. 그 이유는 뵈트너가 말한 대로 중생하지 못한 인간은 선을 행할 수 있는 유일한 원리가 원천적으로 제거되어 있기 때문이다. 앞서 예를 들은 해적의 경우를 통해서 우리가 생각해 볼 수 있는 것은 인간 편에서 볼 때, 그들이 아무리 자기들끼리 의리를 지키고 서로 돕는 생활을 하는 선한 행동을 한다고 할지라도 그들이 해적생활을 하고 있는 동안에는 그들의 행동 전체가 국가에 반역하는 행위이다. 심지어 그들이 사용하는 모든 기구와 먹고 마시는 모든 것이 국가로 보아서는 모두 죄이다. 그들에게 있는 모든 것은 그들이 해적생활을 계속할 수 있도록 돕는 것이기 때문이다.

이와 같이 모든 사람도 중생치 못한 상태에서는 그들의 모든 말과 행동이 모두 하나님 앞에서 죄이다.[19] 그 이유는 이미 지적한 대로 중생하지 못한 인생은 하나님을 기쁘시게 해 드릴 수 있는 유일한 원천이 제거되어 있기 때문이다. 그의 모든 삶과 직업까지도 하나님 앞에서는 죄이다. 따라서 이러한 인생은 결코 하나님 원하시는 영적인 선을 전혀 행할 수 없다는 것이 성경의 교훈이다. 그러나 교만한 인간은 그것을 쉽게 인정하려고 하지 않는다. 성경이 증언하고 있는 대로 모든 인간은 전적으로 부패했고 전적으로 무능력하고 영적으로 죽은 존재라는 사실을 깨닫지 못했기 때문이다. 이런 이유 때문에 알미니안주의[20]의 영향을 받은 많은 사람들이 하나님이 원하시는 영적인 선을 행할

---

18) *Ibid.*, 97~98.

19) *Ibid.*, 98.

20) 알미니안주의(Arminianism)는 예정, 신적 은총, 그리고 구원 등에 대한 칼빈주의적 교리에 대

수 있다고 하는 교만한 발언들을 쏟아 내고 있다. 또한 전적인 하나님의 은혜로 주어지는 구원을 인간의 노력으로 이루어 낼 수 있다고 하는 엉뚱한 이론을 주장하고 있다. 그러나 성경은 에베소서 2장 8~9절에서 "너희는 그 은혜에 의하여 믿음으로 말미암아 구원을 받았으니

한 반발로 일어난 신학 운동이었는데, 그 시발점에는 당시 화란 신학자 알미니우스(Jacobus Arminius 또는 Jakob Hermandszoon / 영어 표기는 James Arminius, 1560~1609)가 있었다. 당시 알미니우스는 칼빈주의였던 고마루스(Gomarus, 1563-1641)와 레이던 대학 안에서 예정론을 둘러싸고 심한 논쟁을 벌이게 되었는데, 결국 이 논쟁은 학생들과 교수들을 양분시켰고, 화란 개혁파 교회의 분열을 초래하게 되었다. 이렇게 양자 간의 논쟁이 가열되어 가던 중 1609년 알미니우스는 갑자기 사망을 했고, 알미니우스가 사망하자 후계자였던 시몬 에피스코피우스(Simon Episcopious, 1583~1643)가 알미니우스파의 대표가 되어 자신들의 입장을 체계화하고 발전시켰다. 그 후 알미니우스파는 1610년에 우이텐보게르트(Uytenbogaert)가 기초하고 46명의 목사들이 서명한 다섯 조항의 항변론(Articuli Arminiani Sive Remonstrantiae)을 세상에 공개하여 그들의 입장을 밝히며 칼빈주의자들을 공격하였다. 그 내용은 ① 하나님의 선택과 정죄는 하나님의 예지, 즉 인간의 신앙 또는 불신앙을 조건으로 한다는 조건적 예정론. ② 그리스도께서는 모든 사람들을 위해서 죽으셨으나 그를 믿는 자들에게만 구원의 은혜가 임한다고 하는 보편적 속죄론. ③ 타락한 인간을 구원하게 하는 것은 오직 믿음뿐이지만 그 믿음은 자신에게서부터 나온다고 하는 부분 타락론. ④ 구원하시는 하나님의 은혜는 인간에 의해서 거부될 수도 있다고 하는 가항적 은혜론. ⑤ 성도가 마침내 구원에 이르게 될 것인지는 그가 죽을 때까지 지켜보아야만 알 수 있다고 하는 인내의 불확실론이었다. 알미니안주의자들이 이러한 다섯 가지의 항변론을 가지고 당시 기독교 국가였던 네덜란드 정부에 항의하자, 개혁교회 안에 큰 파문이 일게 되었고, 합리적인 사상을 가진 젊은 층에는 상당히 설득력이 있는 것으로 받아들여지게 되었다. 이렇게 물의가 일어나자 이 문제의 수습과 해결을 위해 도르트 총회(The Synod of Dort)를 열게 되었는데, 이 도르트 총회는 네덜란드 남부 지방 도시인 도르트에서 1618년 11월 13일에 시작되어 알미니안주의의 견해를 성경적으로 검토하게 되었다. 이 역사적 대 회의는 84명의 총대회원들과 18명의 행정원들과 독일, 스위스, 영국 등지에서 27명의 대표, 합해서 129명이 1619년 5월 9일까지 약 7개월간 154차의 회의를 가졌다. 도르트 총회는 성경적 입장에서 알미니안주의의 5대 항론을 면밀히 분석하고 신랄하게 비판을 가했다. 대회에 참석한 모든 사람들은 알미니안주의는 하나님의 주권을 무시하고 인간의 공로를 내세우는 가장 흉악한 이설임을 확인했고, 만장일치로 5대 항론을 기각시켰다. 그리고 도르트 총회는 알미니안주의의 교리를 거부하는 것으로 만족하지 않고 적극적으로 칼빈주의 입장에서 알미니안주의 5대 교리를 반박하는 성경적 정설을 내세우기로 하였다. 이것이 우리가 잘 알게 된 칼빈주의 5대 교리를 낳게 하는 계기가 되었다[김기호, 『칼빈주의 5대 교리란 무엇인가』, (서울: 도서출판 그리심, 2009), 26~30].

이것은 너희에게서 난 것이 아니요 하나님의 선물이라 행위에서 난 것이 아니니 이는 누구든지 자랑하지 못하게 함이라"라고 함으로써 우리가 받은 구원이 우리의 어떤 노력으로 얻은 것이 아니라 전적인 주님의 은혜의 선물임을 힘주어 강조하고 있다.

4

타락 후 인간의 자유의지는 어떤 상태인가

자유의지란 자유와 의지의 합성어이다. 의지가 선택하는 능력을 의미하는 것이라면, 자유는 외부의 강제 없이 자기가 원하는 대로 할 수 있는 상태를 말하는 것이다. 따라서 자유의지란 일반적으로 외부의 강제 없이 자기가 원하는 대로 선택할 수 있는 능력이라고 볼 수 있다. 이것을 신학적인 면에서 이해하면 자유의지는 어떠한 외부적 영향이나 간섭 없이 인간 스스로가 구원과 선을 선택하여 행할 수 있는 능력이라고 정의할 수 있다.[21]

펠라기우스(Pelagius)는 인간은 자신의 자유의지로 선 또는 악을 자유롭게 선택할 수 있으며, 인간의 구원도 인간이 결정할 수 있다고 주장을 했으나, 어거스틴(Augustine)은 인간 시조(始祖)의 죄로 인하여 온 인류는 부패성을 가지게 되었고 부자유하게 되었으며, 인간은 너무나도 부패했기 때문에 필연적으로 죄만을 택하여 인간 스스로가 선을 택할 수는 없게 되었다고 주장을 했다.[22] 칼빈(John Calvin)은 자유의지에 대하여 "인간은 지금 선택의 자유를 박탈당한 채 비참한 노예

---

21) 한국개혁주의신행협회 편, 『神學事典』, (서울: 한국개혁주의신행협회, 1981), 585.
22) *Ibid.*

의 신분으로 전락해 있다."[23]라고 했으며, 계속해서 "사람은 선한 것을 따르고 싶어 하면서도 실제로는 그대로 따르지 않는다. 영원한 복락을 좋아하지 않는 사람이 없지만, 성령의 충동을 받지 않으면 아무도 그것을 추구하지 않는다. 평안에 대한 사람의 자연적인 욕망은 의지의 자유를 증명하지 못한다."[24]라고 하였다. 이러한 칼빈의 입장은 인간 스스로의 노력과 의지로는 하나님이 원하시는 선을 전혀 행할 수 없다는 사실을 보여 주는 것이며, 심지어 선을 추구하려는 마음까지도 성령께서 인간의 마음에 역사하시지 않는다면 아무도 그것을 추구하지 못한다는 사실을 가르쳐 주고 있다. 이렇게 인간의 의지가 아무것도 할 수 없는 것은 인간의 의지가 전적 타락으로 말미암아 죄의 노예가 되어 있기 때문이라는 것이다. 즉 "의지는 죄의 속박을 받아 노예 상태에 빠졌으므로 선을 향해서 움직일 수 없으며, 더더욱 선에 전력을 다할 수는 없다."[25]

뵈트너(Loraine Boettner)는 타락한 인간의 무능력한 자유의지를 "날개를 다친 새"와 같다고 비유하였다. 즉 날개를 다친 새는 하늘을 날아다닐 자유를 가지고 있어도 날 수 없다는 것이다. 그 이유는 날개가 부러진 새는 날고 싶은 자유는 가지고 있으나 날 수 있는 능력을 상실했기 때문이라는 것이다. 그와 마찬가지로 중생하지 못한 사람은 하나님께 나아갈 자유를 가지고 있으면서도 나아가지 못한다.[26] 왜냐하면 거듭나기 이전의 모든 인생은 영적으로 죽은 존재이기 때문이며, 구원에

---

23) John Calvin, 『基督教綱要(上)』, 김종흡 외 3인 공역, (서울: 생명의말씀사, 2002), 380.
24) *Ibid.*, 419.
25) *Ibid.*, 430.
26) Loraine Boettner, 『칼빈주의 예정론』, 89.

관하여는 아무것도 행할 수 없는 영적 무능력한 상태에 있기 때문이다.

따라서 중생하지 못한 사람은 앞서 언급했듯이 그의 구원에 관하여는 선악간의 어느 것이든 선택할 수 있는 자유의지를 가지지 못했고, 다만 악한 것만 선택할 수 있는 자유만 가지고 있기 때문에 그것은 엄밀한 의미에서 완전한 자유의지라고 할 수 없다.[27] 따라서 타락 이후 인간의 자유의지는 스스로의 힘으로는 회복이 불가능한 자유의지라고 할 수 있다.

웨스트민스터 신앙고백서[28] 9장 1항은 "하나님은 사람의 의지에 자유를 부여하셨다. 그 자유는 선악이 강요되지도 않으며, 또 본성의 절

---

27) *Ibid.*, 88.
28) 1643년 웨스트민스터 회의가 소집될 무렵 영국은 세 왕국으로 나누어져 있었고, 기독교 교리, 예배, 권징에서 서로 다른 견해를 가지고 있었기 때문에 논란이 아주 심했다. 따라서 영국 의회는 온 나라 안에서 극렬한 논쟁이 되고 있는 신학적, 교리적 문제들을 해결하기 위해 신학자 회의를 소집할 계획을 세우고 왕의 허락을 요청하였으나 왕은 왕권신수설을 주장하며 허락하지 않았다. 다섯 차례의 요청에도 왕이 허락을 하지 않자 의회는 자체 명령권을 발동하여 의회의 권위로 웨스트민스터 예배당에서 상하 의원들과 많은 회중들이 참석한 가운데 1643년 7월 1일 토요일에 신학자 회의를 개최하였다. 1643년 7월 1일부터 1649년 2월 22일까지 약 5년 6개월에 걸쳐 1,163회 이상의 정규 모임을 했고, 회의는 토요일과 주일을 제외하고 매일 오전 9시부터 오후 1시 내지 2시까지 열렸으며, 오후에는 별도의 회합을 가지기도 했다. 웨스트민스터 총회의 대표들은 약간의 차이는 있었지만 대부분이 칼빈주의 체계를 따르고 있었기 때문에 교리적인 면에서는 큰 이견을 보이지 않았다. 그러나 권징이나 교회 정치면에서는 견해 차이가 심해 격렬한 논쟁을 하기도 하였다. 이렇게 긴 시간의 회의와 논쟁을 거쳐 장로교회의 신앙에 관한 중요한 내용들을 제정하였는데, 그것은 총 33장으로 구성된 신앙고백과 196문답으로 된 대요리문답과 107문으로 된 소요리문답이다. 이 당시 웨스트민스터 총회의 대표들은 총 151명이었으며, 그중 30명은 평신도 대표로서, 10명의 군주들과 20명의 하원의원이었다. 그리고 나머지 121명은 전국 각지에서 선출된 성직자들이었는데, 그 대부분은 장로교 소속이었고, 두세 명의 감독 교회와 에라스티안파의 목사 및 회중교회 목사가 있었다. 이외에 스코틀랜드 대표가 6명 더 있었다. 이 웨스트민스터 회의를 통해서 작성된 신앙고백과 대·소 교리문답은 영국 교회뿐 아니라 세계 장로교회 신조사에서 표준이 될 만큼 큰 공헌을 하였다.

대적 필연성에 의해서 결정되지도 않게 하셨다."[29]라고 했으며, 3항은 "사람이 죄의 상태로 타락함으로 인해 구원을 가져올 만한 영적 선을 행할 의지력을 다 잃어버렸다. 그러므로 자연인은 선을 전혀 싫어하게 되고 죄에서 죽어 있어 자기 자신의 힘으로 자신을 회개시키거나 자신을 회개시키도록 준비할 수도 없게 됐다."[30]라고 하였다. 신앙고백서의 요지는 이렇게 타락한 인간은 전적으로 부패했기 때문에 하나님이 원하시는 영적 선을 전혀 행할 수 없는 상태가 되었다는 것이다. 그러나 영화롭게 된 상태에서는 가능하다는 사실을 5항에서 진술하기를 "사람의 의지는 영화롭게 된 상태에서만 완전히 또 불변적으로 선만을 원하는 자유를 가진다."[31]라고 하였다.

타락하기 이전의 인간은 본래 무죄한 인격을 소유하고 있었다. 본성이 전혀 부패하지 않았기 때문에 선을 행할 수 있는 자유와 능력을 가지고 있었다. 그러나 인간이 타락한 후에는 선을 행할 수 있는 능력을 상실하고 말았다. 다시 말하면 타락하기 이전의 인간은 선이나 악을 행할 수 있는 자유가 있었을 뿐만 아니라 선과 악 중에서 어느 것이나 행할 수 있는 능력도 있었다. 그러나 타락 이후에 인간은 선이나 악을 행할 수 있는 자유는 남아 있으나, 선을 행할 수 있는 능력은 상실하고 말았다. 따라서 타락한 인간은 성령 하나님께서 주시는 거듭남의 은혜를 경험하지 않고서는 절대로 스스로 회개하거나 구원을 향해서 나아갈 수 없다는 것이 칼빈주의[32]의 입장이다.

---

29) 김의환 편저. 『개혁주의 신앙고백집』, (서울: 생명의말씀사, 2003), 139.
30) *Ibid.*
31) *Ibid.*, 140.
32) 칼빈주의(Calvinism)는 칼빈(John Calvin, 1509년 7월 10일~1564년 5월 27일)의 이름에서

유래했는데, 그 이유는 칼빈이 이 체계를 종합하여 포괄적으로 또한 성경적으로 해석을 했기 때문이다. 어떤 특정인의 이름을 가지는 것이 그렇게 바람직한 것은 못되나 칼빈이 성경적 사상체계를 잘 세웠기 때문이다. 따라서 칼빈주의는 신학에만 국한된 것이 아니고 모든 것을 포괄하는 사상체계로서 그 사상의 범위에 신학과 동시에 정치, 사회, 과학, 예술 등에 대한 사상도 포함되는 포괄적 사상체계이다. 칼빈주의의 강조점은 "이는 만물이 주에게서 나오고 주로 말미암고 주에게로 돌아감이라 그에게 영광이 세세에 있을지어다 아멘."이라고 하는 로마서 11:36의 말씀에 두고 있는데, 이것은 칼빈주의가 성경에서 그 근본원리를 찾는 하나님 중심 사상체계라는 것을 보여 준다. 따라서 칼빈주의는 인간의 사색된 철학이나 종교가 아닌 참된 복음과 하나님의 법을 가르치고 있다. 즉 참된 칼빈주의자는 언제나 그의 중심 사상에 하나님과 더불어 생각을 하며, 삶의 전체의 걸음걸이가 하나님의 목전에서 살아가는 자이다. 그러므로 이 칼빈주의 체계를 단순히 칼빈의 종교 철학으로만 생각하는 것은 큰 잘못이다. 왜냐하면 칼빈주의자들은 자신들이 인간 칼빈을 맹목적으로 따르는 추종자로 생각하지 않기 때문이다. 오히려 칼빈도 단지 한 사람의 성도일 뿐이라고 생각한다. 칼빈주의는 인간의 철학은 철저히 배격하고 성경이 가르치는 대로 하나님과 인간에 대한 관계를 선포하고 그것을 찾고자 노력하는 것이다. 그런데 어떤 사람들은 칼빈주의자들은 좁고 낡은 인생관과 우주관을 가져서 융통성이 없는 사람들이라고 비판을 하고 있다. 그러나 칼빈주의자들은 칼빈주의 체계에서 나온 신학과 신앙만이 오늘의 문제를 해결하는 열쇠가 된다고 본다. 그 이유는 칼빈주의는 하나님 제일주의요, 성경과 운명을 같이하려고 하는 성경주의 사상체계이기 때문이다. 그러므로 칼빈주의자들은 무턱대고 어떤 사람을 따르는 것을 거부한다. 칼빈 자신만 하더라도 먼저 성경이 그를 믿도록 하는 어떤 확증 없이는 누구도 따르지 않았다. 따라서 참된 칼빈주의자는 성경이 가는 곳까지 간다. 그리고 성경이 멈추라는 곳에 멈춘다. 뿐만 아니라 참된 칼빈주의자는 성경이 말하는 것을 말하며, 성경이 침묵하는 곳에 침묵한다. 칼빈주의자들은 성경에 있는 대로 "사람의 길이 자신에게 있지 아니하니 걸음을 지도함이 걷는 자에게 있지 아니하니이다"(렘 10:23)라는 말씀을 현실 생활에서 확증해 나아가기 위해서 끊임없이 노력을 하며, 하나님은 모든 인생, 특히 믿음의 권속들의 길을 인도하신다는 사실을 믿고 고백한다(잠 16:19; 사 45:13; 빌 2:13; 살후 3:5). 그러기에 칼빈주의는 하나님의 말씀인 성경에서 중심교리를 찾는 데 역점을 두고 있으며, 무한한 능력과 영광 가운데 계시는 하나님의 주권을 명백히 강조한다. 여기에 효과적인 선택, 소명, 구원, 보호하심, 영화롭게 하심이 포함된다. 이와 같은 일련의 과정은 하나님의 선택뿐 아니라 하나님의 예정을 포함하는 것이다. 예정론은 칼빈주의 신앙체계의 요지는 될 수 있으나 기초는 될 수 없다. 그러므로 하나님을 붙들 때 인간은 참된 인도함을 받고 무오의 성경을 붙들 때, 인간은 모든 진리와 경건함으로 인도함을 받는다. 또한 칼빈주의자들의 전 생애와 활동 범위는 성경의 지도와 인도함을 받는 것이라고 볼 수 있다. 가정의 일이나 교회의 일이나, 또는 종교, 정치, 경제, 교육 등의 모든 영역에서 생각하고 행동하는 것은 성경의 가르침을 따라서 행하는 것이다. 그리고 칼빈주의자는 은혜로 말미암아 구원 받은 죄인임을 깨달으며, 그 구원은 오직 하나님의 단독사역으로 된 것임을 확신하면서 살아간다. 그러므로 칼빈주의자들은 칼빈주의가 철저하게 성경에 근거를 두고 시작된 것으로, 사도 바울에 의해 기초가 세워졌고, 어거스틴에 의하여 발견

5

어떻게 구원을 받을 수 있는가

앞에서 언급한 것과 같이 아담의 타락은 그의 모든 후손들에게 죄와 영적 사망이라는 무서운 결과를 가져다주었다. 그 결과 모든 인생은 반드시 하나님의 심판을 받게 되었고(히 9:27), 심판 후에는 지옥에 던져져 영원한 형벌을 받아야 하는 비참한 존재가 되었다. 마가복음 9장 47~49절을 보면 "만일 네 눈이 너를 범죄하게 하거든 빼버리라 한 눈으로 하나님의 나라에 들어가는 것이 두 눈을 가지고 지옥에 던져지는 것보다 나으니라 거기에서는 구더기도 죽지 않고 불도 꺼지지 아니하느니라 사람마다 불로써 소금 치듯 함을 받으리라"라고 했다. 그렇다면 이처럼 무서운 형벌에서 벗어날 수 있는 방법은 무엇인가? 다시 말해 어떻게 지옥 형벌에서 구원 받을 수 있는가? 하는 것이다.

이미 언급한 것처럼 사람은 누구나 아담의 후손으로 죄인이기 때문에 구원 받기 위해서는 죄 문제를 해결해야 한다. 예수 그리스도는 성

되었고, 칼빈에 의하여 체계가 세워졌다고 받아들인다. 그리고 칼빈주의 3대 신학자인 벤자민 월필드(Benjamin Warfield), 헤르만 바빙크(Herman Bavinck), 아브라함 카이퍼(Abraham Kuyper)에 의하여 꽃이 피워졌으며, 현재 보수를 부르짖고 있는 신학자들에 의하여 열매를 맺고 있다. 따라서 이렇게 여러 훌륭한 학자들에 의해서 발견되어지고 성장해 온 칼빈주의를 간단히 표현한다면 칼빈주의는 성경에 있는 그대로를 가르치고 실천하려고 노력하는 위대한 성경적 사상체계이다(김기호, 『칼빈주의 5대 교리란 무엇인가』, 16~22).

부 하나님께서 택하신 백성들의 죄를 깨끗이 대속해 주기 위해서 십자가에 못 박혀 죽으시고 삼일 만에 부활하셨다. 로마서 4장 25절을 보면 "예수는 우리가 범죄한 것 때문에 내줌이 되고 또한 우리를 의롭다 하시기 위하여 살아나셨느니라"라고 하였고, 로마서 5장 8절에서는 "우리가 아직 죄인 되었을 때에 그리스도께서 우리를 위하여 죽으심으로 하나님께서 우리에 대한 자기의 사랑을 확증하셨느니라"라고 했다. 따라서 죄 문제를 해결받기 위해서는 예수 그리스도께서 십자가에 못 박혀 죽으시고 부활하신 사실을 믿어야 한다.

그 이유는 이미 설명한 대로 모든 사람은 나면서부터 전적으로 부패한 죄인이기 때문에 아무리 선하게 살려고 노력한다 할지라도 의롭게 될 수 없고, 율법을 열심히 지키려고 노력한다고 할지라도 그 행위로 의인이 될 수 없기 때문이다(롬 3:20). 오직 예수 그리스도께서 십자가에 못 박혀 죽으시고 부활하신 사실을 믿는 믿음으로 죄 용서함을 받고 구원을 받을 수 있다.[33]

- 갈라디아서 2:16 "사람이 의롭게 되는 것은 율법의 행위로 말미암음이 아니요 오직 예수 그리스도를 믿음으로 말미암는 줄 알므로 우리도 그리스도 예수를 믿나니 이는 우리가 율법의 행위로써가 아니고 그리스도를 믿음으로써 의롭다 함을 얻으려 함이라 율법의 행위로써는 의롭다 함을 얻을 육체가 없느니라"

- 요한복음 3:16 "하나님이 세상을 이처럼 사랑하사 독생자를 주셨으

---

33) 김기호, 『바른 신앙을 위한 핵심 교리 탐구』, 108~109.

니 이는 그를 믿는 자마다 멸망하지 않고 영생을 얻게 하려 하심이라"

- 요한복음 3:36 "아들을 믿는 자에게는 영생이 있고 아들에게 순종하지 아니하는 자는 영생을 보지 못하고 도리어 하나님의 진노가 그 위에 머물러 있느니라"

- 사도행전 16:31 "이르되 주 예수를 믿으라 그리하면 너와 네 집이 구원을 받으리라 하고"

- 로마서 10:9~10 "네가 만일 네 입으로 예수를 주로 시인하며 또 하나님께서 그를 죽은 자 가운데서 살리신 것을 네 마음에 믿으면 구원을 받으리라 사람이 마음으로 믿어 의에 이르고 입으로 시인하여 구원에 이르느니라"

이와 같이 성경은 예수 그리스도께서 십자가에 못 박혀 죽으시고 삼일 만에 부활하신 사실을 믿음으로 죄 사함 받고 구원 받을 수 있다는 사실을 증거하고 있다.

그러나 여기서 우리가 깊이 생각해 보아야 할 것은 예수를 믿는 그 믿음이 우리 속에서 출발하는 것이 아니라는 사실이다. 즉 구원 얻는 믿음이 우리가 결심만 하면 우리 자체 속에서 믿음을 만들어 낼 수 있는 것이 결코 아니라는 사실이다. 데살로니가후서 3장 2절을 보면 "…믿음은 모든 사람의 것이 아니니라"라고 했다. 이 말씀과 같이 모든 사람이 믿음을 가질 수 있는 것이 아니다. 그러면 믿음의 출발점은 어디인가? 그것은 우리에게 있는 것이 아니라 하나님으로부터 오는 것이다. 에베소서 2장 8~9절은 이 사실은 잘 보여 주고 있는데, "너희는 그 은혜에 의하여 믿음으로 말미암아 구원을 받았으니 이것은 너희에게서 난 것이 아니요 하나님의 선물이라 행위에서 난 것이 아니니 이는 누구든지 자랑하지 못하게 함이라"라고 했다. 즉 믿음이라고 하는 것은 그 출발점이 인간에게 있는 것이 아니라 하나님께서 선물로 주시는 것이다. 우리가 믿음으로 죄 사함 받고 구원을 받았다면 그 믿음은 내 속에서 나온 것이 아니라 온전히 하나님의 선물이라는 것을 잊지 말아야 한다. 그러므로 구원은 전적인 하나님의 은혜로 주어지는 선물이다.[34]

- 로마서 3:24 "그리스도 예수 안에 있는 속량으로 말미암아 하나님의 은혜로 값없이 의롭다 하심을 얻은 자 되었느니라"

- 로마서 3:28 "그러므로 사람이 의롭다 하심을 얻는 것은 율법의 행위에 있지 않고 믿음으로 되는 줄 우리가 인정하노라"

- 디모데후서 1:9 "하나님이 우리를 구원하사 거룩하신 소명으로 부르심은 우리의 행위대로 하심이 아니요 오직 자기의 뜻과 영원 전부터 그리스도 예수 안에서 우리에게 주신 은혜대로 하심이라"

---

34) *Ibid.*, 110~111.

6

구원을 위한 선택은 조건적인 것인가

구원을 위한 하나님의 선택에 대하여 서로 정반대인 두 가지 견해가 있다. 그것은 하나님의 선택은 조건적인 것이라고 보는 견해와 다른 하나는 하나님의 선택은 아무런 조건을 보지 않는 무조건적인 선택이라는 견해이다. 즉 알미니안주의자들은 하나님의 선택이 조건적인 것이라고 주장을 하고, 칼빈주의자들은 하나님의 선택이 무조건적인 것이라고 주장을 한다.

먼저 알미니안주의자들의 견해를 살펴보면 그들은 하나님께서 개인을 선택하셔서 구원을 받게 한 것은 인간이 하나님의 부름에 순응하리라는 예견에 그 기초를 두고 있다고 주장을 한다. 즉 거리낌 없이 복음을 받아들이는 것으로 예견된 사람들만을 선택하셨다는 것이다. 따라서 하나님을 알고 구원을 받게 되는 것은 전적으로 각 인간 개개인에게 달려 있기 때문에 인간의 자유의지로 그리스도를 선택할 자들을 미리 아시고 그들을 선택하셨다는 것이다. 그러므로 구원은 궁극적으로 하나님이 죄인을 선택하는 것이 아니라 죄인이 그리스도를 선택함으로 이룩된다고 본다. [35]

---

35) David N. Steele · Curtis C. Thomas, 『칼빈주의와 알미니안주의』, 이상화 옮김, (서울: 엠마

그러나 이러한 알미니안주의자들의 주장과 달리 칼빈주의자들은 하나님께서 어떤 개인에게 구원을 주시기로 선택하심은 오직 그분만이 가지고 계신 최상의 의지에 달려 있는 것이라고 본다. 어떤 사람을 선택하심은 그 사람에게서 예견되는 신앙과 회개와 같은 어떤 순응이나 복종에 기초를 두고 선택한 것이 아니라는 것이다. 즉 선택은 인간에게서 발견되는 어떤 덕행이나 덕망 있는 자질에 따라서 결정되는 것이 아니기 때문에 구원의 궁극적인 원인은 죄인이 그리스도를 선택하는 것이 아니라 하나님이 죄인을 선택하시는 것에서 시작된다고 본다.[36]

이와 같이 알미니안주의와 칼빈주의는 서로 다른 입장을 가지고 있다. 그렇다면 성경은 과연 어떤 입장을 지지하고 있는지 살펴볼 필요가 있다. 성경은 선택이 개인의 어떤 선행이나 덕망에 관계없이 이미 과거에 된 것으로, 전적으로 하나님의 주권적 행위에서 나온 것임을 밝히고 있다. 로마서 9장 11~13절을 보면 "그 자식들이 아직 나지도 아니하고 무슨 선이나 악을 행하지 아니한 때에 택하심을 따라 되는 하나님의 뜻이 행위로 말미암지 않고 오직 부르시는 이로 말미암아 서게 하려 하사 리브가에게 이르시되 큰 자가 어린 자를 섬기리라 하셨나니 기록된 바 내가 야곱은 사랑하고 에서는 미워하였다 하심과 같으니라" 라고 했는데, 이 말씀에서 보여 주고 있는 것처럼 야곱과 에서가 선이나 악을 행하지 아니한 태어나기 이전에 하나님은 야곱을 택하시고 에서는 버리셨다는 것을 말씀하고 있다. 이러한 사실은 하나님의 선택이 조건적 선택이 아니라 무조건적인 선택이었음을 명확하게 증명해 주

---

36) *Ibid.*

제1장 구원의 의미와 필요성   55

는 것이다.

야곱과 에서는 같은 부모에게서 태어난 쌍둥이였다. 그러나 하나님께서는 그의 주권으로 야곱을 택하시고 에서는 버리셨다. 앞에서 살펴본 대로 성경은 하나님의 선택이 예지를 근거로 하지 않았음을 보여주기 위해서 야곱과 에서가 어떤 선악 간에 행동을 하기 전에 선택되었다는 사실을 밝히고 있다(롬 9:11). 하나님께서 야곱을 선택하신 것은 그가 선을 행하거나 믿을 것을 미리 내다 보셨기 때문이 아니었다. 선택의 근거는 사람에게 있지 않고 '부르시는 이', 즉 하나님께만 있었다. 하나님은 자신의 주권성을 세우기 위해 '내가 야곱은 사랑하고 에서는 미워하였다'라고 말씀을 하셨지만 우리 인간들이 찾는 만족할 만한 이유는 제시해 주시지 않으셨다.[37] 그러므로 알미니안주의를 추종하는 많은 이들은 이러한 하나님의 선택에 대하여 불공평하다는 주장을 펼치기도 한다. 그러나 성경은 하나님의 주권을 다시 한번 강조하는 것으로 이러한 불만과 불평이 부당하다는 것을 깨우쳐 주고 있다. 로마서 9장 14절을 보면 "그런즉 우리가 무슨 말을 하리요 하나님께 불의가 있느냐 그럴 수 없느니라"라고 말씀을 하셨다. 즉 하나님께는 불의한 것이 전혀 있을 수 없다는 것이다. 그리고 15~16절에서는 "모세에게 이르시되 내가 긍휼히 여길 자를 긍휼히 여기고 불쌍히 여길 자를 불쌍히 여기리라 하셨으니 그런즉 원하는 자로 말미암도 아니요 달음박질하는 자로 말미암음도 아니요 오직 긍휼히 여기시는 하나님으로 말미암음이니라"라고 하셨는데, 이 말씀을 통해서 분명하게 알 수 있는 것은 구원이라고 하는 것은 인간의 어떤 행위에 달려 있는 것이

---

37) Edwin H. Palmer, 『칼빈주의 5대 교리』, 박일민 역, (서울: 성광문화사, 1982), 51~52.

아니라 하나님의 주권적이고 무조건적인 선택에 있다는 것이다. 즉 구원은 원하거나 바라거나 결심하는 자로 말미암음도 아니요 달음박질하는 자로 말미암음도 아니다. 구원은 오직 긍휼히 여기시는 하나님으로만 말미암는다. 따라서 아직도 우리의 구원이 전적으로 하나님의 손안에 있다는 것을 의심하는 자가 있다고 한다면 로마서 9장 16절 말씀을 읽고 또 되풀이해서 읽도록 해 주어야 한다.[38] 그 이유는 구원이 인간의 원함에 있는 것이 아니라 긍휼히 여기시는 하나님의 손안에 있다는 사실을 말씀이 분명하게 확증해 주고 있기 때문이다.

또한 우리는 에베소서의 말씀을 통해서 하나님의 선택이 인간의 선행이나 행동을 미리 예견하신 결과로 인한 조건적 선택이라는 알미니안주의의 주장이 얼마나 잘못된 오류에 빠져 있는지를 확인할 수 있다. 그것은 "곧 창세 전에 그리스도 안에서 우리를 택하사 우리로 사랑 안에서 그 앞에 거룩하고 흠이 없게 하시려고"(엡 1:4)라고 하는 말씀이다. 이 말씀에서 우리가 주의 깊게 보아야 할 것은 창세 전에 우리를 선택한 이유가 우리에게 거룩함이나 흠이 없기 때문이 아니라는 것이다. 그와는 반대로 우리를 선택한 목적이 거룩하고 흠이 없는 자로 세우시기 위함이라는 사실이다. 따라서 이 말씀은 알미니안주의가 얼마나 잘못된 주장을 하고 있는지를 바로 깨우쳐 주는 말씀이다. 하나님은 우리가 거룩하기 때문에 또는 흠이 없기 때문에 선택의 은혜를 베풀어 주신 것이 아니다. 하나님은 아무런 조건을 보시지 않고 무조건적인 은혜로, 우리를 구원 받을 자로 선택해 주신 것이다. 따라서 우리는 하나님의 특별한 사랑을 받은 자임을 알고 무한한 감사를 하나님께

---

38) *Ibid.*, 54.

드려야 한다.

그러나 아직도 알미니안주의의 비성경적 사상에 젖어 하나님의 무조건적인 선택의 은혜에 대하여 불공평하다거나 또는 하나님은 편애하시는 분이 아니신가?라는 잘못된 생각을 가지고 불평을 토하는 자들을 향하여 하나님은 다음과 같이 말씀하고 계심을 잊지 말아야 한다. "이 사람아 네가 누구이기에 감히 하나님께 반문하느냐 지음을 받은 물건이 지은 자에게 어찌 나를 이같이 만들었느냐 말하겠느냐 토기장이가 진흙 한 덩이로 하나는 귀히 쓸 그릇을, 하나는 천히 쓸 그릇을 만들 권한이 없느냐"(롬 9:20~21).

7

선택받은 사실을 확신할 수 있는가

예수 안에 있는 참된 성도라고 한다면 누구나 자신이 구원 받을 자로 선택함을 받았다는 사실을 확신할 수 있고 또 마땅히 확신해야만 한다. 하나님이 주신 선물인 믿음은 구원의 방편이요 택함 받은 자들에게만 주어지는 선물(엡 2:8)이기 때문에 누구든지 자신이 이 믿음을 소유했다고 믿는 자는 자신이 선택받은 사람이라는 것을 확신해도 좋다. 아무리 연약한 믿음이라 해도 그것이 참믿음이라면 그것은 그 믿음을 소유한 자가 구원을 얻었다는 증거이기 때문이다.[39] 사도행전 13장 48절을 보면 "···영생을 주시기로 작정된 자는 다 믿더라"라고 했는데, 이 말씀은 영생을 주시기로 예정된 자만이 믿음을 가질 수 있다는 사실을 분명하게 가르쳐 주고 있다. 따라서 예수 그리스도를 따르는 참된 믿음이 있다면 그 사람은 하나님의 선택을 받은 사람이라는 사실을 확신해도 된다는 것을 보여 주고 있다. 또한 하나님을 진실로 사랑하고 예수 그리스도의 말씀을 진실한 마음으로 순종하며 살아가려는 마음을 가진 자면 누구나 선택을 받은 자라고 보아도 좋다. 왜냐하면 선택을 받지 못한 자는 결코 하나님과 예수 그리스도에 대하여 이런 사랑이나

---

39) Loraine Boettner, 『칼빈주의 예정론』, 382.

순종의 마음을 갖지 않기 때문이다. 대신 그들은 그들의 죄 많은 본성을 좇아 악을 사랑하고 주님의 말씀과는 거리가 먼 불순종의 삶을 살아가는 것에 익숙해져 있기 때문이다.

로마서 8장 16절을 보면 "성령이 친히 우리 영과 더불어 우리가 하나님의 자녀인 것을 증언하시나니"라고 하였다. 우리는 이 말씀을 통해서 우리가 하나님의 자녀요, 하나님의 선택을 받은 자라는 사실을 성령의 역사를 통해서 확신할 수 있다는 것을 알 수 있다. 그리고 고린도전서 12장 3절에서는 "그러므로 내가 너희에게 알리노니 하나님의 영으로 말하는 자는 누구든지 예수를 저주할 자라 하지 아니하고 또 성령으로 아니하고는 누구든지 예수를 주시라 할 수 없느니라"라고 했는데, 이 말씀에서는 참으로 중생한 자는 도저히 예수를 멀리 하거나 욕할 수 없으므로 예수를 주로 시인하는 자마다 중생한 자요 택함 받은 백성임을 확신할 수 있다는 사실을 잘 보여 주고 있다. 또한 요한일서 5장 10절은 "하나님의 아들을 믿는 자는 자기 안에 증거가 있고…"라고 말씀하고 있는데, 이 말씀에서 분명하게 알 수 있는 것은 하나님의 아들 예수 그리스도를 믿는 믿음을 가진 자는 자기 안에 분명한 증거가 있다는 사실이다. 따라서 진심으로 주님을 나의 구주로 믿는 믿음이 있다면 그것은 하나님의 선택을 받은 자라는 확실한 증거가 되는 것이다.

그러므로 참된 성도는 정도의 차이는 있지만 성령 하나님께서 주시는 은혜를 통해서 자신이 진정으로 하나님의 선택을 받은 사람인 것을 확신할 수 있기 때문에 알미니안주의에 속한 자들처럼 일평생 동안 자신의 구원에 대해 불안감을 느끼는 일은 없게 될 것이다.

8

유기에 대한 성경의 가르침은 무엇인가

예정의 한 부분인 유기(reprobation)는 많은 반대를 받아 온 교리이다. 로마 가톨릭과 루터파의 절대 다수와 알미니안주의, 감리교인들은 일반적으로 이 교리를 거부하고 있다.[40] 그러나 칼빈주의는 많은 반대에도 불구하고 선택과 함께 유기가 하나님의 영원한 예정 가운데 한 부분임을 성경적 교리로 믿고 있다.

1) 유기란 무엇인가

벌코프(Louis Berkhof)는 "유기는 하나님이 그의 특별한 은혜의 작용으로 어떤 사람들을 지나가시고, 그들을 자기들의 죄에 대하여 벌하심으로 그의 공의를 드러내시기로 작정하시는 하나님의 영원하신 작정으로 정의된다."[41]라고 했고, 칼빈(John Calvin)은 "하나님께서는 이 선택에 의해 어떤 사람은 구원에, 또 어떤 사람은 멸망에 처하도록 예

---

40) Louis Berkhof, 『조직신학(합본)』, 권수경 · 이상원 옮김, (경기: 크리스챤다이제스트, 2008), 318.
41) *Ibid.*, 318~319.

정하셨다."[42]라고 했는데, 여기서 칼빈은 유기된 사람을 가리켜 멸망에 처하도록 예정된 자라는 견해를 밝혔다. 따라서 유기란 하나님이 어떤 사람들에게는 구원의 특별 은총을 주시지 않고 그냥 간과하시고 그의 공의를 나타내기 위하여 그들의 죄에 대한 형벌을 내리시기로 하신 그의 영원한 예정이라고 할 수 있다."[43] 이 정의 속에는 두 가지 요소가 담겨져 있는데, **첫째는** 간과(看過)이다. 간과는 정죄하에 있는 어떤 죄인들에게는 구원의 특별 은총을 주지 않고 지나쳐 버리는 것을 의미한다. **둘째는** 정죄(定罪)이다. 정죄는 무죄한 자를 유죄(有罪)하게 만들어 처벌하는 것이 아니라 인간이 완전히 자기의 책임 하에서 범죄의 자리로 떨어졌을 때 하나님께서 그의 공의에 의하여 그 죄인을 벌하시기로 한 것을 의미한다. 이렇게 공의에 의하여 죄인에게 형벌을 내리는 것을 정죄라고 한다. 따라서 하나님에게는 불의가 있을 수 없다.[44]

2) 유기에 대한 추론의 정당성

많은 사람들이 유기 교리를 여러 가지 이유로 부정하지만, 유기 교리는 논리적으로나 성경적으로 증명된 교리이다. 왜냐하면 죄인들 가운데서 특정한 사람들을 선택했다고 하는 성경의 말씀은 선택받지 못한 사람들도 있음을 보여 주는 반증이기 때문이다. 따라서 성경에서 언급되는 단어인 "선택"이라는 단어는 선택함을 받지 못한 유기된 자가 있다는 사실을 논리적으로 증명해 주는 것이라고 볼 수 있다. 그러므로

---

42) John Calvin, 『基督敎綱要(中)』, 김종흡 외 3인 공역, (서울: 생명의말씀사, 2002), 499.
43) 하문호, 『교의신학(神論)』, (서울: 도서출판 그리심, 2002), 165.
44) Ibid., 165~166.

유기를 하나님께서 정하신 예정의 한 부분이라고 말하는 것은 당연한 논리적 결과인 것이다.

뵈트너(Loraine Boettner)는 선택 교리를 지지하면서 유기 교리를 부인하는 자는 그 이론의 모순됨을 피할 수 없다고 하였다. 왜냐하면 선택을 긍정하면서 유기를 부인하는 것은 예정의 제정을 비논리적이며 불균형적인 것으로 만드는 것이 되기 때문이라는 것이다.[45]

3) 유기의 원인은 무엇인가

하나님께서 어떤 특정인들을 유기하시기로 예정하신 원인이 무엇이냐에 대한 질문이 제기될 때, 이에 대한 가장 일반적인 생각은 인간의 죄라고 대답하는 것이다. 그것은 가장 간단하고 분명한 대답인 것처럼 보인다. 이렇게 유기에 대하여 대답을 하는 것은 하나님의 선택의 원인과는 대조적으로 유기에 관해서는 대체적으로 인간의 행위에 근거를 두고 생각하려는 것이 일반적이기 때문이다. 마치 어떤 사람이 유기되었다고 가정했을 때, 그 사람이 유기된 것은 그 사람에게 어떤 죄가 있거나 앞으로 발견될 좋지 않은 점이 있기 때문에 하나님의 버림을 받은 것이 아닌가라고 생각하는 경향이 많이 있다는 것이다.

그러나 칼빈(John Calvin)은 인간에게서 발견되는 어떤 죄나 옳지 않은 행위가 하나님의 영원한 유기 예정의 원인, 혹은 근거가 아니라는 점을 명확하게 주장하였다.[46] 즉 "제외되는 것도 행위 때문이 아니고

---

45) Loraine Boettner, 『칼빈주의 예정론』, 140.
46) Fred. H. Klooster, 『칼빈의 예정론』, 신복윤 옮김, (서울: 성광문화사, 1987), 79.

오직 하나님의 뜻에 따라서 생기는 일이다."[47]라고 밝혔다. 로마서 9장은 칼빈의 이러한 주장이 틀리지 않았다는 사실을 뒷받침해 주고 있다. 로마서 9장 11~13절을 보면 "그 자식들이 아직 나지도 아니하고 무슨 선이나 악을 행하지 아니한 때에 택하심을 따라 되는 하나님의 뜻이 행위로 말미암지 않고 오직 부르시는 이로 말미암아 서게 하려 하사 리브가에게 이르시되 큰 자가 어린 자를 섬기리라 하셨나니 기록된 바 내가 야곱은 사랑하고 에서는 미워하였다 하심과 같으니라"라고 하였다. 이 말씀은 야곱이 선행으로 인한 아무 공로가 없었음에도 불구하고 하나님의 사랑과 택하심을 받았고, 에서는 아무 범죄로 인해 더러워진 일이 없었음에도 불구하고 미움을 받았다는 사실을 잘 보여 주고 있다. 또한 칼빈은 로마서 9장 18절의 "그런즉 하나님께서 하고자 하시는 자를 긍휼히 여기시고 하고자 하시는 자를 완악하게 하시느니라"라는 말씀에 대하여 언급하면서 하나님께서 그의 긍휼을 이와 같이 베푸시는 이유로서 하나님이 스스로 기뻐하셨기 때문이라고밖에는 말할 수 없다고 한다면, 하나님께서 다른 사람들을 버리시는 일에 있어서도 그것이 그의 뜻 때문이라고밖에 말할 수 없다고 하였다. 즉 하나님은 그 원하시는 대로 어떤 사람을 강퍅케도 하시고, 또 다른 사람에게는 긍휼을 베풀기도 하신다고 하는 말은 하나님의 뜻 외에는 어떤 원인도 찾지 말라는 사실을 경고하는 것이라고 하였다.[48] 이와 같이 유기의 원인은 결코 사람에게서 발견되는 어떤 죄나 행위에 근거한 것이 아니다. 만일 유기 예정의 근거가 유기된 자들의 죄나 악한 행위에 있

---

47) John Calvin, 「基督教綱要(中)」, 533.
48) Ibid., 533~534.

는 것이 아니라고 한다면, 무엇이 유기의 원인이며 근거인가? 그것은 하나님의 선하시고 기뻐하시는 주권적인 뜻이 유일한 유기의 원인이요 근거이다. 즉 하나님의 주권적인 뜻 이외에 다른 어떤 원인도 제시될 수 없다는 것이다. 이러한 사실에 대하여 로마서 9장 14~16절은 "그런즉 우리가 무슨 말을 하리요 하나님께 불의가 있느냐 그럴 수 없느니라 모세에게 이르시되 내가 긍휼히 여길 자를 긍휼히 여기고 불쌍히 여길 자를 불쌍히 여기리라 하셨으니 그런즉 원하는 자로 말미암음도 아니요 달음박질하는 자로 말미암음도 아니요 오직 긍휼히 여기시는 하나님으로 말미암음이니라"라고 하였다. 그리고 로마서 9장 19~21절에서는 "혹 네가 내게 말하기를 그러면 하나님이 어찌하여 허물하시느냐 누가 그 뜻을 대적하느냐 하리니 이 사람아 네가 누구이기에 감히 하나님께 반문하느냐 지음을 받은 물건이 지은 자에게 어찌 나를 이같이 만들었느냐 말하겠느냐 토기장이가 진흙 한 덩이로 하나는 귀히 쓸 그릇을, 하나는 천히 쓸 그릇을 만들 권한이 없느냐"라고 하였다. 이와 같이 로마서 9장의 말씀은 유기의 원인이 인간에게서 발견되는 어떤 죄나 악한 행위가 아니라 온전히 하나님의 선하시고 기뻐하시는 절대적 주권에 의해서 되어졌다는 사실을 확인해 주고 있다.

그러나 이러한 사실을 믿지 못하고 부인하는 자들은 말하기를 만일 하나님의 주권적인 뜻만이 유기의 원인이라면 하나님은 불공평한 분이 아니신가? 또한 그것은 하나님을 폭군으로 만드는 것이 아닌가?라고 반론을 제기한다. 이러한 반론에 칼빈은 "하나님께서는 버림을 받은 자들에 대해서 공정하시다."[49]라고 하였다. 즉 하나님은 불공평한

---

49) *Ibid.*, 539.

분이 아니라는 것이다.

4) 유기의 목적은 무엇인가

웨스트민스터 소요리문답 7문에서 "하나님의 작정은 그의 뜻하신 바에 정하신 영원한 목적이신데 이로 말미암아 자기의 영광을 위하여 일어날 모든 일을 미리 정해 두셨다."[50]라고 하였다. 이 내용을 보면 하나님의 작정의 궁극적인 목적은 하나님의 영광에 있다고 하였다. 그렇다면 하나님의 작정의 한 부분인 유기의 목적 역시 하나님의 영광을 위한 것이라고 보는 것은 당연한 논리적 귀결이다.

또한 웨스트민스터 신앙고백서 3장 7항을 보면 "하나님은 긍휼을 베푸시든지, 않으시든지, 기뻐하시는 대로 하시는 헤아릴 수 없는 뜻에 따라 그의 피조물들 위에 나타나는 주권적 권세의 영광을 위하여 작정하신다. 하나님은 택함 받지 못한 나머지 사람들을 그들의 죄 때문에 그냥 버리시거나 수욕과 진노를 당하게 정하시어 그의 영광스러운 공의를 찬송케 하시기를 기뻐하셨다."[51]라고 진술하고 있다. 이 신앙고백서가 가르쳐 주는 것은 하나님께서 그의 구원의 은혜를 어떤 사람들에게 거두시기로 주권적으로 작정하셨다는 것과, 이 '거두심' 또는 '유기(遺棄)하심'은 전적으로 그 자신의 측량할 수 없는 계획의 산물이라는 점과 그것은 그 자신의 영광을 위해서라는 것이다.[52] 이와 같이 웨스트

---

50) 김의환 편저, 『개혁주의 신앙고백집』, 259.

51) Ibid., 130.

52) G. I. Williamson, 『웨스트민스터 신앙 고백서 강해』, 나용화 옮김, (서울: 한국개혁주의신행협회, 1980), 67.

민스터 신앙고백서는 하나님의 선택뿐 아니라 하나님의 유기 역시 하나님의 영광을 위한 목적으로 영원 전에 이미 작정해 놓으신 것이라는 사실을 분명하게 밝히고 있다.

로마서 9장 17절을 보면 "성경이 바로에게 이르시되 내가 이 일을 위하여 너를 세웠으니 곧 너로 말미암아 내 능력을 보이고 내 이름이 온 땅에 전파되게 하려 함이라 하셨으니"라고 했는데, 이 말씀을 보면 하나님께서 바로를 세우신 것은 바로를 통해서 하나님의 능력을 보이시고 하나님의 이름을 드러내기 위한 것이라고 하였다. 즉 하나님의 영광을 드러내기 위하여 바로를 세우셨다는 것이다. 역사상에 나타난 바로는 표면적으로는 이스라엘 백성을 압제하며 하나님의 백성을 점점 더 궁지로 몰아가는 악행을 범하였으나 오히려 하나님의 구원을 더 영광된 것으로 만드는 도구로 사용되었던 인물이었다. 그러므로 하나님은 믿고 섬기는 자들뿐 아니라 대적하는 자들을 통해서도 영광을 받으신다. 다시 말하면 하나님은 선택된 하나님의 백성을 통해서도 영광을 받으실 뿐만 아니라 하나님을 대적하는 유기된 자들을 통해서도 결국은 하나님의 영광이 드러나게 하신다는 것이다. 따라서 선택의 목적이 궁극적으로 하나님의 영광에 있는 것과 마찬가지로 유기의 작정 역시 하나님의 영광을 위한 것이라고 말하는 것에 대하여 조금도 논리적 모순을 느끼지 않는다.

9

그리스도의 속죄는 누구를 위한 것인가

예수 그리스도는 자신의 어떤 잘못이나 죄가 있어서 죽임을 당한 것이 아니다. 그 당시 로마의 재판권을 가진 빌라도에 의해 사형선고를 받고 십자가에서 못 박혀 죽으셨다. 십자가의 죽음은 유대식 형벌이 아니라 로마식 형벌로 가장 흉악한 죄인을 벌하는 가장 불명예스럽고 치욕적인 사형 방법이었다. 그런데 죄가 없으신(히 4:15)[53] 그리스도께서 이런 치욕스러운 십자가를 지시고 온갖 조롱과 수치를 당하셨다는 것은 그의 낮아지심의 최절정을 보여 주는 저주의 죽음이었음을 가르쳐 준다(갈 3:13).[54]

그러면 예수 그리스도께서 이러한 저주의 죽음을 당하신 이유가 무엇인가? 그것은 죄에 빠진 인간을 구원하기 위한 죽으심이었다. 좀 더 구체적으로 예수 그리스도는 과연 누구를 위하여 죽으신 것인가? 세상에 있는 사람들 중에 한 사람도 예외 없이 모든 사람들을 위하여 죽으신 것인가? 아니면 하나님께서 창세 전에 선택하신 사람들만을 위하여

---

53) 히 4:15 "우리에게 있는 대제사장은 우리의 연약함을 동정하지 못하실 이가 아니요 모든 일에 우리와 똑같이 시험을 받으신 이로되 죄는 없으시니라"
54) 김기호, 『칼빈주의는 무엇을 믿는가?』, (서울: 개혁주의 출판사, 2012), 138~139.

죽으셨는가?[55] 만일 그리스도께서 온 세상 모든 사람들을 위하여 죽으셨다면 어찌하여 온 세상 모든 사람들이 다 구원을 받지 못하는가? 만일 그리스도께서 선택된 사람들만을 위하여 죽으셨다면 하나님의 공의는 어떻게 되는 것인가?라는 질문은 예수 그리스도의 속죄의 성격을 규명하는 데 있어서 매우 중요한 질문이다. 또한 바른 신앙의 확립과 성경이 말하는 예수 그리스도 속죄의 죽음을 바로 이해하는 데 있어서도 매우 중요하다. 보통 예수 그리스도의 속죄에 대하여 크게 두 가지 서로 다른 견해가 있다. 그것은 보편적인 구속(혹은 일반적인 속죄)과 제한적 속죄론이다.

1) 보편적 구속 혹은 일반적 속죄

보편적 구속 혹은 일반적 속죄론의 요지는 그리스도의 구속 사역은 모든 사람들로 하여금 구원 받는 일을 가능하게 한 것은 사실이지만 실제로 어떤 사람의 구원을 보장하지는 않는다는 것이다. 즉 그리스도께서는 모든 사람을 위하여 죽음을 당하셨으나 오직 그를 믿는 자들만 구원을 받을 수 있다고 하는 견해이다. 따라서 그리스도의 구속은 인간이 복음을 받아들이기로 선택을 하는 조건에서만 효과를 보게 된다는 것이다.[56]

이 이론은 다수의 알미니안주의자들이 주장하는 것으로, 그리스도의 구속은 만민에게 제공되었으나 어떤 사람들은 자신들의 의지로 구

---

55) R. C. Sproul, 『알기 쉬운 예정론』, 167.
56) David N. Steele · Curtis C. Thomas, 『칼빈주의와 알미니안주의』, 23~24.

원을 선택하고 어떤 사람들은 자신들의 의지로 구원을 선택하지 않기 때문에 모두가 구원 받는 것은 아니라는 것이다. 결국 이러한 주장은 인간의 최종적 구원 여부가 하나님께 있는 것이 아니라 인간의 선택 여부에 달려 있다는 것과 같은 것이다.

따라서 이러한 주장은 성경에서 말하고 있는 인간의 전적 부패와 무능을 바로 이해하지 못한 결과에서 나온 것이라고밖에 볼 수 없다. 그 이유는 에베소서 2장 1절에서 중생하기 전의 타락한 인간에 대하여 '허물과 죄로 죽었던' 자라고 밝히고 있기 때문이다. 만일 알미니안주의 자들이 주장하는 대로 예수 그리스도께서 마련해 놓으신 구원을 사람들이 자신들의 의지로 스스로 선택하여 구원을 받을 수 있다면 에베소서 2장 1절에서 말하고 있는 대로 어떻게 죽은 자가 자신의 의지로 구원을 선택할 수 있다는 말인가? 죽은 자는 아무것도 할 수 없다는 것이 정상적인 사람의 생각이 아닌가? 따라서 타락으로 인하여 영적으로 죽은 자가 자신의 의지로 구원을 선택할 수 있다는 이 이론은 성경과는 전혀 관계가 없는 엉뚱한 이론에 불과하다. 또한 에베소서 2장 8~9절을 보면 "너희는 그 은혜에 의하여 믿음으로 말미암아 구원을 받았으니 이것은 너희에게서 난 것이 아니요 하나님의 선물이라 행위에서 난 것이 아니니 이는 누구든지 자랑하지 못하게 함이라"라고 했는데, 이 말씀 역시 알미니안주의의 이론이 잘못되어 있다는 사실을 가르쳐 주고 있다. 알미니안주의는 사람이 자신의 의지로 그리스도를 믿고 구원 받을 수 있다고 말하고 있으나 에베소서의 말씀은 믿음은 사람 자신에게서 나오는 것이 아니라 하나님으로부터 오는 은혜의 선물이라고 분명하게 밝히고 있다.

따라서 하나님의 주권적인 은혜 베푸심을 부인하고 구원에 있어서 인간의 역할을 강조하는 알미니안주의의 이론은 성경의 교훈과는 전혀 관계없는 인간 이성의 산물에 불과한 것이다.[57]

2) 제한적 속죄

제한적 속죄론은 예수 그리스도께서 선택받은 자들만을 위하여 이 세상에 오셨고 또 그들만을 위하여 십자가에서 죽으셨다. 그러므로 결국에는 선택을 받은 자들만 구원을 받는다는 교리이다. 마태복음 1장 21절은 제한적 속죄 교리가 성경적 근거를 가진 교리임을 보여 주고 있는데, '예수'라는 이름 자체가 제한적 속죄를 의미하고 있음을 명확하게 증명해 주고 있다. "아들을 낳으리니 이름을 예수라 하라 이는 그가 자기 백성을 그들의 죄에서 구원할 자이심이라 하니라"(마 1:21). 여기에서 '자기 백성'은 성부 하나님께서 성자 예수 그리스도에게 주신 사람들(요 6:37, 39), 즉 택한 백성들을 가리킨다(엡 1:4). 따라서 예수 그리스도의 속죄는 세상 모든 사람들에게 적용되는 것이 아니라 오직 성부 하나님께서 아들에게 주신 자들(선택하신 사람들)에게만 적용된다.

윌리암 쉐드(William G. T. Shedd)는 예수 그리스도의 속죄의 범위를 능동적 의미와 수동적 의미로 구분하여 설명하였다. 속죄의 수동적 의미는 속죄의 가치와 능력은 모든 시대, 온 인류의 죄를 속하기에 충분하다고 하였다. 이런 의미에서 속죄의 가치와 능력은 무제한적이라

---

57) 김기호, 『칼빈주의는 무엇을 믿는가?』, 154~155.

는 것이다. 그리고 속죄의 능동적 의미는 성령 하나님께서 한 사람 한 사람 개인들에게 속죄를 적용하는 것을 의미하는데, 이러한 속죄가 적용되는 사람은 "택한 자"(the elect)뿐이라는 것이다. 이렇게 특별한 의미에서 속죄의 가치와 능력은 무제한적이요, 능동적 의미에서 속죄의 범위는 제한적이다. 그러므로 수동적 의미는 속죄의 가치와 능력을 의미하며 능동적 의미로는 속죄의 적용을 의미한다는 것이다.[58] 그러므로 이 이론의 요점은 **첫째,** 하나님은 이 세상 모든 사람들을 예수님께 맡기신 것이 아니다. **둘째,** 예수님은 이 세상 모든 사람들을 위하여 죽으신 것이 아니라 오직 하나님이 주신 자들(선택한 사람들)만을 위해서 십자가에서 속죄의 피를 흘려 죽으심으로 그들의 구원을 확실하게 완성하셨다는 것이다. 이러한 칼빈주의의 견해는 그 어떤 이론보다도 성경적 근거를 가지고 있으며, 성경과 가장 조화되는 이론이다.

만약 예수님의 십자가 희생이 선택된 자가 아닌 유기(버림받은)된 자에게도 똑같이 해당된다면 논리적으로 설명하기 힘든 문제를 만나게 된다. 그것은 예수 그리스도께서 예외 없이 모든 사람의 구속을 위하여 죽으셨음에도 불구하고 구원과 아무런 관계없는 자들이 과거에도 있었고 현재에도 존재하기 때문이다. 그렇기 때문에 예수님의 속죄는 당연히 그 효과가 미치는 선택된 자에게만 해당될 수밖에 없다. 그래서 성자의 구속은 특별한 구속이다. 즉 특별한 사람들에게만 해당되는 특별한 사역이라는 말이다. 이것을 칼빈주의자들은 제한 속죄라고 부른다. 실제로 성부 하나님의 무조건적 선택은 자연히 성자의 특별한

---

58) John Murry, *Redemption: Accomplished and Applied* (Grand Rapids: Eerdmans, 1955), 64., 조영엽, 『조직신학(기독론)』, (서울: 도서출판 미스바, 2001), 487~488에서 재인용.

사람들만의 구속, 즉 제한된 속죄를 말할 수밖에 없다. 왜냐하면 선택 자체가 제한이며, 특별이기 때문이다. [59)]

칼빈주의가 제한이란 용어를 사용할 때, 그 의미는 속죄가 그 구원하는 능력에서 한정되었음을 의미하지 않는다. 오히려 정반대로 그리스도의 속죄가 그 능력에서 제한이 없고, 그리스도는 "철저하게" 구원하시며, 그 속죄는 무한한 가치를 지니고 있다고 믿는다. 그러면서도 칼빈주의는 그리스도의 속죄는 그 범위에 있어 한정되어 있다고 본다. 즉 예수 그리스도의 무한한 가치의 속죄는 특정한 사람들에게만 제한되어 있다는 것이다. [60)]

알미니안주의자도 칼빈주의자와 같이 그리스도의 속죄를 확실히 한정한다. 그러나 그 한정은 서로 내용을 크게 달리하는 제한이다. 칼빈주의는 속죄의 한계를 한정하여 그리스도의 속죄는 모든 사람에게 적용되지 않는다고 한다. 그러나 알미니안주의는 속죄의 능력을 한정하여 그리스도의 속죄 그것만으로는 실제로 아무도 구원하지 못한다고 주장하는 것과 같다. 다시 말하면 칼빈주의자들은 그리스도의 속죄가 적용되는 구원 받을 자의 숫자를 한정하지만 질적으로는 제한하지 않는다. 그러나 알미니안주의자들은 속죄의 질을 한정하고 숫자적으로는 제한하지 않는다. [61)]

만일 알미니안주의가 주장하는 대로 그리스도께서 세상의 모든 사람을 위하여 죽으셨다고 한다면 마땅히 모든 사람이 구원을 받아야 할 것이다. 그렇다면 과거나 현재나 예수와 전혀 상관없이 살다가 멸망으

---

59) 석원태, 『구원의 5대 교리』, (서울: 경향문화사, 1986), 21.

60) Edwin H. Palmer, 『칼빈주의 5대 교리』, 박일민 옮김, (서울: 성광문화사, 1982), 69.

61) Loraine Boettner, 『칼빈주의 예정론』, 195.

로 떨어지는 사람들에 대하여 어떻게 설명할 수 있겠는가? 그리스도의 속죄가 실패했다는 말인가? 그리스도께서 모든 사람을 위하여 죽으셨다면 당연히 모든 사람이 구원을 받아야 하는 것이 아닌가? 따라서 알미니안주의의 이론을 추론해 보면 알미니안주의가 주장하는 보편적 속죄론은 그리스도의 속죄가 실패한 것이라고 말할 수밖에 없을 것이다.

그러나 칼빈주의는 그리스도께서는 모든 사람이 아닌 선택받은 백성들의 속죄를 위하여 십자가에서 죽으셨기 때문에 결코 실패함이 없이 모든 선택된 백성들에게 그리스도의 속죄의 효과가 적용된다고 믿는다.

요한복음 10장 15절에서 예수님은 말씀하시기를 "…나는 양을 위하여 목숨을 버리노라"라고 하셨다. 이 말씀을 보면 예수님은 양을 위하여 목숨을 버린다고 말씀하심으로써 예수님의 죽음이 무차별적인 죽음이 아니라 제한적 죽음이었음을 말씀하셨다. 즉 예수님은 양을 위해 죽으셨지 염소를 위해서 죽지 않으셨다는 것이다. 또한 요한복음 10장 26절에서 예수님은 유대인들을 향하여 "너희가 내 양이 아니므로 믿지 아니하는도다"라고 하셨다. 여기서 예수님은 분명하게 당시 그곳에 있었던 유대인들(참조, 요 10:24~27)은 예수님의 양이 아니라고 하셨다. 그리고 요한복음 8장 44절을 보면 "너희는 너희 아비 마귀에게서 났으니…"라고 말씀하셨다. 따라서 이와 같은 말씀들을 참고해 보면 예수님의 죽음이 알미니안주의자들이 말하는 것처럼 모든 사람을 위하여 죽으신 것이 아니라 자기 양, 즉 선택된 백성들을 위하여 죽으신 것이라는 사실을 확인할 수 있다.

3) 보편적 속죄에 대한 비판

성경은 예수 그리스도께서 이 세상에 오신 것은 죄인들을 구원하시기 위해서 오신 것이지 사람들 스스로 구원을 가능케 하기 위해서 오신 것이 아님을 증언하고 있다.[62] 누가복음 19장 10절을 보면 "인자가 온 것은 잃어버린 자를 찾아 구원하려 함이니라"라고 했고, 마태복음 1장 21절은 "아들을 낳으리니 이름을 예수라 하라 이는 그가 자기 백성을 그들의 죄에 구원할 자이심이라 하니라"라고 하였다. 이 말씀들은 예수 그리스도께서 사람의 몸을 입고 이 세상에 오신 목적이 무엇인지 분명하게 말하고 있다. 특별히 마태복음 1장 21절의 말씀을 자세히 살펴보면 예수님께서 누구의 구원을 위해 오셨는지 명확하게 알 수 있다. 예수님은 아버지 하나님께서 자기에게 주신 자기 백성을 구원하시기 위해서 오셨다고 증거하고 있다. 그러므로 성경이 말하고 있는 대로 예수님께서 오신 목적이 분명히 자기 백성(성부 하나님께서 창세 전에 선택한 사람들)을 위한 것이라고 한다면 어떻게 예수 그리스도께서 자신이 온 목적과 전혀 상관이 없는 마귀의 자녀들을 위해서도 그 고통의 십자가를 지시고 죽으셨다고 말할 수 있는가? 그럴 수 없을 것이다.

그리고 성경은 예수 그리스도께서 행하신 것과 고난당하심의 결과로써 그의 선택된 백성들이 하나님과 화목케 되고 의롭게 되며, 그들을 중생시키시고 거룩하게 하시는 성령을 받게 되었다고 선언하고 있으며, 이 모든 은혜와 복은 예수 그리스도로 말미암아 그의 선택된 백

---

62) David N. Steele · Curtis C. Thomas, 『칼빈주의와 알미니안주의』, 70.

성들에게 보장된다고 말하고 있다.[63] 로마서 5장 10절을 보면 "곧 우리가 원수 되었을 때에 그의 아들의 죽으심으로 말미암아 하나님과 화목하게 되었은즉 화목하게 된 자로서는 더욱 그의 살아나심으로 말미암아 구원을 받을 것이니라"라고 했고, 골로새서 1장 21~22에서는 "전에 악한 행실로 멀리 떠나 마음으로 원수가 되었던 너희를 이제는 그의 육체의 죽음으로 말미암아 화목하게 하사 너희를 거룩하고 흠 없고 책망할 것이 없는 자로 그 앞에 세우고자 하셨으니"라고 말씀하고 있다.

또한 선한 목자이신 예수님은 자기 양들을 위해 생명을 버리셨다고 말씀하고 있는데, "그의 양"인 모든 사람은 그를 통해서 양의 우리에 들어왔고 그의 음성을 듣게 되었으며, 그를 따르게 되었다. 성부 하나님께서 그에게 양을 주신 것이다.[64] 예수님은 자신을 가리켜 "나는 선한 목자라 나는 내 양을 알고 양도 나를 아는 것이 아버지께서 나를 아시고 내가 아버지를 아는 것 같으니 나는 양을 위하여 목숨을 버리노라"(요 10:14~15)라고 말씀하셨다. 이 말씀에서 예수님은 자신을 선한 목자라고 소개하면서 예수님은 자신에게 속해 있는 양을 위해 목숨을 버린다고 하셨다. 이와 같이 예수님은 자신의 죽음이 모든 사람을 위한 죽음이 아님을 밝히고 있으며, 아버지 하나님께서 자신에게 주신 택한 백성, 즉 자신에게 주어진 양(예수님께서 말씀하신 내 양)을 위해 목숨을 버리신다고 하셨다. 따라서 이러한 사실은 예수 그리스도의 속죄가 하나님의 선택된 백성으로 제한되어 있다는 것을 보여 주는 증거이다.

---

63) *Ibid.*, 71.
64) *Ibid.*, 75.

예수 그리스도는 그가 대제사장으로서 기도하실 때에도 온 세상을 위해서 기도하지 않으시고 성부 하나님께서 자기에게 주신 자들을 위해서 기도하셨다. 예수님은 성부 하나님께서 자기에게 맡기신 것을 성취하시기 위해 성부께서 그에게 행하라고 하신 일을 이루셨는데, 그것은 바로 자기 백성들에게 하나님을 알게 하고 그들에게 영생을 주는 것이었다고 성경은 증거하고 있다.[65] 요한복음 17장 9절을 보면 "내가 그들을 위하여 비옵나니 내가 비옵는 것은 세상을 위함이 아니요 내게 주신 자들을 위함이니이다 그들은 아버지의 것이로소이다"라고 기도하셨는데, 여기에서 예수님은 자기 백성과 예수님의 백성이 아닌 자들을 분명하게 구분하셨다. 따라서 이와 같은 예수님의 기도만 살펴보아도 알미니안주의가 주장하는 보편적 속죄가 성경적 교훈이 아닌 인본주의적인 이론에 불과하다는 사실을 깨달을 수 있다.

그러나 진리의 말씀에 눈이 가려져 있는 알미니안주의자들은 다음과 같은 성경의 말씀을 인용하여 예수님의 속죄가 세상의 모든 사람들을 위한 것이라는 엉뚱한 주장을 계속해서 펼치고 있다. 먼저 디모데전서 2장 4절을 보면 "하나님은 모든 사람이 구원을 받으며 진리를 아는 데에 이르기를 원하시느니라"라고 하는 말씀이 있는데, 알미니안주의자들은 이 말씀이 자신들이 주장하는 보편적 속죄를 옹호하는 말씀이라고 한다. 그러나 이 성구는 보편적 속죄를 옹호하는 말씀이 아니라는 것이 박윤선 박사의 해석이다. 그는 해석하기를, 이 말씀은 기독교 성경에서 가르치는 "제한된 구속"(救贖)이란 대교리(大敎理)를 위반하지 않는다. 곧 이 말씀은 하나님께서 어떤 사람들은 구원하시기

---

65) *Ibid.,* 76.

로 예정하시고, 어떤 사람들은 유기(遺棄)하신 사실을 무시하지 않는다. 여기 "모든 사람"이란 말은 인류의 전수(全數)를 의미하는 것이 아니라 다수(多數)를 의미할 뿐이라는 것이다. 그리고 예를 들기를, 마가복음 1장 5절을 보면 "온 유대 지방과 예루살렘 사람이 다 나아가 자기 죄를 자복하고 요단강에서 그에게 세례를 받더라"라고 하였는데, 여기에 "다"라는 말도 전수(全數)를 의미하지 않고 다수를 가리키는 것이라고 하였다.[66] 따라서 이 말씀에서 "모든"은 세상의 모든 사람을 의미하는 것이 아니라 택한 백성들을 지칭하는 "모든"으로 이해해야 한다. 다음으로 알미니안주의자들이 자신들의 교리를 변호하기 위해서 즐겨 사용하는 구절은 "그가 모든 사람을 위하여 자기를 대속물로 주셨으니…"라고 하는 디모데전서 2장 6절의 말씀이다. 이 말씀을 보면 마치 예수님께서 전 인류를 위해 죽으신 것처럼 생각하기 쉽다. 따라서 칼빈주의가 주장하는 제한 속죄가 잘못된 것처럼 생각하는 사람들(알미니안주의자들)도 있다. 그러나 이러한 오류를 바로잡기 위해 박윤선 박사는 그의 주석에서 이 성경구절이 알미니안주의의 보편적 속죄를 지지하는 말씀이 아님을 설명하였다. 그는 주석하기를 디모데전서 2장 6절의 말씀은 제한된 구속의 교리를 위반하는 것같이 보이지만 그러나 여기의 "모든 사람"이란 말은 위의 4절의 해석과 같이 생각할 때 이해될 수 있다고 했으며, 여기의 "모든 사람"이란 말은 인류의 전수(全數)를 의미하지 않고 무차별적(민족이나 계급을 차별하지 않음)으로 생각된 다수(多數)를 가리키는 것이라고 했다.[67] 따라서 이러한 박

---

66) 박윤선, 『성경주석(바울서신)』, (서울: 영음사, 1983), 469.
67) *Ibid.*, 470.

윤선 박사의 해석은 알미니안주의자들이 주장하는 것과 달리 "모든"이라는 것은 인류의 모든 사람을 의미하지 않고 민족이나 계급을 차별하지 않는 택자로 보아야 한다는 것이다.

그리고 계속해서 디모데전서 2장 6절의 "속전"이란 말은 "대신 물어주는 속상물(贖償勿)을 의미한다."[68]라고 주석했는데, 이 주석을 본 절에 적용한다면 예수 그리스도는 택한 사람들을 위한 속상물(우리를 위해 죄값으로 희생되었음)을 말한다. 그러므로 알미니안주의자들이 주장한 이 성구는 보편적 속죄를 말하고 있는 것이 아니라 오히려 제한 속죄를 계시한 내용이라고 볼 수 있는 것이다.

또한 알미니안주의가 그들의 보편적 속죄를 주장하기 위한 근거로 삼는 요한일서 2장 2절을 보면 "그는 우리 죄를 위한 화목 제물이니 우리만 위할 뿐 아니요 온 세상의 죄를 위하심이라"라고 했는데, 여기에서 언급된 "온 세상" 역시 알미니안주의가 주장하는 보편적 속죄를 옹호하는 말씀이 아니라 여기의 "온 세상"은 유대인뿐만 아니라 이방인들을 총칭한 의미로 보는 것이 합당한 것이지 온 세상에 존재하는 모든 인류에게 적용된 말이 아니라는 것이다.

벌코프(Louis Berkhof)는 "세상"이라는 단어의 의미를 "인류를 구성한 모든 개인들"로 보는 것은 부당한 가정으로부터 출발하는 것이라고 지적하면서, 성경적으로 "세상"은 다양한 의미를 가지고 있는 것이 명백하기 때문에 다음의 성구들을 읽는 것만으로도 이러한 사실을 확인할 수 있을 것이라고 하였다(눅 2:1; 행 11:28; 19:27; 24:5; 롬 1:8; 골 1:6). 또한 "세상"이라는 단어를 사람에 대해 사용할 경우에도 항상

---

68) *Ibid.*

모든 사람들을 포괄하는 것은 아니라고 했으며(요 7:4; 12:19; 14:22; 18:20; 롬 11:12, 15), 특히 이 구절들 중 몇 구절은 절대로 모든 사람들을 지칭할 수 없다고 했다. 만일 요한복음 6장 33절과 51절이 그 같은 의미로 사용된다면 예수 그리스도께서 실제로 모든 사람들에게 생명을 주신다는 것이기 때문에 결국에는 만민을 전부 구원하신다는 결론에 도달하게 되는 것이라고 하였다. 그리고 로마서 11장 12절과 15절의 경우에서도 "세상"이라는 단어가 전체를 말하는 포괄적 개념이 될 수 없는 것은 문맥상 이스라엘이 명백하게 제외되었기 때문이라고 했다.[69]

따라서 성경에서 "세상"이나 "모든"이란 표현들이 기록된 것은 실제로 예수 그리스도께서 한 사람도 예외 없이 모든 사람들의 구속을 위해서 죽으셨기 때문에 그러한 단어를 사용한 것이라고 이해해서는 안 된다. 구원이 오직 유대인들만을 위한 것이라는 그들의 오해를 바로잡고, 유대인들의 잘못된 인식을 교정하기 위해 사용했던 것이다. 따라서 성경에서 "세상"이나 "모든"이란 표현들이 사용된 것은 예수 그리스도께서 유대인이나 이방인이나 구별하지 않으시고 선택함을 받은 모든 사람을 위해 죽으셨다는 것을 보여 주는 것이지, 그리스도께서 예외 없이 한 사람도 빠짐없이 모든 사람들을 구원하시기 위해서 죽으셨다는 것을 말하는 것은 아니다. 즉 그리스도는 유기된 모든 죄인들을 구원하시려는 의도로 죽으신 것이 아니다.[70]

그러므로 칼빈주의는 알미니안주의가 주장하는 보편적 속죄를 반대

---

69) Louis Berkhof, 『조직신학(합본)』, 638~639.
70) 김기호, 『바른 신앙을 위한 핵심 교리 탐구』, 125.

한다. 그 이유는 알미니안주의 보편적 속죄가 위에서 살펴본 것처럼 성경의 교훈과 다르기 때문이다. 따라서 칼빈주의는 예수 그리스도의 속죄는 제한되어 있다고 강조한다. 여기서 제한되어 있다는 것은 예수 그리스도의 속죄는 가치에 있어서는 무한하지만 그것이 적용되는 면에서 제한적임을 말하는 것이다. 즉 예수 그리스도의 속죄의 사건은 적용면에서 창세 전에 선택된 자들에게만 적용된다는 점에서 신학적 용어로 '제한 속죄'라고 한다.

뵈트너(Loraine Boettner)는 알미니안주의도 칼빈주의와 같이 그리스도의 속죄를 분명히 제한하고 있는데, 다만 제한의 내용이 서로 다를 뿐이라고 하였다. 칼빈주의는 속죄의 범위를 제한하여 그리스도의 속죄는 모든 사람에게 적용되지 않는다고 주장하는 반면에 알미니안주의는 속죄의 능력을 제한하여 그리스도의 속죄만으로는 실제로 아무도 구원하지 못하는 논리적 결론에 이르게 한다. 다시 말하면 칼빈주의는 그리스도의 속죄를 양적(量的)으로는 제한하나 질적(質的)으로는 제한하지 않는 반면, 알미니안주의는 그것을 질적으로 제한하고 양적으로는 제한하지 않는 것과 같다는 것이다. 즉 그것은 칼빈주의가 말하는 속죄는 좁기는 하지만 강(江)의 이 끝에서 저 끝까지 다 건널 수 있는 다리와 같고, 알미니안주의의 속죄는 넓기는 하나 강의 중간까지밖에 건널 수 없는 다리와 같다는 것이다. 이것을 볼 때 알미니안주의의 이론은 칼빈주의가 말하는 것보다 훨씬 가혹한 제한을 하고 있는 것이다.[71]

그러므로 알미니안주의자들이 위에서 언급한 제한 속죄에 대한 성

---

71) Loraine Boettner, 『칼빈주의 예정론』, 195.

경적 증거에도 불구하고 계속해서 자신들이 주장하는 보편적 속죄가 옳다고 고집을 부린다면 그것은 예수 그리스도께서 택한 백성들의 온전한 구원을 위해 대속의 피를 흘려 주신 희생을 경솔하게 생각하는 것이다. 이제 이 주제를 마무리 하면서 보편적 속죄를 주장하는 알미니안주의자들이 다음의 질문에 대하여 어떻게 답할지 궁금하다. **첫째**, 진정으로 예수님은 자신을 팔아넘기고 지옥을 위해 예비된 가룟 유다의 행위를 예견했음에도 불구하고 그를 위해서 십자가에서 죽으셨단 말인가? **둘째**, 만일 예수님의 속죄가 전 인류를 구원할 의도였다면 아직도 사람들 중에 멸망하는 자들이 많이 있음은 어찌된 일인가? **셋째**, 그렇다면 예수 그리스도의 죽음이 실패한 것이 아닌가? **넷째**, 하나님은 많은 사람들이 예수 그리스도를 받아들이지 않고 멸망에 빠질 것을 예견하셨음에도 불구하고 왜 예수님을 이 땅에 보내셨고, 그들을 위해서 예수님을 십자가에 죽도록 하셨단 말인가? **다섯째**, 하나님 아버지의 주권으로 구원 받을 자들을 창세 전에 미리 선택(엡 1:4)하여 예수님께 맡겨 주셨는데(요 6:37, 39), 굳이 예수님께서 하나님이 버리신 불택자들을 위해서도 죽으실 이유가 어디 있는가? **여섯째**, 만일 예수님께서 한 사람도 예외 없이 모든 사람들을 위해 죽으셨다면 선택된 백성들만의 구원을 의도하셨던 하나님 아버지의 뜻과 모순되는 것이 아닌가? 이것은 결국 성부 하나님의 뜻을 불순종하는 것이 아닌가?

10

제한적 속죄에 대한 성경적 증거는 무엇인가

1) 제한 속죄를 나타내는 용어의 사용[72]

성경에는 예수 그리스도의 속죄가 성부 하나님께서 선택하신 특별한 사람들만을 위한 제한적 속죄임을 분명하게 보여 주는 표현들과 용어가 사용되었다. 예를 들면 '자기 백성'(마 1:21; 딛 2:14), '내 양'(요 10:26~27), '그들'(요 10:28), '아버지께서 아들에게 주신 모든 사람'(요 17:2), '우리'(롬 5:8, 9, 10, 11; 고전 1:30; 고후 5:21; 갈 1:4; 3:13; 엡 1:7; 골 1:13, 14; 딛 2:14; 벧전 2:24; 3:18), '우리 모든 사람'(롬 8:32~34), '너희'(고전 1:30; 골 1:21, 22; 히 9:14; 벧전 2:24), '택하신 자들'(롬 8:33), '부르심을 입은 자'(히 9:15) 등과 같은 것들이다. 이러한 제한적 의미가 담겨 있는 용어가 성경에 기록되어 있는 것은 예수 그리스도의 속죄가 모든 사람이 아닌 특별한 사람들만을 위한 것임을 증거하는 것이다.

• 마태복음 1:21 "아들을 낳으리니 이름을 예수라 하라 이는 그가 자

---

72) 김기호, 『바른 신앙을 위한 핵심 교리 탐구』, 128~132.

기 백성을 그들의 죄에서 구원할 자이심이라 하니라"

- 요한복음 10:14~15 "나는 선한 목자라 나는 내 양을 알고 양도 나를 아는 것이 아버지께서 나를 아시고 내가 아버지를 아는 것 같으니 나는 양을 위하여 목숨을 버리노라"

- 요한복음 10:26~27 "너희가 내 양이 아니므로 믿지 아니하는도다 내 양은 내 음성을 들으며 나는 그들을 알며 그들은 나를 따르느니라"

- 요한복음 10:28 "내가 그들에게 영생을 주노니 영원히 멸망하지 아니할 것이요 또 그들을 내 손에서 빼앗을 자가 없느니라"

- 요한복음 17:2 "아버지께서 아들에게 주신 모든 사람에게 영생을 주게 하시려고 만민을 다스리는 권세를 아들에게 주셨음이로소이다"

- 로마서 5:8~9 "우리가 아직 죄인 되었을 때에 그리스도께서 우리를 위하여 죽으심으로 하나님께서 우리에 대한 자기의 사랑을 확증하셨느니라 그러면 이제 우리가 그의 피로 말미암아 의롭다 하심을 받았으니 더욱 그로 말미암아 진노하심에서 구원을 받을 것이니"

- 로마서 5:10 "곧 우리가 원수 되었을 때에 그의 아들의 죽으심으로

말미암아 하나님과 화목하게 되었은즉 화목하게 된 자로서는 더욱 그의 살아나심으로 말미암아 구원을 받을 것이니라"

여기 로마서에 기록된 "우리"는 로마서 1장 7절에서 밝히고 있는 대로 "로마에서 하나님의 사랑하심을 받고 성도로 부르심을 받은 모든 자"를 말하는 것으로 곧 하나님의 선택함을 받은 사람들을 의미한다.

- 로마서 8:32~34 "자기 아들을 아끼지 아니하시고 우리 모든 사람을 위하여 내주신 이가 어찌 그 아들과 함께 모든 것을 우리에게 주시지 아니하겠느냐 누가 능히 하나님께서 택하신 자들을 고발하리요 의롭다 하신 이는 하나님이시니 누가 정죄하리요 죽으실 뿐 아니라 다시 살아나신 이는 그리스도 예수시니 그는 하나님 우편에 계신 자요 우리를 위하여 간구하시는 자시니라"

로마서 8장 32절에 기록된 "우리 모든 사람"을 33절에서는 "택하신 자들"이라고 말하고 있다. 이것은 예수 그리스도를 내주신 하나님의 사랑이 선택된 백성들만을 위한 것임을 보여 주는 것이다. 아버지 하나님께서 창세 전에 선택한 사람들을 위해 아들 예수를 내어 주셨는데, 선택된 자들을 위해 보냄을 받은 아들 예수께서 유기된(버림받은) 자들을 위해서 죽으실 이유가 없다.

- 고린도후서 5:21 "하나님이 죄를 알지도 못하신 이를 우리를 대신하여 죄로 삼으신 것은 우리로 하여금 그 안에서 하나님의 의가 되게

하려 하심이라"

- 갈라디아서 1:4 "그리스도께서 하나님 곧 우리 아버지의 뜻을 따라 이 악한 세대에서 우리를 건지시려고 우리 죄를 대속하기 위하여 자기 몸을 주셨으니"

- 갈라디아서 3:13 "그리스도께서 우리를 위하여 저주를 받은바 되사 율법의 저주에서 우리를 속량하셨으니 기록된 바 나무에 달린 자마다 저주 아래에 있는 자라 하였음이라"

- 에베소서 1:7 "우리는 그리스도 안에서 그의 은혜의 풍성함을 따라 그의 피로 말미암아 속량 곧 죄 사함을 받았느니라"

에베소서 1장 7절의 "우리"는 1장 1절에서 말하고 있는 에베소 성도들과 그리스도 예수 안에 있는 신실한 자들을 말하는데, 에베소서 1장 4절에서는 그리스도 안에서 택한 자들이라고 말하고 있다. 따라서 바울서신에 표현된 '우리', '너희'라는 표현들은 선택된 백성들을 말하는 제한된 의미로 이해해야 한다.

- 골로새서 1:13~14 "그가 우리를 흑암의 권세에서 건져내사 그의 사랑의 아들의 나라로 옮기셨으니 그 아들 안에서 우리가 속량 곧 죄 사함을 얻었도다"

- 골로새서 1:21~22 "전에 악한 행실로 멀리 떠나 마음으로 원수가 되었던 너희를 이제는 그의 육체의 죽음으로 말미암아 화목하게 하사 너희를 거룩하고 흠 없고 책망할 것이 없는 자로 그 앞에 세우고자 하셨으니"

- 디도서 2:14 "그가 우리를 대신하여 자신을 주심은 모든 불법에서 우리를 속량하시고 우리를 깨끗하게 하사 선한 일을 열심히 하는 자기 백성이 되게 하려 하심이라"

- 히브리서 9:14 "하물며 영원하신 성령으로 말미암아 흠 없는 자기를 하나님께 드린 그리스도의 피가 어찌 너희 양심을 죽은 행실에서 깨끗하게 하고 살아 계신 하나님을 섬기게 하지 못하겠느냐"

- 히브리서 9:15 "이로 말미암아 그는 새 언약의 중보자시니 이는 첫 언약 때에 범한 죄에서 속량하려고 죽으사 부르심을 입은 자로 하여금 영원한 기업의 약속을 얻게 하려 하심이라"

- 베드로전서 2:24 "친히 나무에 달려 그 몸으로 우리 죄를 담당하셨으니 이는 우리로 죄에 대하여 죽고 의에 대하여 살게 하려 하심이라 그가 채찍에 맞음으로 너희는 나음을 얻었나니"

- 베드로전서 3:18 "그리스도께서도 단번에 죄를 위하여 죽으사 의인으로서 불의한 자를 대신하셨으니 이는 우리를 하나님 앞으로 인도

하려 하심이라 육체로는 죽임을 당하시고 영으로는 살리심을 받으셨
으니"

2) 택한 백성들을 위한 예수 그리스도의 기도[73]

요한복음 17장을 보면 예수 그리스도의 대제사장적 중보 기도의 내
용이 기록되어 있는데, 여기 예수 그리스도의 중보 기도 사역은 세상
모든 사람들을 위한 기도가 아니라 성부 하나님께서 선택하여 자신에
게 맡기신 자들만을 위한 기도였다. 이러한 대제사장적 중보 기도는
그리스도의 대제사장적 사역이 제한 속죄 교리를 입증하는 증거 중의
하나이다. 그 이유는 예수 그리스도께서는 아버지 하나님께서 맡기신
자들만을 위해 십자가를 지는 것이 하나님의 뜻(마 26:39; 요 6:38~39;
히 10:7)인 것을 아셨기에 구속의 대상인 그들만을 위해 기도한 것이라
고 볼 수 있기 때문이다. 만일 아버지 하나님께서 세상에 한 사람도 예
외 없이 모든 사람의 구원을 뜻하셨다면 세상 모든 사람들을 예수 그
리스도에게 맡기시는 것이 당연한 것이다. 그런데 성부 하나님은 세상
사람 전체를 맡기시지 않고, 선택된 자들만 아들 예수에게 따로 맡기
셨다. 따라서 예수 그리스도는 성부 하나님의 뜻을 따라 세상 모든 사
람들이 아닌 아버지께서 자신에게 맡기신 자들을 위해 기도하였고, 또
그들의 구속을 위해 십자가를 지셨다(마 1:21; 롬 4:25).

요한복음 17장 9절에 "내가 그들을 위하여 비옵나니 내가 비옵는 것
은 세상을 위함이 아니요 내게 주신 자들을 위함이니이다 그들은 아버

---

73) *Ibid.*, 132~134.

지의 것이로소이다"라고 한 말씀과 같이 아들 예수는 성부 하나님께서 자신에게 맡겨 주신 자들만을 위해 기도했으며, 그리고 24절에서는 "아버지여 내게 주신 자도 나 있는 곳에 나와 함께 있어 아버지께서 창세 전부터 나를 사랑하시므로 내게 주신 나의 영광을 그들로 보게 하시기를 원하옵나이다"라고 기도하셨다. 이와 같이 예수님은 세상의 모든 사람을 위하여 기도하신 것이 아니라 하나님 아버지께서 맡겨 주신 택한 자들만을 위하여 기도하셨다. 이렇게 예수님이 아버지께서 자신에게 맡겨 주신 자들만을 위해 기도하셨다면 그가 위해서 중보하셨던 동일한 대상만을 위해 십자가에서 죽으셨다고 생각하는 것은 너무나도 당연한 것이다. 왜냐하면 대제사장적 중보 기도는 아버지께서 주신 자들만을 위해 기도하고 실제로 속죄의 죽음은 모든 사람들을 위해 죽으셨다고 하는 것은 논리적으로 맞지 않기 때문이다. 따라서 다수의 칼빈주의 신학자들은 예수님의 대제사장적 기도의 중심 내용인 요한복음 17장 9절과 24절의 말씀을 근거로 제한 속죄의 개념을 추론하였다. 그 이유는 성경에 기록된 대로 예수님은 세상을 위하여 기도하지 않으시고 오직 아버지 하나님께서 자신에게 주신 자들만을 위해서 기도하셨기 때문이다.

3) 제한 속죄는 성부 하나님의 계획[74]

성경은 하나님께서 모든 것을 미리 계획하시고 작정하신 분이라는 사실을 보여 주고 있다(엡 1:11; 행 13:48). 실제로 하나님의 수많은 계

---

74) *Ibid.*, 134~136.

획 중에 복음을 들을 수 있는 사람들의 수를 제한하셨다는 것은 곧 예수 그리스도의 제한 속죄 교리를 입증하는 여러 증거 중 하나이다. 예수 그리스도께서 그의 교회에 명령(마 28:19~20; 막 16:15; 행 1:8)하여 복음을 모든 민족에게 전파하도록 하신 것은 사실이지만, 이제까지 많은 사람들이 한 번도 복음을 들어 보지 못하고 영적 흑암 속에서 살다 죽었다. 이러한 사실은 하나님께서 선교 역사의 지리적 향방을 직접 지휘하심으로써 일부 사람들은 복음을 들을 수 없었기 때문이었다.[75] 예를 들면 바울과 그의 일행이 제2차 전도여행 기간 중에 성령이 아시아에서 말씀을 전하지 못 하도록 막으셨다(행 16:6~10). 그리하여 복음이 동쪽 아시아로 전해지지 못하고 서쪽 유럽으로 전파되는 계기가 되었다. 그 결과 많은 아시아 사람들은 그리스도를 한 번도 들어 보지 못하고 죽었다. 이 사건을 보면 분명히 복음을 듣는 일은 절대적인 주권을 가지신 하나님의 섭리 아래 있는 것이 틀림이 없다.[76] 성경은 하나님께서 모든 일을 자신의 기쁘신 뜻에 따라 행하시는 주권자이심을 말씀하고 있다(엡 1:5, 11). 그렇다면 하나님의 주권적인 계획에 따라 복음을 듣는 것에서 제외되어 전혀 복음을 듣지 못하고, 복음과 전혀 상관이 없이 살다가 지옥에 던져질 사람들을 위해서도 그리스도께서 십자가에서 속죄의 피를 흘리셨다고 가정한다는 것은 어리석은 일이 아닌가?

또 우리가 에베소서 1장 4~5절을 보면 "곧 창세 전에 그리스도 안에서 우리를 택하사 우리로 사랑 안에서 그 앞에 거룩하고 흠이 없게 하

---

75) Robert L. Reymond, 『최근 조직신학』, 나용화외 3인 공역, (서울: 기독교문서선교회, 2010), 855.
76) Ibid., 856.

시려고 그 기쁘신 뜻대로 우리를 예정하사 예수 그리스도로 말미암아 자기의 아들들이 되게 하셨으니"라고 했는데, 이 말씀과 같이 성부 하나님은 창세 전에 그리스도 안에서 구원 받을 자를 선택하시고 예수 그리스도로 말미암아 자기의 아들들이 되게 하셨다. 하나님의 영원하신 계획에 따라 이렇게 창세 전에 선택해 놓으신 하나님의 백성들이 분명히 있음에도 불구하고 하나님의 선택함을 받지 않은 버려진 자들을 위해서 예수께서 죽으셨다고 주장하는 것은 논리적 모순이다.

예수 그리스도는 자신의 뜻이 아니라 아버지 하나님의 뜻을 이루기 위해 오신 분으로서 아버지 하나님의 뜻은 자신에게 주신 자들을 구원하는 것에 있음을 분명히 밝히셨다.

요한복음 6장 38~39절을 보면 "내가 하늘에서 내려온 것은 내 뜻을 행하려 함이 아니요 나를 보내신 이의 뜻을 행하려 함이니라 나를 보내신 이의 뜻은 내게 주신 자 중에 내가 하나도 잃어버리지 아니하고 마지막 날에 다시 살리는 이것이니라"라고 했다. 이 말씀과 같이 예수 그리스도는 아버지 하나님의 뜻을 행하기 위해 보냄을 받아 이 땅에 오셨고, 아버지의 뜻은 자신에게 주신 자들을 하나도 잃어버리지 않고 마지막 날에 다시 살리는 것이다. 이렇게 하나님의 뜻이 아들 예수에게 맡겨 주신 자들의 구원에 있다면, 예수님께서 아버지의 뜻을 무시하면서까지 자신에게 맡기지 않은 버림받은 자들을 위해서 죽으실 이유가 없다. 그러므로 예수 그리스도의 속죄는 세상에 존재하는 사람들 중에 한 사람도 예외 없이 모든 사람들을 위한 무차별적 속죄가 아니라 하나님께서 선택하여 맡기신 자들만을 위한 제한된 속죄이다(마 1:21).

4) "믿음이 모든 사람의 것이 아니니라"라는 말씀은 제한 속죄를 뒷받침한다

데살로니가후서 3장 2절을 보면 "…믿음은 모든 사람의 것이 아니니라"라고 했다. 이 말씀이 우리에게 교훈하는 것은 모든 사람이 믿음을 가질 수 있는 것이 아니라는 사실을 보여 주고 있다. 즉 믿음이라고 하는 것은 사람이 가지고 싶다고 해서 스스로 만들어 내거나 원한다고 해서 얻을 수 있는 것이 아니라는 것이다. 그렇다면 믿음은 어디에서 오는 것인가? 에베소서 2장 8~9절은 말하기를 "너희는 그 은혜에 의하여 믿음으로 말미암아 구원을 받았으니 이것은 너희에게서 난 것이 아니요 하나님의 선물이라 행위에서 난 것이 아니니 이는 누구든지 자랑하지 못하게 함이라"라고 했다. 이 말씀이 보여 주는 것은 믿음이라고 하는 것은 그 출발점이 인간에게 있는 것이 아니라 하나님께 있다는 사실을 가르쳐 주고 있다. 즉 하나님으로부터 오는 선물이라는 것이다. 우리가 믿음으로 죄 사함 받고 구원을 받았다면 그 믿음은 내 속에서 나온 것이 아니라 온전히 하나님의 선물이라는 것을 잊지 말아야 한다.

그러면 하나님께서는 어떤 사람에게 믿음을 선물로 주시는가? 에베소서 1장 4절을 보면 "곧 창세 전에 그리스도 안에서 우리를 택하사 우리로 사랑 안에서 그 앞에 거룩하고 흠이 없게 하시려고"라고 말씀하고 있는데, 이 말씀에 근거해서 하나님께서는 자신의 주권적 의지로 창세 전에 그리스도 안에서 선택하신 자들에게 믿음을 선물로 주신다는 사실을 확신할 수 있다. 즉 성부 하나님께서는 창세 전에 구원 받을 자들을 미리 선택하시고, 정하신 때에 독생자 예수 그리스도를 세상에 보내서 택한 백성들을 위해 십자가에 죽게 하시고, 또 성령의 은혜로 택한 자들을 거듭나게 하시고, 거듭난 자들에게 믿음을 선물로 주셔서 예수 그리스도를 믿게 하시기 때문이다. 따라서 믿음이 모든 자의 것이 아니라 택한 자들에게 주시는 하나님의 선물이라면 예수 그리스도의 속죄 역시 모든 자들을 위한 것이 아니라 하나님의 선택함을 받은 자들만을 위한 것이라는 확신을 가져도 좋을 것이다. 그 이유는 **첫째**, 성경은 분명하게 선택한 자들이 있음을 밝히고 있는데, 하나님께서 믿음의 선물을 선택한 자들이 아닌 버림을 받은 자들에게 주실 것이라고 생각할 수 없기 때문이며, **둘째**는 성부 하나님의 보내심을 받은 예수 그리스도께서 하나님께서 창세 전에 선택해 놓으신 백성들이 있는 데도 불구하고 어차피 믿지 않고 멸망에 빠질 자들을 위해 죽으셨다고 볼 수 없기 때문이다. 따라서 이미 언급한 것처럼 "···믿음은 모든 사람의 것이 아니니라"(살후 2:3)의 말씀은 예수 그리스도의 속죄 역시 모든 사람을 위한 것이 아니라는 것을 뒷받침해준다. 믿음이 선택된 백성들에게 주시는 선물인 것처럼, 예수 그리스도의 속죄 역시 선택된 백성들만을 위한 은혜이기 때문이다(마 1:21).

5) 지옥에 버리진 자들의 돌이킬 수 없는 상황이 제한 속죄를 증거한다

성경에는 이미 죽은 사람들에게 회개할 수 있는 두 번째 기회를 주셨다는 기록이 없다. 따라서 예수 그리스도께서 이미 죽은 모든 사람들에게 회개할 기회를 두 번째 주셨다는 성경적 근거를 제시할 수 없는 이상, 예수님께서 죽음이라는 영원한 운명이 이미 결정된 사람들을 구원하기 위해 죽으셨다고 생각하는 것은 크게 잘못된 것이다. 왜냐하면 이들은 그리스도께서 죽으실 때 이미 버림을 받고 지옥에 있던 사람들이기 때문이다. 우리가 알고 있는 바와 같이 이미 지옥에 떨어진 사람들은 다시 돌이킬 수 있는 방법이 없다. 이러한 사실은 부자와 나사로의 비유가 잘 보여 주고 있다. 누가복음 16장 26절을 보면 "…너희와 우리 사이에 큰 구렁텅이가 놓여 있어 여기서 너희에게 건너가고자 하되 갈 수 없고 거기서 우리에게 건너올 수도 없게 하였느니라"라고 했는데, 이 말씀에서 알 수 있는 것은 죽음 이후의 사람의 운명은 더 이상 바꿀 수 없는 최종적인 것이라는 사실이다. 따라서 이러한 그리스도의 교훈을 생각해 볼 때, 그리스도는 모든 사람을 위해서 죽으신 것이 아니다. 그 이유는 이미 버림을 받고 지옥에 있는 자들을 위해 예수님께서 죽으신 것이 아니기 때문이다.[77]

만일 알미니안주의자들이 주장하는 것처럼 그리스도의 십자가 사역이 예외 없이 모든 사람들을 구원하시기 위해 행하신 것이라고 한다면, 그리스도께서 모든 사람을 위해서 죽으셨음에도 불구하고 실제로 구원 받지 못하고 죽는 사람들이 많이 있는 것은 무슨 이유인가? 예수님의 십자가 사역이 실패했다는 것인가? 아니다. 예수 그리스도의 속죄 사역은 오직 선택된 백성들만을 위한 것이기 때문에 예수님의 대속의 적용을 받은 택한 백성들은 반드시 구원 받는다.

---

77) *Ibid.*, 854~855.

11

구원의 확신은 가능한 것인가

성도가 구원을 확신할 수 있는가에 관한 문제는 오래전부터 교회 내에서 많은 논란이 있었던 것이 사실이다. 심지어 로마 교회는 16세기 트렌드 종교회의[78]에서 "극히 드문 경우를 제외하고는 구원의 확신이 불가능하다."라고 주장을 했다. 따라서 구원을 확신할 수 있는 사람은 하나님이 특별한 계시를 통해 구원 받은 상태에 있다고 알려 주신 몇몇 성인뿐이라고 가르쳤고, 일반 신자들은 구원을 확신할 수 없다고 믿었다.[79] 이러한 주장은 로마 교회만 있는 것이 아니라 개신교 신자들 중에도 알미니안주의적인 신앙의 배경을 가진 이들은 어떤 경우에 있어서 일시적으로 구원을 확신할 수 있을 수도 있지만 궁극적인 상태가 어떻게 될지는 알 수 없다고 믿는다. 즉 오늘 구원을 확신했다가 내일

---

78) 트렌드 회의는 1545년에 독일 황제 찰스 5세의 제의로 교황 바오로 3세에 의해 트렌드 회의(Trent)가 소집되어, 1545년부터 1564년까지 세 차례의 회의가 진행되었다. 이 트렌드 회의에서 프로테스탄트의 교리는 거부되었으며, 성경과 전통은 동등한 권위를 갖고 성경의 해석권은 교회에만 있다고 결의하였다. 원죄는 세례로 사함을 얻고 성례는 7가지 그대로 사용하기로 하였으며, 이것을 은혜의 방편으로 사용하여 자범죄를 용서받을 수 있다고 했다. 구원은 믿음과 행위로서 얻는 것이라고 했고, 제사장은 신부들만 할 수 있고 미사는 희생의 제사로 규정하였다. 이와 같은 교리적 확정 외에 성직자의 자질향상과 독신생활의 엄격한 수행을 강조하였고, 프로테스탄트의 사상을 배척하기 위하여 금서목록을 작성하였다.

79) R. C. Sproul, 『구원의 확신』, (서울: 생명의말씀사, 2012), 17~18.

은 그 확신을 잃어버릴 수도 있다는 것이다.

따라서 알미니안주의자는 오늘 하나님의 자녀로서 그의 은혜를 충분히 누리고 있는 참된 그리스도인이라고 할지라도 내일은 하나님으로부터 버림받아 사망의 선고 아래 있는 마귀의 자녀가 될 수 있다고 주장한다. [80]

이러한 견해에 근거해 볼 때, 알미니안주의자는 그가 아무리 참신자라 할지라도 현세에서는 결코 자기 자신의 구원에 대해 확신할 수 없을 것이다. 다만 그는 궁극적 구원에 대해서 희망만을 가질 수 있을 뿐이다. 그는 그동안 교회 생활을 하면서 교회를 출석하는 많은 사람들이 처음에는 훌륭하게 신앙생활을 출발했으나 중도에 타락하여 멸망에 빠지는 것을 여러 차례 보아 왔기 때문이다. 따라서 알미니안주의자는 스스로 생각하기를 자기 자신도 언제 그와 같은 경로를 밟지 않으리라고 장담할 수 없다고 생각한다. 왜냐하면 사람은 이 세상에 살고 있는 동안 자기 자신 안에 옛 사람의 죄악된 잔재를 갖고 있으며, 지극히 유혹적이요 기만적인 세상의 쾌락과 악마의 교활한 유혹에 둘러싸여 있다는 것을 알고 있기 때문이다.

그러므로 알미니안주의자의 생각이 옳다면 그리스도인의 장래는 인간의 연약한 의지에 따라 좌우될 것이기 때문에 그 위치는 심히 불안하고 위험하다고 말할 수밖에 없을 것이다. [81] 따라서 연약한 인간이요, 범죄의 성향을 충분히 갖고 있는 사람이 영원한 구원의 보증을 전능하신 하나님께 두지 않고 한없이 부족한 자기 자신의 능력 위에 둔다는

---

80) R. C. Reed, 『칼빈이 가르친 복음』, 정중은 역, (서울: 새순출판사, 1986), 79.
81) Loraine Boettner, 『칼빈주의 예정론』, 243.

것은 어리석은 일이다. 그러나 알미니안주의자는 이러한 인간의 연약성과 범죄의 성향을 충분히 알고 있음에도 불구하고 궁극적 구원의 원인을 전능하시고 불변하신 하나님 수중에 두지 않고 연약하고 죄 많은 인간의 수중에 두는 어리석음을 범하고 있다.

따라서 이러한 알미니안주의의 논리를 따른다면 구원 받은 신자들은 구원을 받는 순간부터 할 수 있는 대로 빨리 이 세상을 떠나서 무한한 가치가 있는 천국의 기업을 확보하는 일이야말로 그리스도인이 취해야 할 가장 현명한 길이라고 생각하지 않을 수 없다. 왜냐하면 이제까지 주변에 있던 여러 교우가 타락한 실례가 있는 것을 보고 경험했음에도 불구하고 여러 가지 유혹과 고통이 많은 이 세상의 생활을 위해 그의 영원한 구원을 내기한다는 것은 매우 어리석은 일이기 때문이다. 마치 몇 푼의 돈을 더 벌기 위해 의심스러운 투기사업에 자기의 전 재산을 거는 상인과 같이 정말 미련한 사람이기 때문이다.[82] 그러므로 알미니안주의가 주장하는 구원관을 가지고 있는 자들은 앞서 언급한 것처럼 구원을 받는 즉시 구원의 안전을 위해서 빨리 죽어서 영원한 안전의 장소인 천국으로 가는 것이 제일 좋은 방법일 것이다. 그 이유는 이 세상에 있다가 언제 신앙을 버리고 타락의 길로 빠져들게 될지 아무도 장담할 수 없기 때문이다. 그러므로 이러한 알미니안주의의 구원관을 가지고 있다면 자신의 구원에 대하여 불안할 수밖에 없는 것이다. 그러나 칼빈주의가 말하는 구원은 불안한 요소가 전혀 없다. 왜냐하면 구원은 처음부터 끝까지 전능하신 주님의 손에 달려 있기 때문이다.

---

82) *Ibid.*, 244.

요한복음 10장 28~29절을 보면 "내가 그들에게 영생을 주노니 영원히 멸망하지 아니할 것이요 또 그들을 내 손에서 빼앗을 자가 없느니라 그들을 주신 내 아버지는 만물보다 크시매 아무도 아버지 손에서 빼앗을 수 없느니라"라고 하였다. 이 말씀에 의하면 예수님께로부터 영생을 받은 사람은 그 영생이 도중에 멸망으로 바뀌는 일이 없다는 사실을 확실하게 보여 주고 있다. 아무도 예수님과 아버지의 손에서 영생을 소유한 우리를 빼앗을 수 없다고 말씀하고 있다. 이와 같이 성도가 소유한 구원은 확실한 것이다.

그러므로 우리는 이러한 말씀에 근거하여 흔들리지 않는 구원의 확신을 가지고 있어야 한다. 알미니안주의자가 말하는 것처럼 오늘은 내가 하나님의 자녀지만 내일은 마귀의 자식이 될 수도 있으며 내가 어디에서 영원을 보내게 될지는 나의 영혼이 육신과 분리될 때까지는 불확실한 문제로 남아 있다고 생각하지 말아야 한다.[83] 그 이유는 구원의 확신이 없는 사람은 개인적으로 성장하는 과정에서 오는 수많은 위협에 쉽게 쓰러질 수 있으나, 구원의 확신이 있는 그리스도인은 개인적인 성장을 억제하는 무시무시한 두려움으로부터 자유하기 때문이다. 또한 구원의 확신이 없이는 우리 영혼의 닻과 같은 하나님의 약속에 대해 불확실해하고 의문에 사로잡히게 되기 쉽기 때문이다. 바로 이런 이유 때문에 그리스도인이 개인의 구원에 대해 확신을 갖는 것이 매우 중요한 것이며, 또 그와 같은 확신은 믿음이 성숙하게 자라는 데 엄청난 유익을 준다는 사실을 확신하기 때문이다.[84]

---

83) R. C. Reed, 『칼빈이 가르친 복음』, 82.
84) R. C. Sproul, 『개혁주의 은혜론』, 노진준 역, (서울: 기독교문서선교회, 1999), 223.

웨스트민스터 신앙고백서 18장 1항은 구원의 확신에 대하여 진술하기를 "외식하는 자들과 기타 거듭나지 못한 사람들이 하나님의 총애와 구원을 소유하고 있는 것처럼 그릇된 소망과 육적 오만으로 허망하게 자신들을 속이고 있다. 그러나 그들의 이 소망은 조만간 사라지고말 것이다. 진실히 주 예수를 믿고 신실하게 그를 사랑하며 그 앞에서선한 양심을 따라 행하기를 힘쓰는 자들은 은혜의 상태에 있음을 이생에서 확신할 수 있고 하나님의 영광을 바라고 즐거워할 수 있다. 이 소망은 결코 그들을 부끄럽게 하지 않을 것이다. "[85]라고 했으며, 2항에서는 "이 확실성은 공연히 지어낸 그릇된 소망에 근거한 추측이나 그럴듯한 신념이 아니다. 그것은 구원을 약속한 하나님의 진리에 근거한틀림없는 믿음의 확신이다. 그것은 약속된 은혜의 내적 증거요 우리가 하나님의 자녀인 것을 우리의 영과 더불어 증거하시는 성령의 증거이다. 이 성령은 우리가 받을 기업의 보증이니 그에 의하여 우리는 구속의 날을 위해 인치심을 받았다. "[86]라고 하였다. 그리고 4항은 "참신자라 할지라도 자신의 구원의 확신이 여러 가지로 흔들리기도 하고 흐려지기도 하며 끊어지기도 한다. 이런 일은 확신을 간직하는데 게으르고 양심을 괴롭히며 성령을 근심케 한 어떤 특별한 죄에 빠지는 일이나 돌연히 겪는 심한 시험에 빠질 때 생긴다. 하나님이 그의 얼굴빛을거두시어 그를 경외하는 사람이라도 흑암 중에 걸으며 빛을 보지 못하게 방임하여 두실 때도 있다. 그러나 그들은 결코 하나님의 씨와 신앙의 생명, 그리스도와 형제를 향한 사랑, 의무를 이행하는 마음과 성실

---

85) 김의환 편저. 『개혁주의 신앙고백집』, 150.
86) *Ibid.*

한 마음을 아주 저버리는 것이 아니다. 이와 같은 것에서 이 확신은 성령의 역사에 의하여 적당한 때에 되살아나며 심한 절망에 빠지지 않도록 언젠가는 구조를 받는다."[87]라고 하였다.

이미 언급했듯이 우리의 구원은 하나님에 대한 우리의 사랑(그것은 연약하고 끊임없이 동요함)에 달려 있지 않고 우리를 향한 하나님의 영원불변하신 사랑에 달려 있다.[88]

로마서 8장 35~39절을 보면 아무것도 그리스도 안에 있는 사랑에서 끊을 수 없다고 분명하게 말씀하고 있다. 따라서 우리는 이 말씀대로 놀라운 그리스도의 사랑 안에 단단히 매여 있기 때문에 결코 구원에서 떨어져 나갈 수 없다. 그러므로 우리는 알미니안주의자들과 같이 구원에서 떨어질 것을 불안해하고 걱정하며 하루하루를 보낼 것이 아니라 칼빈주의자들처럼 구원의 확신을 가지고 평화와 안정이 있는 삶을 통해서 주님의 영광을 드러내야 할 것이다.

- 요한복음 5:24 "내가 진실로 진실로 너희에게 이르노니 내 말을 듣고 또 나 보내신 이를 믿는 자는 영생을 얻었고 심판에 이르지 아니하나니 사망에서 생명으로 옮겼느니라"

- 요한복음 6:37~40 "아버지께서 내게 주시는 자는 다 내게로 올 것이요 내게 오는 자는 내가 결코 내쫓지 아니하리라 내가 하늘에서 내려온 것은 내 뜻을 행하려 함이 아니요 나를 보내신 이의 뜻을 행

---

87) *Ibid.*, 151.
88) Loraine Boettner, 「칼빈주의 예정론」, 245.

하려 함이니라 나를 보내신 이의 뜻은 내게 주신 자 중에 내가 하나
도 잃어버리지 아니하고 마지막 날에 다시 살리는 이것이니라 내 아
버지의 뜻은 아들을 보고 믿는 자마다 영생을 얻는 이것이니 마지막
날에 내가 이를 다시 살리리라 하시니라"

- 요한복음 10:28~29 "내가 그들에게 영생을 주노니 영원히 멸망하
  지 아니할 것이요 또 그들을 내 손에서 빼앗을 자가 없느니라 그들
  을 주신 내 아버지는 만물보다 크시매 아무도 아버지 손에서 빼앗을
  수 없느니라"

- 로마서 8:1 "그러므로 이제 그리스도 예수 안에 있는 자에게는 결코
  정죄함이 없나니"

- 로마서 8:35~39 "누가 우리를 그리스도의 사랑에서 끊으리요 환
  난이나 곤고나 박해나 기근이나 적신이나 위험이나 칼이랴 기록된
  바 우리가 종일 주를 위하여 죽임을 당하게 되며 도살당할 양 같이
  여김을 받았나이다 함과 같으니라 그러나 이 모든 일에 우리를 사
  랑하시는 이로 말미암아 우리가 넉넉히 이기느니라 내가 확신하노니
  사망이나 생명이나 천사들이나 권세자들이나 현재 일이나 장래 일이
  나 능력이나 높음이나 깊음이나 다른 어떤 피조물이라도 우리를 우리
  주 그리스도 예수 안에 있는 하나님의 사랑에서 끊을 수 없으리라"

- 디모데후서 4:18 "주께서 나를 모든 악한 일에서 건져내시고 또 그

의 천국에 들어가도록 구원하시리니 그에게 영광이 세세무궁토록 있을지어다 아멘"

- 요한일서 2:25 "그가 우리에게 약속하신 것은 이것이니 곧 영원한 생명이니라"

- 요한일서 5:11~13 "또 증거는 이것이니 하나님이 우리에게 영생을 주신 것과 이 생명이 그의 아들 안에 있는 그것이니라 아들이 있는 자에게는 생명이 있고 하나님의 아들이 없는 자에게는 생명이 없느니라 내가 하나님의 아들의 이름을 믿는 너희에게 이것을 쓰는 것은 너희로 하여금 너희에게 영생이 있음을 알게 하려 함이라"

12

구원의 구분(시제)

1) 이미 성취된 구원

성경에는 예수 그리스도를 믿는 성도는 이미 구원을 받은 것으로 말하는 곳이 있다. 누가복음 7장 50절을 보면 "예수께서 여자에게 이르시되 네 믿음이 너를 구원하였으니 평안히 가라 하시니라"라고 했고, 요한복음 5장 24절에서는 "내가 진실로 진실로 너희에게 이르노니 내 말을 듣고 또 나 보내신 이를 믿는 자는 영생을 얻었고 심판에 이르지 아니하나니 사망에서 생명으로 옮겼느니라"라고 예수님은 이미 구원이 성취되었음을 말씀하고 있다. 그리고 에베소서 2장 8절은 "너희는 그 은혜에 의하여 믿음으로 말미암아 구원을 받았으니 이것은 너희에게서 난 것이 아니요 하나님의 선물이라"라고 하였으며, 디도서 3장 5절에서는 "우리를 구원하시되 우리가 행한 바 의로운 행위로 말미암지 아니하고 오직 그의 긍휼하심을 따라 중생의 씻음과 성령의 새롭게 하심으로 하셨나니"라고 이미 구원이 성취된 것으로 말씀을 하고 있다.

그리고 에베소서의 말씀을 보면 우리의 구원이 이미 과거에 이루어진 것임을 말씀하고 있는데, 2장 1절을 보면 "그는 허물과 죄로 죽었던 너희를 살리셨도다"라고 했고, 5절에서는 "허물로 죽은 우리를 그리스도와 함께 살리셨고(너희는 은혜로 구원을 받은 것이라)"라고 말씀하고 있다.

- 요한복음 3:36 "아들을 믿는 자에게는 영생이 있고 아들에게 순종하지 아니하는 자는 영생을 보지 못하고 도리어 하나님의 진노가 그 위에 머물러 있느니라"

- 요한복음 6:47 "진실로 진실로 너희에게 이르노니 믿는 자는 영생을 가졌나니"

- 요한복음 19:30 "예수께서 신 포도주를 받으신 후에 이르시되 다 이루었다 하시고 머리를 숙이니 영혼이 떠나가시니라"

- 디도서 3:5 "우리를 구원하시되 우리가 행한 바 의로운 행위로 말미암지 아니하고 오직 그의 긍휼하심을 따라 중생의 씻음과 성령의 새롭게 하심으로 하셨나니"

2) 현재 진행 중인 구원

성경에는 성도의 구원이 현재 이루어져 가고 있는 현재 진행 중인 것으로 말씀을 하고 있는 곳도 있다. 고린도전서 1장 18절을 보면 "십자가의 도가 멸망하는 자들에게는 미련한 것이요 구원을 받는 우리에게는 하나님의 능력이라"라고 했으며, 히브리서 10장 39절은 "우리는 뒤로 물러가 멸망할 자가 아니요 오직 영혼을 구원함에 이르는 믿음을 가진 자니라"라고 아직 구원이 성취되지 않고 진행 중인 것으로 말하고 있다. 따라서 디모데전서 6장 12절에서는 "믿음의 선한 싸움을 싸우라 영생을 취하라 이를 위하여 네가 부르심을 받았고 많은 증인 앞에서 선한 증언을 하였도다"라고 말씀하고 있다. 택한 백성들의 구원을 적용시키는 성령 하나님의 역사에 의해 거듭났다고 해서 인간의 본성과 모든 삶의 모습이 하루아침에 다 거룩해지는 것은 아니다. 따라서 부패한 옛 사람의 구습을 벗어 버리고 거룩한 새 사람으로 변화되기 위해서는 끊임없는 영적인 싸움을 해야 하고 그 싸움에서 승리를 해야한다.[89] 그러므로 사도 바울은 이러한 영적인 싸움과 관련하여 말하기를 "형제들아 내가 그리스도 예수 우리 주 안에서 가진바 너희에 대한 나의 자랑을 두고 단언하노니 나는 날마다 죽노라"(고전 15:31)라고 하였다.

- 로마서 6:12 "그러므로 너희는 죄가 너희 죽을 몸을 지배하지 못하게 하여 몸의 사욕에 순종하지 말고"

- 베드로전서 2:2 "갓난 아기들 같이 순전하고 신령한 젖을 사모하라 이는 그로 말미암아 너희로 구원에 이르도록 자라게 하려 함이라"

---

89) 韓聖基, 『신학으로의 초대』, (경기: 도서출판 잠언, 2006), 285.

3) 장차(미래) 완성될 구원

성경에는 구원이 미래에 완성되어지는 것으로 말하고 있는 경우도 있다. 야고보서 1장 21절을 보면 "그러므로 모든 더러운 것과 넘치는 악을 내버리고 너희 영혼을 능히 구원할 바 마음에 심어진 말씀을 온유함으로 받으라"라고 하였다. 이 말씀에서 '너희'는 19절에 나오는 '내 사랑하는 형제들', 곧 성도들을 가리킨다. 그런데 그 성도들의 영혼 구원이 미래적 사건으로 표현되어 있다.[90]

그런데 예수를 믿는 성도가 죄와 사단의 유혹에서부터 완전하게 벗어날 수 있는 것은 이 세상이 아니라 영원한 천국, 즉 하나님의 나라에서 이루어진다. 그러므로 성경 말씀은 성도가 장차 누리게 될 영화로운 상태를 미래형의 구원으로 말하고 있는데 이것을 장차 완성될 구원이라고 하는 것이다.[91]

이미 언급한 것처럼 성경은 성도의 구원이 이미 과거에 성취되었고(요 5:24), 현재 진행 중이며(딤전 6:12; 벧전 2:2), 또 미래에 이루어질 구원을 말씀하기도 했다(딤후 4:18).

그러므로 성도의 구원을 현재 진행 중이거나 장차 완성될 의미에서 본다면, "구원 받았습니까?"라는 질문을 받았을 때 우리의 대답은 "지금 받고 있는 중입니다."라고 대답을 하거나, "장차 받게 될 것입니다."라고 대답을 할 수 있을 것이다. 그러나 현재 진행 중인 구원이나 미래에 완성될 구원은 과거에 이미 성취된 구원과 서로 밀접한 관계를 가

---

90) 하문호, 『교의신학(救援論)』, (서울: 도서출판 그리심, 2003), 50.
91) 박일민, 『초보자를 위한 신학입문』, (서울: 성광문화사, 2001), 130.

지고 있다. 그 이유는 현재 진행 중인 구원과 장차 완성될 구원은 과거에 이미 성취된 구원의 기초 위에서만 가능한 것이기 때문이다. 따라서 과거에 성취된 구원을 이미 받은 사람은 현재와 미래의 구원도 당연히 받을 사람이라고 확신할 수 있는 것이다. 그러므로 우리는 이러한 믿음의 확신 속에서 어느 경우의 질문이든지 구원 받은 자로서의 확신을 가지고 "나는 구원 받았습니다."라고 하는 확신 있는 대답을 할 수 있을 것이다.[92]

- 빌립보서 2:12 "그러므로 나의 사랑하는 자들아 너희가 나 있을 때뿐 아니라 더욱 지금 나 없을 때에도 항상 복종하여 두렵고 떨림으로 너희 구원을 이루라"

- 디모데후서 4:18 "주께서 나를 모든 악한 일에서 건져내시고 또 그의 천국에 들어가도록 구원하시리니 그에게 영광이 세세무궁토록 있을지어다 아멘"

---

92) *Ibid.*

제 2 장

구원의
순서
(과정)[93]

구 원 이 란 　 무 엇 인 가

---

93) 본 장의 주제는 필자의 저서 『칼빈주의는 무엇을 믿는가』, (서울: 개혁주의 출판사, 2012), 172~246의 내용을 수정 보충한 것임을 밝힌다.

1

구원의 순서[94]란 무엇인가

성경은 우리에게 완벽한 구원의 순서를 구체적으로 제시해 주고 있지 않는다. 이러한 이유 때문에 구원의 순서에 대한 여러 상이한 견해들이 존재할 수 있었고, 실제로 구원의 순서에 대해 일치된 견해를 가지고 있지 않는 것이 사실이다. 이렇게 성경이 구원의 순서에 대하여 명확하고 구체적으로 그 순서를 증명하고 있지 않은 것은 사실이지만, 그러나 중요한 것은 성경은 구원의 순서에 대하여 우리가 이해할 수 있을 만큼의 기초적인 것은 충분히 제공해 주고 있다는 점이다.[95]

구원의 순서와 관련된 대표적인 성경 구절로는 "하나님이 미리 아신 자들을 또한 그 아들의 형상을 본받게 하기 위하여 미리 정하셨으니 이는 그로 많은 형제 중에서 맏아들이 되게 하려 하심이니라 또 미리 정하신 그들을 또한 부르시고 부르신 그들을 또한 의롭다 하시고 의롭다 하신 그들을 또한 영화롭게 하셨느니라"(롬 8:29~30)라는 말씀을 예

---

94) 구원의 순서(ordo salutis)란 말은 루터파 신학자인 프란츠 부데우스(Franz Buddeus)와 야콥 카르포프(Jacob Carpov)가 18세기 전반에 "구원의 순서"(ordo salutis)라는 말을 처음 만들어 공식화했는데, 그 목적은 하나님이 그리스도를 통해 시작부터 완성까지, 혹은 영원 전부터 영원 후까지 죄인들에게 구원을 주시는 방법을 표현하기 위함이었다(Bruce Demarest, 『십자가와 구원』, 이용중 옮김, 53).

95) Louis Berkhof, 『조직신학(합본)』, 661.

로 들 수 있다.

　하나님은 혼란의 창조자가 아니시며, 질서의 창조자이시기 때문에 하나님께서 구속을 적용하시는 사역은 일정한 순서에 따라 일어나며 그 순서는 하나님의 약속과 지혜와 은혜에 의해서 세워진 것이라고 생각할 만한 중요한 이유가 있다. 그러면 그 이유가 무엇인가? 예를 들면 우선 구속 적용에 있어서 영화부터 출발할 수 없다는 것은 분명한 사실인데, 그 이유는 영화는 구원 과정의 완료, 또는 성취로서 순서의 끝에 있기 때문에 그렇다. 또 중생이 성화보다 앞선다는 것도 명백하다. 인간은 점차적으로 성화되기 이전에 먼저 반드시 거듭나야만 한다. 왜냐하면 중생은 성화의 출발점이 되기 때문이다. 따라서 이러한 여러 용어에 대한 기본적인 개념은 그 자체가 임의로 순서를 바꾸거나 혼합될 수 없다는 것을 명확하게 보여 주고 있다.[96] 그러므로 이러한 예는 우리가 성경에서 구원의 순서에 대한 기초를 제공받는 데 있어서 큰 어려움이 없다는 것을 보여 준다.[97]

　따라서 필자는 구원의 순서를 서술함에 있어서 다음과 같은 순서로

---

96)　John Murray, 『구속론』, 하문호 역, (서울: 성광문화사, 1983), 106.

97)　성경은 여러 곳에서 구원의 순서를 구성하기 위한 기초를 제공해 주고 있는데, 그 예를 살펴보면 다음과 같다. 성경은 우리가 의롭다 함을 얻는 것이 믿음에 의한 것이요 행위에 의한 것이 아니라는 것(롬 3:30; 5:1; 갈 2:16~20), 칭의된 자로서 우리는 하나님과 화평을 누리고 그에게 나아가게 되었다는 것(롬 5:1, 2), 우리는 의의 종이 되기 위해, 그리고 거룩함의 열매를 거두기 위해 죄로부터 해방되었다는 것(롬 6:18, 22), 우리가 양자 되었을 때 우리는 우리에게 확신을 주시는 성령을 받고 그리스도와 함께 상속자가 되었다는 것(롬 8:15~17; 갈 4:4, 5, 6), 믿음은 하나님의 말씀을 들을 때 난다는 것(롬 10:17), 율법에 대하여 죽는다는 것은 하나님에 대하여 사는 삶을 초래한다는 것(갈 2:19, 20), 우리가 믿을 때에 하나님의 성령으로 인치심을 받는다는 것(엡 1:13, 14), 믿음으로 하나님의 의를 얻었으므로 우리가 그리스도의 고난과 부활의 권능에 참여한다는 것(빌 3:9, 10), 그리고 우리가 하나님의 말씀으로 거듭나게 되었다는 것(벧전 1:23) 등이다[Louis Berkhof, 『조직신학(합본)』, 661].

따르고자 한다. ① 선택, ② 소명(부르심), ③ 중생(거듭남), ④ 회심(회개), ⑤ 믿음(신앙), ⑥ 칭의, ⑦ 양자, ⑧ 성화, ⑨ 견인, ⑩ 영화의 순서이다. 구원의 순서에서 선택을 제일 먼저 둔 이유는 구원의 과정에 있어서 논리적으로 제일 우선하는 것이 하나님의 선택이라고 생각하기 때문이다. 즉 하나님께서는 창세 전에 그리스도 안에서 선택하시고(엡 1:4), 때가 되어 선택한 사람들을 부르시고(롬 8:28~30; 벧전 2:9; 5:10), 또 부르신 그들에게 중생(거듭남)의 은혜를 베푸시고(엡 2:5; 딛 3:5), 또 그들을 회개하게 하시고(고후 7:10; 딤후 2:25), 믿음을 선물로 주시고(엡 2:8~9), 의롭다고 칭해 주시고(롬 3:24, 26, 28, 30; 갈 2:16), 양자 삼으시고(요 1:12; 롬 8:14~17), 성화의 삶을 살 수 있도록 인도하시고(갈 5:16, 18, 22, 25~26; 엡 4:24; 빌 1:6; 2:13; 살전 5:23), 천국에 들어가기까지 견인해 주시고(요 10:27~30; 17:11~12, 15; 롬 8:35~39; 딤후 4:18), 결국에는 천국에서 영화롭게(롬 8:30; 고전 15:51~54; 히 12:23) 하시기 때문이다.

2

선택

1) 선택에 대한 정의

그루뎀(Wayne Grudem)은 "선택이란 하나님께서 피조물로부터 어떤 공적을 보시기 이전에 당신의 주권적이고 선하신 뜻에 의해 구원받을 사람을 미리 택하신 하나님의 행위이다."[98]라고 했고, 박형룡 박사는 "선택은 하나님이 자기의 주권적 열의로 선견된 공로의 연고 없이 죄인들 중에서 일정수를 선출하여 특별은혜와 영원한 구원을 받아 누리는 자 되게 하는 하나님의 영원한 행위다."[99]라고 하였다. 따라서 선택을 간단히 정의한다면, 선택이란 하나님 자신의 기쁘신 뜻(엡 1:5)에 따라 창세 전에 아무런 조건 없이 구원 받을 자를 미리 택하셨다는 것이다.

98) Wayne Grudem, 『조직신학(중)』, 노진준 옮김, (서울: 도서출판 은성, 2009), 261.
99) 朴亨龍, 『敎義神學(神論)』, (서울: 韓國基督敎敎育研究院, 1983), 285.

2) 선택의 특징

(1) 선택은 하나님의 주권적 의지에 근거한다

선택은 하나님의 주권적 의지에서 나온 그의 기쁘신 뜻의 표현이다.[100] 하나님의 주권적 의지는 외부의 그 무엇에 의하여 제재나 강요나 제한을 받지 않는다는 의미에서 주권적이다. 따라서 하나님은 자신의 주권적 의지, 곧 그의 기뻐하시는 뜻을 따라서 사람들 중 얼마를 선택하셨다. 그러므로 하나님의 기뻐하시는 뜻은 선택의 원인과 근거가 된다. 우리는 원인이 오직 하나님 자신과 그의 기뻐하시는 뜻에 있음을 믿는다. 성경은 선택이 하나님의 주권적 의지와 특별한 자비에 근거했음을 계시한다. 실례로 야곱은 에서와 별다른 점이 없었을지라도 하나님의 예정에 의해 야곱은 택함을 받고 배척을 받은 에서와 구별되었음을 보여 주고 있다(롬 9:11~13).[101] 다음의 성구는 하나님의 선택이 전적으로 그의 주권적 의지에 근거하고 있음을 보여 주는 성구들이다.

- 출애굽기 33:19 "…나는 은혜 베풀 자에게 은혜를 베풀고 긍휼히 여길 자에게 긍휼을 베푸느니라"

- 로마서 9:11 "그 자식들이 아직 나지도 아니하고 무슨 선이나 악을 행하지 아니한 때에 택하심을 따라 되는 하나님의 뜻이 행위로 말

---

100) *Ibid.*, 286.
101) 조영엽, 『조직신학(신론 · 인죄론)』, (서울: 도서출판 미스바, 2001), 173.

미암지 않고 오직 부르시는 이로 말미암아 서게 하려 하사"

- 로마서 9:15 "모세에게 이르시되 내가 긍휼히 여길 자를 긍휼히 여기고 불쌍히 여길 자를 불쌍히 여기리라 하셨으니"

- 에베소서 1:5 "그 기쁘신 뜻대로 우리를 예정하사 예수 그리스도로 말미암아 자기의 아들들이 되게 하셨으니"

- 에베소서 1:9 "그 뜻의 비밀을 우리에게 알리신 것이요 그의 기뻐하심을 따라 그리스도 안에서 때가 찬 경륜을 위하여 예정하신 것이니"

- 에베소서 1:11 "모든 일을 그의 뜻의 결정대로 일하시는 이의 계획을 따라 우리가 예정을 입어 그 안에서 기업이 되었으니"

칼빈은 "하나님의 영원한 선택을 알기까지는 우리의 구원이 하나님의 값없이 베푸시는 자비의 원천에서 흘러나온다는 것을 우리는 결코 충분히 또 분명하게 확신하지 못할 것이다. 영원한 선택은, 하나님께서 모든 사람에게 구원의 소망을 무차별적으로 주시는 것이 아니라, 어떤 사람들에게는 주시고 어떤 사람들에게는 거절하신다는 이 대조에 의해서 하나님의 은혜를 명백하게 드러낸다."[102]라고 하였다. 이와 같이 칼빈은 하나님의 선택이 전적으로 하나님의 주권적 의지에 의해

---

102) John Calvin, 『基督敎綱要(中)』, 500.

된 것이며, 그것은 하나님의 은혜와 자비에 근거한 일이라고 하였다.

(2) 선택은 하나님의 사랑에 근거한다

요한일서 4장 10절을 보면 "사랑은 여기 있으니 우리가 하나님을 사랑한 것이 아니요 하나님이 우리를 사랑하사 우리 죄를 속하기 위하여 화목 제물로 그 아들을 보내셨음이라"라고 했다. 이 말씀은 죄인을 구원하는 모든 하나님의 행위가 하나님의 무한하고 영원한 사랑에 기초하고 있음을 보여 주고 있다. 즉 구원의 가장 기초가 되는 하나님의 선택은 하나님의 사랑에 근거하고 있다는 것이다.

알미니안주의자들은 로마서 8장 28~30절의 말씀을 인용하여 선택은 하나님의 예지에 근거한다고 주장을 한다. 그러나 로마서 8장 29절에 "하나님이 미리 아신 자들"은 인간들에게 보이는 어떤 선행을 보고 미리 정하셨다고 하는 것을 나타내는 말이 아니다. 여기에 하나님께서 미리 아신 자들을 미리 정하셨다는 말씀은 하나님께서 어떤 사람들에게 특별한 관심과 애정을 가지고 호의로 미리 선택하였다는 뜻이다. 이는 택한 자들에 대한 하나님의 관심과 사랑이 얼마나 큰가를 보여 주는 의미이다. 따라서 '미리 알다'는 말씀은 미래의 일들을 사전에 미리 인식한다는 뜻만 있는 것은 아니다. 여기에 안다는 말은 ① 사랑한다. ② 특별한 관심을 가지고 안다, ③ 기뻐하다, 반가워하다, ④ 애정, 호감을 두다(affect)라는 의미들이 내포되어 있다.[103]

머레이(John Murray) 역시 그의 『로마서 주석』에서 "알다"라는 단어는 사랑과 실제로 동의어적인 의미로 사용되었다고 하였다. 즉 하나

---

103) 조영엽, 『조직신학(신론 · 인죄론)』, 174.

님이 구별된 애정과 기쁨을 가지고 영원부터 아신 자들은 하나님이 미리 사랑하신 자들과 실질적으로 동등하다는 것이다. 따라서 "미리 아신"이라는 단어는 특별한 관심을 가지고 "미리 사랑하신"이라는 말과 같은 의미로 이해되어야 한다. 하나님의 선택된 자는 하나님의 관심과 사랑의 대상이며 하나님께서는 그들을 구원하기로 미리 결정하셨다는 것이다. 그러므로 하나님이 "미리 아셨다"는 표현은 그 자체 내에 전제된 구별과 차별을 포함하고 있음을 설명해 준다. 하나님께서 미리 아신 자들을 미리 정하셨다는 말씀은 앞으로 사람들이 어떻게 행할 것을 미리 아시고 그 앞으로의 행위를 근거와 표준으로 정하였다는 뜻이 절대 아니다. 왜냐하면 하나님은 전지하셔서 미리 일어날 일들을 완전히 다 아시나 사람들의 행위가 선택의 이유가 되는 것은 아니기 때문이다. 그러나 알미니안주의자들은 하나님께서 자신의 전지(全知)로 어떤 죄인들이 믿을 것을 미리 아시고, 또한 미리 아심에 근거하여 그들을 구원하기로 예정하셨다고 한다. 결국 이런 주장은 구원이 궁극적으로 개인의 선택과 의지에 달려 있는 것이지, 전능하신 하나님의 의지에 달려 있지 않다는 논리가 된다. 이것은 타락한 인간의 전적 타락, 전적 부패, 전적 무능의 상태를 바로 깨닫지 못한 결과이다.[104]

그러므로 선택은 알미니안주의가 말하는 것처럼 어떤 사람들의 선행을 미리 예견한 것에 근거한 것이 아니라 아무런 조건 없이 죄인을 사랑하시는 하나님의 무한한 사랑에 근거하고 있음을 우리는 잊지 말아야 할 것이다.

---

104) *Ibid.*, 174~175.

(3) 선택은 영원 전에 정하신 것이다

하나님의 선택은 시간 속에서 된 것이 아니다. 창세 전에(엡 1:4) 된 것으로 선택은 영원적이다. 벌코프(Louis Berkhof)는 말하기를 "이 신적인 선택은 그것이 이생에서의 하나님의 특별한 은혜의 향유를 위한 것이든지, 혹은 특별한 특권들과 책임 있는 직무들을 위한 것이든지, 아니면 이후의 영광의 상속에 대해서든지간에, 일시(현세)적인 선택과는 동일시되어서는 안 되며, 영원한 것으로 간주되어야 한다(롬 8:29, 30; 엡 1:4, 5)."[105]라고 했다.

에베소서 1장 4절을 보면 "곧 창세 전에 그리스도 안에서 우리를 택하사…"라고 했는데, 이 말씀은 하나님께서 이 세상이 창조되기 전 영원 세계에서 사람들 중에 얼마를 구원하시기로 미리 정하셨다는 것을 확실하게 보여 주고 있다. 하나님의 선택의 실제적 시행은 역사적 세계(시간과 공간의 세계)에서 되었으나, 선택을 위한 삼위 하나님의 계획과 결정은 창세 전 영원 세계에서 이미 정해진 것이다. 그러므로 택자들을 위한 선택은 영원적 선택이다. 따라서 개인의 중생, 회심, 구원하시는 하나님의 구원 역사는 우연적이거나 즉흥적인 것이 결코 아니다.[106]

- 로마서 9:11 "그 자식들이 아직 나지도 아니하고 무슨 선이나 악을 행하지 아니한 때에 택하심을 따라 되는 하나님의 뜻이 행위로 말미암지 않고 오직 부르시는 이로 말미암아 서게 하려 하사"

---

105) Louis Berkhof, 『조직신학(합본)』, 317.
106) 조영엽, 『조직신학(신론 · 인죄론)』, 175.

- 에베소서 1:4 "곧 창세 전에 그리스도 안에서 우리를 택하사 우리로 사랑 안에서 그 앞에 거룩하고 흠이 없게 하시려고"

- 에베소서 3:11 "곧 영원부터 우리 주 그리스도 예수 안에서 예정하신 뜻대로 하신 것이라"

- 디모데후서 1:9 "하나님이 우리를 구원하사 거룩하신 소명으로 부르심은 우리의 행위대로 하심이 아니요 오직 자기의 뜻과 영원 전부터 그리스도 예수 안에서 우리에게 주신 은혜대로 하심이라"

(4) 선택은 그리스도 안에서이다

성경은 선택이 그리스도 안에서 된 것이라고 말씀하고 있다. 에베소서 1장 4절을 보면 "곧 창세 전에 그리스도 안에서 우리를 택하사…"라고 했다. 이 말씀이 의미하는 것은 구원의 기초가 그리스도이심을 보여 주는 것이다. 그러므로 '그리스도 안에서의 선택'은 하나님의 작정의 주권을 축소, 약화, 변경하는 것이 아니라, 오히려 무상(無償)의 은혜와 자비를 더 높여 준다. 왜냐하면 그리스도 안에서 선택받았다는 말씀은 우리 인간들 속에는 하나님의 선택을 받을 만한 아무런 조건이 없다는 것을 의미하기 때문이다.

(5) 선택은 무조건적이다

선택은 알미니안주의가 주장하는 것과 같이 사람의 예견된 신앙이나 선행들에 결코 좌우되지 않는다. 신앙과 선행들의 창시자이신 하나님의 주권적인 능력과 그의 기뻐하시는 뜻에 따라서 이루어진 것이다 (롬 9:11; 행 13:48; 딤후 1:9; 벧전 1:2).[107]

데살로니가후서 2장 13절을 보면 "…하나님이 처음부터 너희를 택하사…"라고 했으며, 디모데후서 1장 9절에서는 "…오직 자기의 뜻과 영원 전부터 그리스도 예수 안에서 우리에게 주신 은혜대로 하심이라"라고 하였다. 이 말씀들은 선택이 창세 전, 즉 영원 전에 된 것으로 인간의 선행이나 다른 조건들이 전혀 개입될 수 없었던 시기임을 보여 준다. 따라서 선택은 사람의 선행이나 공로에 의존하지 않고, 오로지 하나님의 주권적 의지에 따라 결정되었다는 점에서 무조건적이다. 사람은 범죄하여 전적으로 타락, 부패, 무능하므로 자신의 자력(自力)으로는 구원을 얻기가 불가능하다. 죄인이 구원 받는 유일한 길은 하나님의 무조건적 선택 이외에 다른 길이 없다.

웨스트민스터 신앙고백서 9장 3항을 보면 "사람이 죄의 상태로 타락함으로 인해 구원을 가져올 만한 영적 선을 행할 의지력을 다 잃어버렸다. 그러므로 자연인은 선을 전혀 싫어하게 되고 죄에서 죽어 있어 자기 자신의 힘으로 자신을 회개시키거나 자신을 회개시키도록 준비할 수도 없게 됐다."[108]라고 하였다.

만일 하나님께서 모든 사람들에게 공의만을 적용하셨다면 구원 받을 자가 하나도 없었을 것이며, 반면에 하나님이 모든 사람들에게 사랑만을 적용하셨다면 유기된 자가 하나도 없었을 것이다. 그러나 하나님은 이 두 가지를 원치 않으시고 어떤 사람들은 구원하고 다른 어떤

---

107) Louis Berkhof, 『조직신학(합본)』, 317.
108) 김의환 편저, 『개혁주의 신앙고백집』, 139.

사람들은 그 구원에서 제외하는 길을 택하셨다. 하나님은 선택에 있어서는 그의 사랑을, 유기에 있어서는 그의 공의를 실행하신 것이다. 따라서 선택과 유기에 대한 하나님의 결정은 오로지 하나님의 주권에만 기인한다. 만일 하나님이 어떤 사람들을 은혜와 사랑으로 택하고 구원하기로 절대적, 주권적 결정을 하지 않으셨다면 한 사람도 구원 받지 못했을 것이기 때문이다.[109] 이렇게 하나님의 선택은 그의 주권적인 능력과 선하신 뜻에 의한 것이기 때문에 당연히 무조건인 선택이 될 수밖에 없는 것이다. 따라서 우리가 믿고 섬기는 하나님이 절대 능력을 가지신 전지전능하신 하나님이시라는 사실을 믿는다고 한다면 죄인을 구원하는 일에 있어서 무조건적으로 선택했다는 사실을 받아들이는 것이 결코 어렵지 않을 것이다.

(6) 하나님의 선택은 불변적이다

하나님의 선택은 결코 변경되거나 취소되지 않는다. 이것은 하나님의 불변적 속성에 기초를 둔 것이다.[110] 따라서 하나님의 선택의 은혜를 입은 사람들은 절대로 구원에서 떨어지는 일은 있을 수 없다. 로마서 11장 29절을 보면 "하나님의 은사와 부르심에는 후회하심이 없느니라"라고 했고, 요한복음 6장 37~39절에서는 "아버지께서 내게 주시는 자는 다 내게로 올 것이요 내게 오는 자는 내가 결코 내쫓지 아니하리라… 나를 보내신 이의 뜻은 내게 주신 자 중에 내가 하나도 잃어버리지 아니하고 마지막 날에 다시 살리는 이것이니라"라고 하였다. 이 말

---

109) 조영엽, 『조직신학(신론·인죄론)』, 178~179.
110) 하문호, 『교의신학(神論)』, 163.

씀에서 보여 주는 것과 같이 하나님께서는 후회하심이 없으시고 변하지 않는(민 23:19) 분이시기 때문에 창세 전 선택 역시 불변적이다.

(7) 선택은 특별한 개인과 관련이 있다

하나님의 선택은 특수하고 특별하다. 그 이유는 그것이 특정한 개인들과 관련되어 있기 때문이다. 즉 이러한 선택은 하나님께서 영원한 구원으로 예정하신 개개인들과 관련되어 있다는 면에서 하나님의 선택은 특별한 것이고 개인적이다.

성경은 개인의 선택만을 언급한 것이 아니라 여러 종류의 선택에 대하여 말씀하고 있다. 즉 이스라엘의 민족적 선택을 언급하였으며 구원과 관련된 개인의 선택과 구별하여 직무와 관련된 선택을 언급하기도 하였다. 따라서 이러한 모든 종류의 선택의 내용은 하나님의 주권과 그의 자비를 나타내 준다. 그러나 그것들이 반드시 개개인의 구원과 관련되어 있는 것은 아니었다. 예를 들면 에서는 선택된 민족에 속한 사람이었으나 에서라는 개인은 구원에 관해서는 선택된 자가 아님을 성경은 분명하게 보여 주고 있다(롬 9:11~13). 동일한 상황이 이스마엘에도 적용되었다는 사실을 성경은 우리에게 교훈해 주고 있다(롬 9:7~8). 또한 가룟 유다는 선택된 민족 중에 속한 자였을 뿐만 아니라 직무에 대해서도 선택된 자였으나 구원에 선택된 자는 아니었다(행 1:24~26). 따라서 이와 같은 결과를 볼 때 하나님의 선택은 구원에 있어서 매우 특별하게 개인에게 적용된다는 사실을 확인할 수 있다.

(8) 선택받은 자는 다수이다

성경은 하나님의 은혜와 자비가 무한하시다는 사실을 말씀하고 있다. 따라서 이렇게 은혜와 자비가 무한하신 하나님께서 마땅히 다수의 영혼들이 구원 받도록 선택하셨을 것이라고 생각하는 것은 당연한 것이다. 선택의 목적과 결과는 구원인데, 성경은 구원 받은 자들의 최종적 수를 "아무라도 능히 셀 수 없는 큰 무리"라고 묘사하였다. 요한계시록 7장 9절을 보면 "이 일 후에 내가 보니 각 나라와 족속과 백성과 방언에서 아무도 능히 셀 수 없는 큰 무리가 흰 옷을 입고 손에 종려 가지를 들고 보좌 앞과 어린 양 앞에서 서서"라고 하였다. 여기에 "아무도 능히 셀 수 없는 큰 무리"는 온 세상의 모든 나라들, 족속들, 백성들, 방언(언어)들 가운데서 나온 큰 무리들이라고 하였다. 이러한 표현들은 하나님의 선택을 받은 무리가 소수가 아니라 다수라는 사실을 보여 주고 있는 것이다.

선택에 의한 구원에 대하여 많은 사람들은 오해하기를 인간이 자력으로 구원을 얻는다면 많은 수가 구원을 얻을 수 있으나, 하나님의 선택으로 사람이 구원을 받게 된다면 적은 수가 구원을 얻을 것이라고 생각한다. 그러나 그것은 잘못된 생각이다. 만일 구원의 문제가 인간의 힘에 달려 있다면 그들은 자신을 구원하려다가 결국 다 실패하고 말 것이다. 오직 구원은 하나님께서 홀로 주장하시고 선택과 은혜로 이루어 주시기 때문에 구원 받는 자들의 수효가 셀 수 없이 많은 것이다. 하나님은 아브라함에게 주신 약속을 통해서 이러한 사실을 교훈해 주고 있다. 창세기 13장 16절을 보면 "내가 네 자손이 땅의 티끌 같게 하리니 사람이 땅의 티끌을 능히 셀 수 있을진대 네 자손도 세리라"

라고 했으며, 창세기 22장 17절에서는 "내가 네게 큰 복을 주고 네 씨가 크게 번성하여 하늘의 별과 같고 바닷가의 모래와 같게 하리니…"라고 하셨다.[111] 따라서 이와 같은 말씀에 근거해 볼 때 구원으로 선택받은 자의 숫자가 소수가 아닌 다수라는 사실을 추론해 볼 수 있다. 즉 성경이 말하고 있는 대로 선택받은 사람들이 너무 많아 인간의 능력으로는 다 셀 수 없을 정도의 많은 숫자가 될 것이다.

(9) 하나님의 선택을 불공평하다고 비난할 수 없다

하나님께서 어떤 특정한 사람들에게는 선택의 은혜를 베푸시고 어떤 사람들은 그냥 지나치는 것에 대하여 하나님께서 불공평한 일을 행한 것이라고 비난할 수 없다. 만일 하나님이 모든 사람에게 죄 용서와 영생을 베풀어야 할 의무를 가지고 계신다면, 하나님께서 모든 사람이 아닌 제한된 수만을 구원하신다고 하는 것은 불공평한 일이 될 것이다. 그러나 죄인은 절대적으로 신적인 선택에서 유래되는 복에 대하여 아무런 권리도 갖고 있지 못하다.[112] 따라서 하나님의 선택에 대하여 불공평하다고 비난할 권리가 우리 인생에게는 전혀 없다. 또한 우리 인생은 하나님께서 어떤 사람은 선택하고 어떤 사람은 그냥 지나친 사실에 대하여 하나님께 문책할 권리를 가지고 있지 않을 뿐만 아니라 설령 하나님께서 아무도 구원하지 않으셨다고 할지라도 그는 온전히 공평하시다는 사실을 인정해야 한다.[113]

이와 같이 우리 인생은 하나님의 선택이 불공평하다고 비난하거나

---

111) 박윤선, 『성경주석(요한계시록)』, (서울: 영음사, 1984), 183.
112) Louis Berkhof, 『조직신학(합본)』, 317~318.
113) *Ibid.*, 318.

원망할 수 없다. 그 이유는 하나님의 선택이 우리 인생에게서 발견되는 어떤 공로에 기초한 것이 아니라 온전히 하나님의 자비하심과 그의 절대적인 주권에서 비롯된 것이기 때문이다. 성경은 이러한 하나님의 주권에 대하여 분명하게 밝히고 있다. 로마서 9장 14~16절을 보면 "그런즉 우리가 무슨 말을 하리요 하나님께 불의가 있느냐 그럴 수 없느니라 모세에게 이르시되 내가 긍휼히 여길 자를 긍휼히 여기고 불쌍히 여길 자를 불쌍히 여기리라 하셨으니 그런즉 원하는 자로 말미암음도 아니요 달음박질하는 자로 말미암음도 아니요 오직 긍휼히 여기시는 하나님으로 말미암음이니라"라고 하나님의 주권에 대하여 말씀하고 있다.

(10) 선택은 구원에 이르는 첫 단계이다

선택은 구원 자체를 의미하는 것이 아니라 구원으로 가는 첫 발걸음을 의미한다. 예를 들면 선거에서 대통령으로 선출된 사람도 정식 취임식을 하기 전까지는 실질적인 대통령이 아닌 것처럼, 구원을 받도록 선택된 사람도 성령에 의해 거듭나고 그리스도를 믿음으로 말미암아 의롭다고 칭함을 받고 하나님의 자녀가 되고, 성화되고, 영화되는 구원의 단계들을 다 거치기 전까지는 아직 구원을 온전히 이룬 것이 아니기 때문이다. 따라서 선택은 구원에 이르는 첫 단계이다.[114]

---

114) 사도행전 13:48, 데살로니가전서 1:4, 데살로니가후서 2:13, 14을 먼저 읽고, 에베소서 1:4과 로마서 16:7을 비교해 보면, 에베소서 1:4에서 바울은 하나님의 선택은 이 세계가 창조되기 전에 "그리스도 안에서" 되어졌다는 사실을 증거하고 있다. 그런데 로마서 16:7과 에베소서 2:2~3절을 보면 선택된 사람들이 중생(회심)하기 전까지는 실제적으로 "그리스도 안" 있지 않았다는 사실을 보여 주고 있다. 따라서 선택은 구원의 완성이 아니라 구원의 첫 단계라고 볼 수 있다.

3) 선택의 목적은 무엇인가

(1) 하나님의 영광

웨스트민스터 신앙고백서 3장 5항은 선택의 목적에 대하여 진술하기를 "인류 중에서 생명에 이르도록 예정된 자들은 하나님께서 세상의 기초가 놓이기 전에 그의 영원하고 변함이 없는 목적과 그 마음의 은밀한 계획과 기뻐하심에 따라 그리스도 안에서 택하셔서 영원한 영광에 이르도록 하셨다. 이렇게 결정하신 때 자유로운 은혜와 사랑 안에 하신 것이요, 어떤 선견된 신앙이나 선행, 오래 참는 일, 피조물 안에 있는 어떤 것이나 어떤 조건 혹은 하나님을 그렇게 하도록 움직인 원인 때문에 하신 것이 아니며, 모든 것이 그의 영광스러운 은혜를 찬송하게 하려 하신 것이다."라고 하였다.[115]

사도바울은 에베소서 1장 5~6절에서 "그 기쁘신 뜻대로 우리를 예정하사 예수 그리스도로 말미암아 자기의 아들들이 되게 하셨으니 이는 그가 사랑하시는 자 안에서 우리에게 거저 주시는 바 그의 은혜의 영광을 찬송하게 하려는 것이라"라고 함으로써 선택의 목적이 하나님의 영광을 찬양하기 위한 것임을 밝히고 있다.

(2) 선택받은 자의 구원

하나님께서 많은 사람들 중에 창세 전에 특별히 어떤 사람들을 선택하신 것은 죄로 인한 사망(롬 5:12)으로부터 구원 받게 하기 위함이다 (롬 11:7, 11; 살후 2:13). 따라서 구원론적 의미에서 선택의 목적은 선

---

115) 김의환 편저, 「개혁주의 신앙고백집」, 129.

택함을 받은 자들의 구원이다. 사도 바울은 데살로니가후서 2장 13절에서 "주께서 사랑하시는 형제들아 우리가 항상 너희에 관하여 마땅히 하나님께 감사할 것은 하나님이 처음부터 너희를 택하사 성령의 거룩하게 하심과 진리를 믿음으로 구원을 받게 하심이니"라고 말씀함으로써 많은 사람들 중에 우리를 택하신 목적이 우리로 하여금 구원을 받게 하려는 것임에 있음을 밝히고 있다.

3

소명(부르심)

1) 소명에 대한 정의

박형룡 박사는 구원론적 입장에서 소명을 정의하기를 "소명이란 그리스도에 의하여 준비된 구원을 신앙으로 수납(受納)하라고 사람들을 초청하신 하나님의 은혜로운 행위이다."[116]라고 했고, 조영엽 박사는 "소명은 만세 전에 예수 그리스도 안에서 믿음으로 말미암아 구원 받기로 예정된 자들을 부르시는 하나님의 구원에의 초대(invitation for salvation)이다."[117]라고 했다. 그러므로 소명(calling, 부르심)이란 하나님께서 죄인으로 하여금 그리스도를 통하여 제공된 구원을 받도록 초대하시는 은혜로운 행위라고 정의할 수 있으며, 이 부르심은 외적 소명과 내적 소명으로 구분할 수 있다.[118]

---

116) 朴亨龍, 『教義神學(救援論)』, (서울: 韓國基督教教育研究院, 1983), 113.
117) 조영엽, 『조직신학(구원론 · 종말/내세론)』, (서울: 도서출판 미스바, 2004), 23.
118) 이근삼, 『개혁주의 조직신학 개요(2)』, (서울: 도서출판 생명의 양식, 2007), 215.

2) 성경에 나타난 소명의 의미와 주권자

성경에서 '부르심'이란 말은 평범한 어휘 중의 하나로 네 가지의 서로 다른 의미로 사용되었다. 즉 여기서 말하는 소명이란 예수 그리스도를 통하여 사람들을 구원으로 초청하는 것을 의미하는데(막 1:20; 요 10:3; 고전 7:17; 딤후 2:19), 신약에서 가장 많이 사용된 말은 '부르시다'(to call)라는 말이다(요 10:3; 행 4:18; 롬 8:28~30; 딤전 6:12 등). 그리고 '부르심'(calling)이라는 말은 11회 나타나고 있으며(롬 11:29; 고전 1:26), '불렀다'(called)라는 말은 신약에 10회가 나타나고 있다(마 20:16; 롬 1:1, 7; 8:28; 고전 1:2, 24; 계 17:14). 또한 '교회'(church, 부르심을 받은 무리)라는 의미로 사용되기도 하였다.[119]

그런데 이와 같은 소명의 주체인 주권자에 대하여 성경은 삼위일체 하나님이심을 밝히고 있다(딤후 1:8, 9). 소명은 긍휼이 풍성하신 삼위일체 하나님의 행위로서 예수 그리스도 안에서 죄인들을 구원으로 초대하시는 하나님의 은혜로우신 행위이다. 여기서 성부 하나님만 아니라 성자 하나님(마 11:28; 눅 5:32; 요 7:37; 롬 1:6)과 성령 하나님(마 10:20; 요 14:26; 15:26; 행 5:31, 32)께서 함께 역사하신다.[120]

벌코프(Louis Berkhof) 역시 부르심은 삼위일체 하나님의 사역이라고 언급하면서, 이 사역은 우선적으로 아버지의 사역이라고 하였다(고전 1:9; 살전 2:12; 벧전 5:10). 하지만 아버지는 아들을 통해 모든 일을 행하시기 때문에 이 부르심은 아들에게 속하기도 한다고 하였다(마

---

119) *Ibid.*, 215~216.
120) *Ibid.*, 216.

11:28; 눅 5:32; 요 7:37; 롬 1:6). 그리고 그리스도는 말씀과 성령으로 부르신다고 하였다(마 10:20; 요 15:26; 행 5:31, 32).[121]

따라서 소명은 삼위일체 하나님께서 함께 역사하시는 삼위일체 하나님의 행위이며, 죄인들을 향한 삼위 하나님의 자비롭고 은혜로운 주권적인 사역이다.

3) 소명의 구분(종류)

칼빈(John Calvin)은 소명에는 두 가지가 있다고 하였다. 그것은 일반적인 소명과 개별적인 소명이다. 일반적인 소명은 하나님께서 외면적인 복음 선포를 통해서 모든 사람을 평등하게 자신에게로 부르신다는 것이며, 그리고 다른 종류인 소명은 개별적인 것인데, 대개는 신자들에게만 주시는 것으로 하나님께서는 그의 영으로 신자들의 마음속을 비추시어, 선포하신 말씀이 그들의 마음속에 머물게 하신다고 하였다.[122] 이러한 칼빈의 영향으로 칼빈주의(개혁주의) 신학에서는 일반적 소명(general calling)과 유효적 소명(effectual calling)으로 구분한다. 일반적 소명은 보편적 소명 혹은 외적 소명(universal calling or external calling)이라고 칭하기도 하며, 유효적 소명은 내적 소명(internal calling)이라 하기도 한다.

---

121) Louis Berkhof, 『조직신학(합본)』, 705~706.
122) John Calvin, 『基督教綱要(中)』, 570.

(1) 일반적 소명

일반적 소명은 앞서 언급한 바와 같이 외적인 부르심이라고 하는데, 이 부르심은 차별하지 않고 세상의 모든 사람들에게 보편적으로 주어지는 부르심이다(마 11:28; 22:1~14; 사 55:1; 계 22:17). 이것은 하나님의 말씀을 듣는 모든 사람에게 차별 없이 임하는 부르심이라는 것이다. 그런데 이 부르심은 보통 복음전도의 행위로써 나타나는 것으로 마가복음 16장 15절은[123] 그 사실을 잘 보여 주고 있다. 그리고 디도서 1장 3절에서는 "자기 때에 자기의 말씀을 전도로 나타내셨으니 이 전도는 우리 구주 하나님이 명하신 대로 내게 맡기신 것이라"라고 하였다. 따라서 이 외적 부르심은 죄인들에게 예수 그리스도를 통한 구원을 전하고 제시하는 것이다. 곧 예수 그리스도의 복음을 믿음으로 받아들여 사죄와 영생을 얻으라고 하는 구원의 초청이다.

벌코프(Louis Berkhof)는 이 외적인 부르심에 대하여 말하기를 "외적인 부르심은 죄인에게 죄의 용서와 영원한 생명을 얻기 위하여 그리스도를 신앙으로 받아들일 것을 간절하게 권면하며, 그리스도 안에 있는 구원을 제시하고 제공하는 것이다."[124]라고 했으며, 이러한 외적인 부르심은 다음과 같은 세 가지 구성 요소로 되어 있다고 하였다. ① 복음의 사실과 구속 교리의 제시, ② 회개와 신앙 안에서 그리스도를 영접하는 초청, ③ 용서와 구원의 약속(사죄와 영생) 등이다.[125]

계속해서 벌코프는 외적 부르심에 대한 중요성에 대해서는 다음과 같은 몇 가지를 언급하였다.

---

123) "또 이르시되 너희는 온 천하에 다니며 만민에게 복음을 전파하라"
124) Louis Berkhof, 『조직신학(합본)』, 708.
125) *Ibid.*

첫째, 하나님은 외적 부르심을 통해 죄인에 대한 권리를 보유하신다. **둘째**, 외적 부르심은 죄인을 회심으로 인도하는 하나님에 의해 제정된 방법이다. **셋째**, 외적 부르심은 하나님의 거룩함, 선, 긍휼을 계시한다. **넷째**, 외적인 부르심은 하나님의 의를 두드러지게 한다. [126]

(2) 유효적 소명

웨스트민스터 신앙고백서 10장 1항[127]은 유효적 소명에 대하여 진술하기를 "하나님이 생명으로 예정하신 모든 사람들만을 그가 정하시고 기뻐하신 때에 그의 말씀과 성령에 의해서, 본래의 죄와 죽음의 상태에서, 예수 그리스도에 의한 은혜와 구원에 이르도록 효력 있게 부르기를 기뻐하셨다. 그들의 마음을 영적으로 밝혀 구원을 깨닫도록 이해하게 하시고 또 그들에게서 돌 같은 마음을 제거하시고 부드러운 마음을 주시며 그들의 의지를 새롭게 하시고 그의 전능하신 힘으로 그들을 선한 일에 열심 하게 하시며 그들을 예수 그리스도에게로 효력 있게 이끄신다. 그러나 그들이 하나님의 은혜로 말미암아 자원하는 마음으로 자유롭게 나아오게 하신다."라고 하였다.

웨스트민스터 대요리문답 67문[128]은 "유효한 부르심이라는 것은 하나님의 전능하신 권능과 은혜의 역사인데 이로 말미암아(그의 택하신 자에게 거저 주시는 특별한 사랑이요 그들 안에 있는 어떤 것도 하나님을 감동시켜 그것을 행하게 한 것이 아니니) 하나님은 그의 받으실 만한 때에 그 말씀과 영으로 말미암아 그들을 불러 예수 그리스도께

---

126) *Ibid.*, 711~712.
127) 김의환 편저. 『개혁주의 신앙고백집』, 140.
128) *Ibid.*, 198~199.

가까이 나아오게 하셔서 그들의 마음을 성령으로 밝히시어 구원을 깨닫게 하신다. 또 그들의 의지를 새롭게 하시고 결심하게 하심으로 그들로(비록 그들 자신은 죄 가운데 죽었으나) 기꺼운 마음으로 주님의 부르심에 응하여 그 가운데 제공되어 전해진 은혜를 받아들일 수 있게 하는 것이다."라고 했으며, 소요리문답 31문[129])에서는 "효력 있는 부르심은 하나님의 영이 하시는 일로써 우리의 죄와 비참을 깨닫게 하시고, 또 우리의 마음을 밝혀 그리스도를 알게 하시며, 우리의 의지를 새롭게 하시고, 능히 우리를 권하여 복음 가운데서 우리에게 값없이 주신 예수 그리스도를 믿도록 하신 것이다."라고 효력 있는 부르심에 대하여 진술하고 있다.

4) 소명의 특성

(1) 일반적 소명의 특성

일반적 소명은 차별하지 않고 세상의 모든 사람들에게 보편적으로 주어지는 부르심을 가리킨다. 이 부르심에는 다음과 같은 특징이 있다. ① 일반적이고 보편적인 특징을 가지고 있다. 이 소명은 세상의 모든 사람에게 빠짐이 없이 찾아온다는 것이 아니라, 선택을 받은 자나 못 받은 자나, 어느 시대, 어느 민족, 어떤 계급 등에 차별이 없이 부르심이 주어진다는 의미이다. ② 진실하고 성실한 부르심의 특징을 가지고 있다. 이 부르심은 복음의 초청이 받아들여지지 않을 것이라는 것을 미리 염두에 두고 형식적으로 제시되는 초청이 아니라는 것이다.

---

129) *Ibid.*, 264.

이러한 부르심의 진실성은 다음의 성구들을 통해서 확인할 수 있다(민 23:19; 잠 1:24; 사 1:18~20; 겔 18:23, 32; 33:11; 딤후 2:13).

(2) 유효적 소명의 특성

유효적 소명은 죄인을 인도하여 구원 받게 하시는 하나님의 진정한 부르심이다. 즉 하나님은 그의 택한 백성을 이 유효한 부르심으로 말미암아 구속의 참여자로 만드신다는 것이다. 이 유효적 소명에는 다음과 같은 특징이 있다. ① 능력 있는 부르심이라는 특징을 가지고 있다. 이 부르심은 반드시 구원에 이르게 하는 효과적인 부르심이라는 것이다(행 13:48). ② 후회 없는 부르심이라는 특징이 있다. 이 부르심은 중간에 변경되거나 취소되지 않는 부르심이라는 것이다(롬 11:29).

로버트 쇼(Robert Shaw)는 유효적 소명에 대하여 언급하기를, **첫째**, 오직 선택받은 자들만 유효 소명을 받는다. **둘째**, 유효 소명은 하나님의 주권적인 의지와 기쁘신 뜻에 따라 가장 적당한 때에 이루어진다. **셋째**, 유효 소명은 말씀과 성령으로 이루어진다. **넷째**, 유효 소명은 인간의 의지를 강요하지 않는다. **다섯째**, 유효 소명을 일으키시는 성령의 사역은 불가항력적이다. **여섯째**, 유효 소명은 하나님의 값없는 은혜에서 비롯한다. **일곱째**, 유효 소명이 이루어지는 동안 죄인은 성령에 의해 새롭게 소생되기까지는 전적으로 수동적이다.[130]

---

130) Robert Shaw, 『웨스트민스터 신앙고백 해설』, 조계광 역, (서울: 생명의말씀사, 2017), 220~223.

5) 부르심이 먼저인가 중생이 먼저인가

신학자들 중에 소명이 중생보다 선행한다고 하는 견해를 가지고 있는 학자들도 있고, 반대로 중생이 소명보다 먼저라는 견해를 가지고 있는 학자들이 있는데, 대표적인 신학자 몇 명을 예로 들면 다음과 같다. 먼저 중생이 소명보다 앞선다고 주장하는 학자들은 다음과 같이 구원의 순서를 배열하였다.[131] **아브라함 카이퍼**(Abraham Kuyper)는 ① 중생, ② 소명, ③ 칭의, ④ 신앙, ⑤ 성화의 순서로, **보스**(Gerharders Vos)는 ① 중생, ② 소명, ③ 회심, ④ 신앙, ⑤ 칭의, ⑥ 성화의 순서로, **훅스마**(Herman Hoeksema)는 ① 중생, ② 소명, ③ 신앙, ④ 회심, ⑤ 칭의, ⑥ 성화, ⑦ 보존 및 견인, ⑧ 영화의 순서로 배열하였다. **쉐드**(William G. T. Shedd)는 ① 중생, ② 회심, ③ 칭의, ④ 성화의 순서로, **찰스 핫지**(Charles Hodge)는 ① 중생, ② 소명, ③ 신앙, ④ 칭의, ⑤ 성화의 순서로 구원의 순서를 배열하였다.

반대로 구원의 순서를 소명, 중생의 순서로 배열한 학자들의 경우는 다음과 같다.[132] **핫지**(A. A. Hodge)는 ① 소명, ② 중생, ③ 신앙, ④ 그리스도와의 연합, ⑤ 회개, ⑥ 칭의, ⑦ 양자, ⑧ 성화, ⑨ 성도의 견인의 순서로, **머레이**(John Murray)는 ① 소명, ② 중생, ③ 신앙과 회개, ④ 칭의, ⑤ 양자, ⑥ 성화, ⑦ 견인, ⑧ 그리스도와 연합, ⑨ 영화의 순서로, **바빙크**(Herman Bavinck)는 ① 부르심(협의의 중생 포함, 신앙과 회개 포함), ② 칭의, ③ 성화, ④ 영화의 순서로 놓았다. **벌코프**(Louis

---

131) 하문호, 『교의신학(救援論)』, 115~124.
132) *Ibid.*, 128~135.

Berkhof)는 ① 그리스도와의 신비적 연합, ② 외적 소명, ③ 중생과 유효적 소명, ④ 회심, ⑤ 신앙, ⑥ 칭의, ⑦ 성화, ⑧ 성도의 견인의 순서로, **박형룡** 박사는 ① 소명, ② 중생, ③ 회심, ④ 신앙, ⑤ 칭의, ⑥ 수양, ⑦ 성화, ⑧ 성도의 견인, ⑨ 영화의 순서로 구원의 순서를 배열하였다.

위에서 살펴본 것처럼 구원의 순서에 있어서 신학자들 간에도 서로 다른 견해를 가지고 있는 것이 사실인데, 이에 대하여 머레이(John Murray)는 중생을 소명보다 먼저 놓는다고 해서 신학적으로나 성경 해석상에 있어서 큰 문제가 될 것은 없다고 하면서도 소명이 구속적용에 있어서 첫 단계라고 생각할 이유들이 있다고 하였다. [133]

사도행전 16장 14절을 보면 "두아디라 시에 있는 자색 옷감 장사로서 하나님을 섬기는 루디아라 하는 한 여자가 말을 듣고 있을 때 주께서 그 마음을 열어 바울의 말을 따르게 하신지라"라고 했는데, 이 말씀에서 분명하게 알 수 있는 것은 루디아의 마음이 열리기 전에 사도 바울이 전한 복음이 먼저 전해지고 있었다고 하는 점이다. 즉 루디아의 마음이 열리기 전에 사도 바울이 전한 복음을 통한 외적인 부르심이 먼저 있었다고 하는 것이다. 따라서 우리는 그 외적인 부르심 후에 루디아의 마음을 여는 성령 하나님의 내적 부르심(유효적 부르심)이 있었다는 사실을 논리적으로 이해할 수 있다.

로마서 8장 29~30절의 말씀에서는 "하나님이 미리 아신 자들을 또한 그 아들의 형상을 본받게 하기 위하여 미리 정하셨으니 이는 그로 많은 형제 중에서 맏아들이 되게 하려 하심이니라 또 미리 정하신 그들

---

133) John Murray, 『구속론』, 122.

을 또한 부르시고 부르신 그들을 또한 의롭다 하시고 의롭다 하신 그들을 또한 영화롭게 하셨느니라"라고 했는데, 이 말씀에서 사도 바울은 미리 정하신 그들을 부르셨다고 했다. 따라서 이 말씀은 하나님께서 구원 받을 사람들을 창세 전에 선택하신 이후 구속을 적용하는 단계에서 부르심이 제일 처음이라는 사실을 잘 보여 주고 있다. 이러한 사실에 근거해 볼 때 소명이 중생보다 앞선다고 이야기하는 것은 자연스러운 것이다.

또한 베드로는 신자들에게 "너희가 거듭난 것은 썩어질 씨로 된 것이 아니요 썩지 아니할 씨로 된 것이니 살아 있고 항상 있는 하나님의 말씀으로 되었느니라"(벧전 1:23)라고 했는데, 이 말씀을 25절[134] 말씀에 비추어 보면 여기서 언급된 말씀은 독자들 가운데 설교된 복음의 말씀을 의미한다. 즉 베드로의 이 말은, 설교의 말씀이 중생보다 선행한다는 것을 암시해 주고 있다. 따라서 이러한 구절에 비추어 볼 때, 성인(成人)의 경우, 말씀의 설교에 의한 외적인 부르심이 일반적으로 중생보다 선행한다는 사실을 증명해 주고 있는 것이라고 볼 수 있다.[135]

---

134) 벧전 1:25 "오직 주의 말씀은 세세토록 있도다 하였으니 너희에게 전한 복음이 곧 이 말씀이니라"
135) Louis Berkhof, 『조직신학(합본)』, 703.

4

중생(거듭남)

1) 중생에 대한 정의

벌코프(Louis Berkhof)는 중생에 대하여 "새 생명의 원소가 인간에게 심겨지고 영혼의 지배적 성향이 거룩하게 되는 하나님의 행위."라고 했으며,[136] 스프로울(R. C. Sproul)은 "중생이란 초자연적인 역사이며 하나님께서 의도하신 바를 유효하게 하시는 일방적인 역사이다. 중생은 또한 죽은 자가 살아나고 구원을 받아 하나님의 가족으로 양자되는 살아 있는 믿음의 상태로 인도되는 재창조의 역사이다."라고 하였다.[137]

또한 칼빈(John Calvin)은 "중생은 또 하나의 다른 창조라고 할 수 있다. 만일 그것을 첫 창조와 비교하면 그것은 첫 창조를 훨씬 능가한다."[138]라고 했고, 그루뎀(Wayne Grudem)은 "중생이란 하나님께서 우리에게 새로운 영적 생명을 부여하시는 신비스러운 하나님의 행위이

---

136) *Ibid.*, 718.
137) R. C. Sproul, 『개혁주의 은혜론』, 217.
138) 정성구, 『칼빈의 신학사전』, (서울: 총신대학교 출판부, 2000), 383.

다. 이는 종종 거듭난다는 말로 사용되기도 한다."[139]라고 했다. 따라서 간단히 중생을 정의한다면, 중생이란 죄와 허물로 죽었던 영적 생명을 다시 살리는 성령의 역사라고 할 수 있다.[140]

2) 중생의 특징

중생은 인생에서 단 한 번만 경험하는 것으로 이것을 가리켜 거듭나는 것이라고 성경은 증거하고 있다. 그러면 왜 중생을 거듭나는 것이라고 말을 하는가? 그 이유는 한 번은 어머니 태에서 육으로 태어나는 것이고, 또 한 번은 육의 사람에서 영의 사람으로 새로워지는 것이기 때문이다. 이러한 내용은 예수님과 니고데모와의 대화에 잘 설명되어 있다(요 3:1~15).[141] 예수님은 니고데모에게 거듭나야 함을 강조하셨다. 그러자 니고데모는 사람이 늙으면 어떻게 다시 두 번째 모태에 들어갔다가 날 수 있습니까?라고 질문을 하였다. 이러한 니고데모의 질문에 대해서 예수님은 요한복음 3장 6절에서 "육으로 난 것은 육이요 영으로 난 것은 영이니"라고 말씀을 하셨다. 니고데모의 말과 같이 사람의 육체가 모체에 들어갔다가 다시 나왔다고 해서 그 사람이 중생한 사람이 되는 것은 아니다. 그 이유는 육체는 백 번을 다시 나도 육체이기 때문이다. 따라서 예수님께서 거듭나라고 하신 것은 영이다.[142]

예수님은 요한복음 3장 7절에서 "내가 네게 거듭나야 하겠다 하는 말

---

139) Wayne Grudem, 『조직신학(중)』, 313.

140) 하문호, 『교의신학(救援論)』, 216.

141) 김하진, 『주제별 칼빈주의』, (서울: 한국문서선교회, 1988), 85~86.

142) 김성환, 『칼빈주의 해설』, (서울: 영음사, 1976), 214.

을 놀랍게 여기지 말라"라고 하셨다. 그러면 예수님은 무슨 이유로 기이히 여기지 말라고 하셨는가? 그것은 중생이 매우 신비스런 성령 하나님의 역사를 통해서 주어지는 것이기 때문이다. 죄로 인하여 죽은 인간을 성령 하나님께서 어떻게 다시 살리는지 인간이 일일이 헤아릴 수 없으며, 이것은 인간의 이해를 넘어서는 것이기 때문이다. 예수님께서 비유로 말씀하신 것처럼 바람이 어디에서 어디로 부는지는 우리는 알 수 없다. 다만 우리는 나무의 흔들리는 현상과 내 자신이 직접 바람을 맞는 경험을 통해서 바람이 어디서 어디로 부는지 확인할 수 있을 뿐이다. 이와 같이 성령께서 하시는 중생의 사역 역시 인간의 이성을 초월하는 신비로운 것이다. 따라서 이러한 설명에 근거하여 중생의 특징을 몇 가지로 정리해 보면 다음과 같다.

(1) 중생의 시작은 하나님이시다

요한복음 3장 5절을 보면 "예수께서 대답하시되 진실로 진실로 네게 이르노니 사람이 물과 성령으로 나지 아니하면 하나님의 나라에 들어갈 수 없느니라"라고 했는데, 이 말씀은 중생의 시행자가 성령 하나님이심을 가리킨다. 성령 하나님은 인생에게 중생을 주시는 분으로서 삼위 중 한 분이시다.[143] 그러므로 요한복음 3장 8절은 중생한 사람을 "성령으로 난 사람"이라고 하였다.

그리고 요한일서 5장 1절에서는 "예수께서 그리스도이심을 믿는 자마다 하나님께로부터 난 자니 또한 낳으신 이를 사랑하는 자마다 그에게서 난 자를 사랑하느니라"라고 하였다. 따라서 이 말씀은 하나님으

---

143) 박윤선, 「성경주석(요한복음)」, (서울: 영음사, 1984), 120.

로부터 난 자는 예수님을 그리스도로 믿는 자라고 함으로써 중생이 하나님께로부터 오는 사실을 강조하고 있다.

(2) 중생은 하나님이 주시는 영적 생명이다

중생은 외적인 도덕의 향상이 아니라 내적으로 하나님이 주시는 새 생명으로 거듭나는 것이다. 그러나 자유주의자들은 중생을 하나님의 썩지 않는 생명을 받는 것으로 생각하지 않고 단순히 사람의 도덕 수준의 향상으로만 생각을 한다. 만일 자유주의자들의 주장대로 이해한다면 중생은 교육의 힘으로도 가능할 수 있다는 결론이 나온다. 왜냐하면 교육 수준이 높을수록 도덕적 수준도 높아지기 때문이다. 또한 이러한 논리라면 기독교 밖의 다른 일반 종교의 힘으로도 중생이 가능하다고 추측해 볼 수도 있을 것이다. 왜냐하면 어떤 면에서는 외적인 도덕 수준은 기독교 밖의 이단자들이나 이교도들이 더 경건하게 보일 수도 있기 때문이다.

많은 문제가 상존하는 세상을 떠나 사람의 왕래가 없는 깊은 산속에 들어가 도를 닦는 불교의 중과 복잡한 도시 시장터에서 장사하며 사는 기독교인을 비교하여 볼 때, 외부적으로 나타나는 도덕 수준은 신자들보다 산속에 살고 있는 불교의 중이 더 높게 보일 수도 있을 것이다. 그렇다고 해서 하나님께서 그 중을 보고 "너는 내 사랑하는 자녀라"라고 말씀하시면서 그의 삶을 인정하시겠는가! 아니다. 그 이유는 하나님께서는 사람의 외모를 보고 판단하시는 분이 아니라 사람의 내면을 보시는 분이시기 때문이다. 따라서 하나님은 영적인 생명을 소유한 중생한 자의 도덕성은 인정하시나 중생하지 않은 자들의 도덕성은 인정하지 않으신다.

마태복음 23장 27절을 보면 예수님은 외식하는 자들을 책망하시기를 "화 있을진저 외식하는 서기관들과 바리새인들이여 회칠한 무덤 같으니 겉으로는 아름답게 보이나 그 안에는 죽은 사람의 뼈와 모든 더러운 것이 가득하도다"라고 하셨다. 예수님께서 이렇게 책망하신 것은 바리새인들과 서기관들의 외적인 도덕 수준이 다른 사람들보다 못했기 때문이 아니다. 오히려 그들의 외적인 수준은 높았다. 그러나 내적으로 그들에게는 그리스도의 생명이 없었다. 이렇게 하나님께서는 그리스도를 통하여 신령한 생명을 받지 못한 자들의 도덕적 삶은 인정하지 않으신다. 니고데모에게 종교나 교육이 없었던 것이 아니다. 그에게도 교육과 종교가 있었으나 예수님께서는 요한복음 3장에서 그에게 거듭나야 함을 강조하셨다.[144] 그 이유는 중생은 하나님이 주시는 영적인 생명이기 때문이다. 이 영적인 생명을 가지지 않고서는 하나님의 인정을 받을 수가 없다. 즉 하나님이 인정하시는 선을 행할 수 없다는 것이다.

따라서 우리 인생이 하나님께서 인정하시는 삶을 살아가기 위해서는 영적인 생명을 소유해야 하는데, 그것은 하나님이 우리에게 거저 주시는 중생의 은혜이다. 이러한 사실을 에베소서 2장 1절은 증거하기를 "그는 허물과 죄로 죽었던 너희를 살리셨도다"라고 했으며, 5절에서는 "허물로 죽은 우리를 그리스도와 함께 살리셨고(너희는 은혜로 구원을 받은 것이라)"라고 하였다. 그리고 요한일서 5장 11절은 "또 증거는 이것이니 하나님이 우리에게 영생을 주신 것과 이 생명이 그의 아

---

144) 김성환, 『칼빈주의 해설』, 215~216.

들 안에 있는 그것이니라"라고 하였다.

(3) 중생은 하나님의 새롭게 하시는 일이다

디도서 3장 5절을 보면 "우리를 구원하시되 우리가 행한바 의로운 행위로 말미암지 아니하고 오직 그의 긍휼하심을 따라 중생의 씻음과 성령의 새롭게 하심으로 하셨나니"라고 하였다. 이 말씀에서 성령의 새롭게 하심은 성령께서 새로운 피조물로 창조하심을 뜻한다. 따라서 고린도후서 5장 17절은 "그런즉 누구든지 그리스도 안에 있으면 새로운 피조물이라 이전 것은 지나갔으니 보라 새것이 되었도다"라고 하였는데, 여기의 새로운 피조물은 "새로운 자아" 곧 중생한 영을 가리키는 것이다. 그리고 이러한 중생은 성령 하나님의 단독 사역으로 주어지는 것이다.[145]

(4) 중생은 택한 백성에게 일어나는 순간적인 변화이다

중생이란 창세 전부터 구원을 주시기로 선택된 백성들에게 하나님께서 정하신 때에 즉각적으로 베풀어 주신 새 생명이기 때문에 우리는 그 즉각적인 변화가 우리 속에 언제 일어났는지 정확하게 모를 수도 있다. 특히 기독교 가정에서 자라난 자녀들이나, 오랜 시간 교회의 예배나 성경 공부 모임에 참석하면서 점차적으로 복음을 이해한 사람들의 경우 현격한 행동의 변화를 보인 극적인 순간이 없을 수도 있다.[146] 물론 이와는 반대로 사도행전 9장에서 예수 믿는 자들을 핍박하던 사

---

145) 조영엽, 『조직신학(구원론 · 종말/내세론)』, 42.
146) Wayne Grudem, 『조직신학(중)』, 317.

울처럼 분명하게 깨달을 수 있도록 주님을 만나는 경험을 가질 수도 있다. 그러나 대부분의 많은 성도들은 자신들 안에 일어난 중생의 변화가 정확히 언제 일어났는지 바로 깨닫지 못하는 것이 사실이다. 그러나 하나님은 성령을 통하여 보이지 않는 방법으로 우리의 영적인 삶을 일깨워 주기 때문에 언제 중생의 은혜를 받았는지 정확한 시간을 알 수 없다고 하더라도 점차적으로 스스로 중생한 자라는 사실을 깨닫도록 인도하신다.

(5) 중생은 구원에 이르는 믿음 이전에 일어난 일이다

중생은 영적 죽음에서 영적 생명으로 옮기는 하나님의 행위이다. 따라서 중생은 구원에 이르는 믿음 이전에 일어나는 변화라고 이해하는 것은 당연하다. 왜냐하면 거듭나기 이전에는 구원을 위한 영적인 행위를 전혀 행할 수 없는 영적으로 죽어 있는 상태였기 때문이다. 따라서 예수님은 요한복음 3장 5절에서 말씀하시기를 "예수께서 대답하시되 진실로 진실로 네게 이르노니 사람이 물과 성령으로 나지 아니하면 하나님의 나라에 들어갈 수 없느니라"라고 하셨다. 예수님께서 이 말씀에서 강조하는 것은 천국에 들어가기 위해서는 무엇보다도 먼저 성령으로 거듭나야 한다는 것이다. 따라서 이 말씀은 하나님 나라에 들어가기 위해서는 믿음보다도 거듭남이 먼저라는 사실을 잘 보여 주고 있다.

사도 바울은 "육에 속한 사람은 하나님의 성령의 일들을 받지 아니하나니 이는 그것들이 그에게는 어리석게 보임이요, 또 그는 그것들을 알 수도 없나니 그러한 일은 영적으로 분별되기 때문이라"(고전 2:14)

라고 했고, 로마서 3장 11절에서는 "깨닫는 자도 없고 하나님을 찾는 자도 없고"라고 했다. 이와 같이 영적인 것에 아무런 반응도 할 수 없는 영적 죽음 상태에 있는 자들에게 대한 해결책은 하나님께서 먼저 그 속에 새 생명을 주실 때에만 가능하다. 즉 영적으로 죽어있는 자에게 가장 먼저 필요한 것은 중생의 은혜이다. 에베소서 2장 5절을 보면 "허물로 죽은 우리를 그리스도와 함께 살리셨고(너희는 은혜로 구원을 받은 것이라)"라고 했다. 따라서 중생은 믿음보다 선행한다.

그러나 중생이 구원에 이르는 믿음보다 선행한다는 것은 오늘날 쉽게 이해되는 문제는 아니다. 어떤 사람들은 "그리스도를 구세주로 믿은 후에 당신은 거듭나게 될 것입니다."라고 말하기도 하지만 성경은 그렇게 말한 적이 전혀 없다. 성경에 의하면 하나님께서 우리에게 중생의 은혜를 베풀어 주신 것은 우리로 하여금 그리스도를 믿도록 하기 위해 우리 안에서 행하신 사역이라는 사실을 분명하게 교훈해 주고 있다.[147]

(6) 중생은 하나님의 단독 사역이며 불가항력적인 변화이다

중생은 하나님의 절대적 주권에서 나오는 단독 사역이다. 따라서 중생은 인간의 어떤 의지나 행동을 통해서 하나님으로부터 받아 내거나 또 그것을 싫다고 거부할 수 있는 것이 아니다. 그 이유는 오직 하나님께서 자신의 기쁘신 뜻에 따라 창세 전에 선택한 백성들에게 정하신 때에 아무도 거부할 수 없는 주권적인 능력으로 중생의 은혜를 베푸시는 것이기 때문이다. 그러므로 중생함을 받는 사람 편에서 이해하

---

147) *Ibid.*, 318~320.

면 중생은 전적으로 피동적이다. 성경은 인간이 타락으로 인하여 전적으로 부패했고, 무능력하고 영적으로 죽은 존재임을 말하고 있다(엡 2:1). 따라서 이렇게 영적으로 죽은 자는 스스로 다시 살아나지 못하며, 또한 하나님의 살리시는 역사에 협력하지도 못한다. 요한복음 1장 13절을 보면 중생은 사람의 혈통으로나 사람의 뜻으로(인간의 결정으로) 나는 것이 아니라 오로지 하나님께로서 나는 것임을 분명하게 보여 주고 있다. 다시 말하면 하나님은 타락으로 인하여 영적으로 죽어 있는 선택된 백성들의 영을 살리셨고 선택함을 받은 우리의 죽은 영은 살리심을 받았다. 그러므로 성경이 말하고 있는 대로 중생은 하나님의 주권적인 단독 사역으로 인간의 어떤 의지나 행동으로 거부할 수 있는 것이 아니다.

우리 인생은 우리의 육체적 출생에 있어서 완전히 피동적인 것처럼 우리의 영적 출생에 있어서도 완전히 피동적이다. 우리 인생은 우리 자신의 출생을 결정하거나 시행할 수 없다. 허물과 죄로 죽은 인간 편에서는 도덕적으로, 영적으로 모든 면에서 스스로 중생하는 것이 불가능하다. 그러므로 하나님의 주권적인 역사로 주시는 불가항력적인 중생의 은혜가 필요한 것이다. 주님은 요한복음 6장 44절에서 "나를 보내신 아버지께서 이끌지 아니하시면 아무도 내게 올 수 없으니 오는 그를 내가 마지막 날에 다시 살리리라"라고 했으며, 65절은 "또 이르시되 그러므로 전에 너희에게 말하기를 내 아버지께서 오게 하여 주지 아니하시면 누구든지 내게 올 수 없다 하였노라 하시니라"라고 하였다. 이 말씀에서 예수님께로 나아갈 수 있는 사람은 어떤 사람인가? 그 사람은 하나님 아버지께서 예수 그리스도에게로 이끄는 자이다. 그러면 하나님이 그리스도에게로 이끄는 사람은 누구인가? 그 사람은 당연히 하나님이 베푸신 중생의 은혜를 받은 사람이다.

그러므로 중생은 하나님의 주권적인 단독 사역으로 인간의 노력에 근거하는 것이 아니며, 또한 인간의 어떤 경험의 결과도 아니다. 사람이 도덕적으로 무흠하고, 모든 규례들을 준수하며, 혈통적으로 아브라함의 자손이라고 호언장담할지라도 자신이 스스로 중생할 수는 없다. 그 이유는 이제까지 설명한 대로 중생은 하나님의 단독적인 사역이기 때문이다. 이렇게 중생이 하나님의 절대적이고 주권적인 사역이기 때문에 인간은 하나님이 주시는 중생의 은혜를 거부할 수 없다. 알미니안주의자들은 주장하기를 중생은 도덕적 설득에 의하여 회개와 신앙에 의하여 발생된다고 한다. 그러나 이와 같은 알미니안주의자들의 생각이나 주장은 성경에서 말하고 있는 인간의 전적 타락, 전적 부패, 전적 무능을 바로 깨닫지 못한 데서 나온 결과이다. 그러므로 우리는 하나님께서 우리를 영원 전에 선택해 주시고 또 정하신 때에 불가항력적 중생의 은혜를 베풀어 주심을 감사해야 할 것이다.

3) 중생의 필요성

예수님은 요한복음 3장 3절에서 중생의 필요성과 중요성을 강조하여 이르시기를 "진실로 진실로 네게 이르노니"라고 반복하였다. 헬라어 원문에는 "진실로 진실로"라는 말씀이 "아멘 아멘"으로 되어 있다. 따라서 이 말씀의 참의미는 사람이 거듭나지 아니하면 하나님 나라에 들어갈 수 없다는 말씀은 참으로 진리요, 참으로 그러하다는 뜻이다.

사람이 명예와 권세, 부귀와 영화를 다 가졌을지라도 거듭나지 아니하면 하나님의 나라에 들어갈 수 없다. 이토록 중생은 절대적으로 필요하고 중요하다.[148] 그렇다면 우리 인생에게 있어서 중생이 필요한 진정한 이유는 무엇인가?

(1) 전적으로 부패하였기 때문이다

이미 살펴본 바와 같이 성경은 인간이 타락으로 인하여 전적으로 부패했고, 영적으로 죽은 존재들임을 밝히 보여 주고 있다. 그러므로 죽은 자들에게는 수동적인 중생을 통한 새 생명의 부여함이 없이는 그에게 능동적인 회개와 신앙이 있을 수 없다. 사람의 영혼은 자연적인 성장에 의하여 완성될 수도 없으며 교육에 의하여서도 중생될 수 없다. 다시 말해서 중생이 없이는 영혼에 근본적이고 내면적인 변화가 있을 수 없다. 그러므로 우리가 인간의 전적 타락의 교리를 성경적 진리로 받아들인다면 구원을 받기 위해서는 성령의 살리시는 역사를 통한 중생의 필요성은 의심할 수 없는 것이다.[149]

(2) 전적으로 무능하기 때문이다

성경은 인간의 죄악의 결과로 인간의 영적 생명은 그 본래의 기능이 마비되어 하나님을 찾아 알 수도 없고(고전 1:20 이하; 시 14:2) 영적인 선을 행하는 자가 없으니 하나도 없게 되었다(시 14:3). 그러므로 앞서 지적한 바와 같이 거듭나지 아니하면 하나님 나라를 볼 수 없고(요

---

148) Ibid., 42.
149) 라보도 · 김달생, 『바른 신학』, (서울: 한국기독교교육연구원, 1980), 322.

3:3), 하나님 나라에 들어갈 수 없고(요 3:5), 예수님을 영접하여 믿을 수도 없다(요 1:12, 13; 요일 5:1). 이와 같이 타락한 우리 인생은 자신의 구원을 위해서 아무것도 할 수 없는 무능력한 존재가 되어 버리고 말았다.

예레미야 13장 23절을 보면 "구스인이 그의 피부를, 표범이 그의 반점을 변하게 할 수 있느냐 할 수 있을진대 악에 익숙한 너희도 선을 행할 수 있으리라"라고 함으로써 타락한 인간의 무능을 지적해 주고 있다. 따라서 타락으로 인하여 전적으로 무능력한 인간이 변화를 경험하려면 하나님의 절대적인 주권으로 주어지는 중생의 은혜를 경험해야 한다.

(3) 성경이 중생의 필요성을 말하고 있기 때문이다

예수님은 니고데모에게 중생이 필요함에 대하여 말씀하시기를 "예수께서 대답하여 이르시되 진실로 진실로 네게 이르노니 사람이 거듭나지 아니하면 하나님의 나라를 볼 수 없느니라"(요 3:3)라고 하셨다. 즉 중생하지 못한 사람은 하나님의 나라를 볼 수도 없다고 말씀하심으로써 중생의 절대적 필요성을 말씀하셨다. 고린도전서 2장 14절은 "육에 속한 사람은 하나님의 성령의 일들을 받지 아니하나니 이는 그것들이 그에게는 어리석게 보임이요, 또 그는 그것들을 알 수도 없나니 그러한 일은 영적으로 분별되기 때문이라"라고 했는데, 이 말씀에서는 중생하지 못한 사람은 영적인 일을 알 수 없다고 단언함으로써 중생의 중요성을 강조하고 있다.

그리고 갈라디아서에서는 새로 지음을 받은 사람, 즉 중생한 사람의 필요성을 다음과 같이 말씀하고 있다. "할례나 무할례가 아무 것도 아니로되 오직 새로 지으심을 받는 것만이 중요하니라"(갈 6:15). 이와 같이 성경은 여러 곳에서 중생의 필요성을 강조하고 있다.

4) 중생의 결과는 무엇인가

성도들이 중생의 때를 정확히 알 수 있을까? 사도 바울과 같은 특별한(행 9:2~5) 경우가 아니고서는 그때를 정확히 알 수는 없다. 그러나 중생한 사람에게 나타나는 결과를 통해서 중생한 사람이라는 점을 어느 정도 짐작할 수는 있다. 그러면 중생한 자에게 나타나는 결과는 무엇인가?

(1) 중생한 사람은 인격이 새로워진다

사람의 인격 전체는 지(知)·정(情)·의(意)를 의미한다. 타락의 결과 사람의 모든 지·정·의가 이지러지고 말았다. 그러나 중생한 사람은 지·정·의가 새로워진다. 즉 타락한 영혼이 중생의 은혜를 통해서 새 생명을 소유하게 되면 사람의 인격 전체가 새로워진다는 것이다.

골로새서 3장 10절을 보면 "새 사람을 입었으니 이는 자기를 창조하신 이의 형상을 따라 지식에까지 새롭게 하심을 입은 자니라"라고 했다. 이 말씀을 보면 새 사람을 입은 사람은 지성이 새로워진다는 사실을 보여 주고 있다. 그러면 지성이 새로워진다는 것은 무슨 의미인가? 그것은 하나님의 말씀의 진리에 대하여 그의 지성이 타당성을 인정하게 된다는 것이다. 중생하기 전에는 하나님의 말씀을 들어도 그 말씀

이 비합리적인 것으로 생각을 했으나 중생한 이후에는 성경 말씀의 합리성을 알게 된다는 의미이다.[150]

(2) 의지가 새로워진다

인간의 의지가 인격의 방향을 결정짓는다. 중생하기 전에는 죄악의 길만을 향해 달려갔지만 중생 후에는 악만 향해 가던 길에서 돌아서게 되고(히 13:21; 롬 9:16; 빌 2:3; 살후 3:5; 롬 8:7), 성령의 열매를 맺는 삶을 살게 된다(갈 5:22~23). 사람이 중생하기 전에는 부패한 심성에서 나오는 육신의 열매뿐이다. 절대로 성령의 열매를 맺을 수 없다. 예수님께서 마태복음 7장 16절에서 말씀하신 대로 가시나무에서 포도를 엉겅퀴에서 무화과를 딸 수 없다는 것과 같다. 그러나 중생하면 성령의 열매를 맺는 삶이 가능하다.[151]

(3) 믿음(신앙)의 인격으로 변화된다

신앙은 두 가지로 구분할 수 있는데, 그것은 관념적(觀念的) 신앙과 중생한 신앙이다. 관념적 신앙은 구원 받지 못한다. 이러한 신앙은 그 마음속에 하나님을 사랑하는 마음이 없다. 그러나 중생한 믿음을 가진 자는 하나님을 사랑하게 된다.

이러한 중생한 믿음에 관하여 두 가지 견해가 있다. 믿음이 자연적인 것이라고 보는 알미니안주의와 믿음은 하나님의 선물이라고 하는 칼빈주의의 견해이다. 성경은 믿음이 하나님의 선물임을 말씀해 주고 있

---

150) 김성환, 『칼빈주의 해설』, 222~223.
151) *Ibid.*, 223.

다(엡 2:8; 요 1:12~13; 고전 12:3).

여기서 우리가 더 생각해 볼 문제는 중생과 신앙의 선후 관계를 생각할 때, 믿고 중생하는가? 아니면 중생하고 믿게 되는 것인가? 또한 중생이 먼저인가? 회개가 먼저인가? 회개하고 중생하는가? 중생하고 회개하는가?라고 하는 것이다. 이러한 물음에 의외로 많은 성도들이 중생보다는 신앙과 회개가 앞선다는 생각을 가지고 있다. 그러나 칼빈주의적 입장은 이것이 동시에 이루어지는 것으로 생각을 하지만 구체적으로 선후를 따진다고 한다면 중생이 먼저이다. 그 이유는 마치 믿음은 어린아이가 부모를 전적으로 의지하는 것과 같은 것인데 태어나지도 않은 아이가 부모를 믿는다고 하는 것은 논리적으로 맞지 않기 때문이다. 또한 회개는 하나님께서 주신 정로(正路)에서 걸어가다가 넘어졌을 때 우는 것과 같은데 태어나지도 않은 아이가 넘어져 운다고 하는 것, 역시 논리적으로 맞지 않기 때문이다. 따라서 믿음과 회개는 중생의 결과로 오는 것이기 때문에 선후 관계를 따진다면 중생이 먼저이다.[152] 중생은 인간의 어떤 노력이나 힘으로 된 것이 아니다. 하나님께서 중생의 은혜를 베풀어 주셨기 때문에 믿음을 가지게 된 것이고, 또 하나님께서 중생의 은혜를 주셨기 때문에 그 결과로 회개가 따라온 것이다.

5) 중생 후에도 범죄하는가?

중생한 사람도 범죄하는가? 이 물음에 두 가지 의견이 있다. 하나는

---

152) *Ibid.*, 223~224.

중생 후에는 범죄하지 않는다는 의견이고 다른 하나는 중생 후에도 범죄한다는 의견이다. 요한일서 3장 9절 말씀을 보면 "하나님께로부터 난 자마다 죄를 짓지 아니하나니 이는 하나님의 씨가 그의 속에 거함이요 그도 범죄하지 못하는 것은 하나님께로부터 났음이라"라고 했는데, 중생한 후에는 죄를 짓지 않는다고 주장하는 사람들은 이 말씀에 근거하여 그들의 논리를 주장한다. 이 말씀을 표면적으로 보면 중생한 사람은 죄를 짓지 않는 것처럼 보이는 것 같지만 이것은 중생이 무엇인지 바로 알지 못한 오해에서 나온 것이다. 중생은 새 생명이 출생한 것이지 다 장성한 성인이 되었다는 것을 의미하지 않는다. 마치 어린 아이가 출생한 후 자라 가면서 넘어지기도 하는 것처럼 중생은 새 생명으로 태어난 것에 불과하기 때문에 살아가면서 얼마든지 잘못된 길로 갈 수도 있고 넘어질 수도 있는 것이다.

그러므로 "하나님께로부터 난 자마다 죄를 짓지 아니하나니"라고 하는 말씀은 신자가 습관적으로 범죄를 저지르지 않는다는 의미이지, 전혀 죄를 짓지 않는다고 하는 말은 아니다.[153] 즉 습관적이고 지속적인 범죄를 아니하는 것으로 이해해야 한다.[154]

만일 이 말씀을 중생한 자는 전혀 죄를 짓지 않는다는 말씀으로 이해했을 때 실제적으로 이 세상에 중생한 사람이 과연 몇 명이나 있겠는가? 한 사람도 없을 것이다. 왜냐하면 죄 짓지 않고 사는 사람은 없기 때문이다(롬 3:10).

구약 성경에 기록된 다윗은 참으로 하나님을 믿고 섬겼던 귀한 신

---

153) 박윤선, 『성경주석(히브리서/공동서신)』, (서울: 영음사, 1983), 355.

154) 강병도 편, 『호크마 종합 주석(요한일서/요한계시록)』, (서울: 기독지혜사, 1993), 54.

앙의 인물이었다. 그러나 그는 성령의 감동으로 고백하기를 "내가 말하기를 여호와여 내게 은혜를 베푸소서 내가 주께 범죄하였사오니 나를 고치소서 하였나이다"(시 41:4)라고 했고,[155] 다윗은 밧세바와 동침한 죄를 지은 후에는 다음과 같이 고백하였다. "하나님이여 주의 인자를 따라 내게 은혜를 베푸시며 주의 많은 긍휼을 따라 내 죄악을 지워주소서 나의 죄악을 말갛게 씻으시며 나의 죄를 깨끗이 제하소서 무릇 나는 내 죄과를 아오니 내 죄가 항상 내 앞에 있나이다 내가 주께만 범죄하여 주의 목전에 악을 행하였사오니 주께서 말씀하실 때에 의로우시다 하고 주께서 심판하실 때에 순전하시다 하리이다"(시 51:1~4). 다윗의 이러한 고백을 볼 때 중생 후에도 죄를 지을 수 있다는 것을 인정할 수밖에 없다.

로마서 7장 19절을 보면 "내가 원하는 바 선은 행하지 아니하고 도리어 원하지 아니하는 바 악을 행하는도다"라고 바울은 고백했는데, 이 말씀을 보고 바울은 중생하지 못한 사람이라고 단정 지어 말할 수 있겠는가? 그럴 수 없다.

요한일서 1장 8절을 보면 "만일 우리가 죄가 없다고 말하면 스스로 속이고 또 진리가 우리 속에 있지 아니할 것이요"라고 했고, 10절에서는 "만일 우리가 범죄하지 아니하였다 하면 하나님을 거짓말하는 이로 만드는 것이니 또한 그의 말씀이 우리 속에 있지 아니하니라"라고 했다. 이 요한일서의 말씀에서 확인할 수 있는 것은 중생한 신자도 죄를 범한다는 것이다.

그러므로 "하나님께로부터 난 자마다 죄를 짓지 아니하나니"라고 하

---

155) 박윤선, 『성경주석(히브리서/공동서신)』, 357~358.

는 말씀은 앞서 언급한 것처럼 습관적이고 지속적인 범죄를 아니하는 것을 의미한다. 더 나아가 이 말씀이 의미하는 것은 중생한 자는 가룟 유다와 같이 예수님을 배반(마 26:14~16; 27:3~5; 막 14:11)하거나 아나니아와 삽비라 부부와 같이 성령을 속이는 죄를(행 5:1~10) 짓지 않는 것으로 이해해야 한다. 성경은 성령을 모독하는 죄는 사하심을 받지 못한다고 말씀하고 있는데(마 12:31~32; 막 3:29; 눅 12:10), 중생한 자들은 이러한 죄를 범하거나 예수님을 배반하는 죄를 결코 범하지 않는다.

웨스트민스터 신앙고백서 13장 2항을 보면 중생한 신자에게 부패한 심성이 남아 있다는 것을 보여 주고 있다. "이 성화는 전인격적으로 이루어지나 이 세상에서는 완전히 이루어지지 않는다. 사람의 모든 부분에 아직도 부패의 잔재가 남아 있다. 그것으로부터 계속적이며 화해할 수 없는 싸움이 일어나서 육신의 소욕은 성령을 대항하고, 성령은 육신에 대항하신다."[156]

웨스트민스터 대요리문답 78문 역시 중생한 신자 안에 죄의 잔재가 있음을 언급하고 있다. "신자의 거룩하게 됨이 완성될 수 없음은 그들의 모든 부분에 죄의 잔재가 묵고 있기 때문이며, 영을 거슬러 싸우는 끊임없는 육의 정욕 때문이다. 이로써 신자들은 흔히 시험에 들어 여러 가지 죄에 빠지게 되어 그들의 모든 신령한 봉사에서 방해를 받는다. 그래서 그들이 최선을 다해 한 일이라도 하나님의 목전에는 불완전하고 더러운 것이 된다."[157]

---

156) 김의환 편저. 『개혁주의 신앙고백집』, 144.
157) *Ibid.*, 202.

위에서 살펴본 신앙고백과 교리문답이 우리에게 교훈하는 것은 중생한 신자에게도 부패한 죄의 잔재가 남아 있기 때문에 신자가 이 세상에 사는 동안에는 전혀 죄를 짓지 않고 사는 것은 불가능한 것임을 보여 준다. 따라서 중생한 사람도 범죄할 수 있다는 것은 성경의 교훈이며, 우리 양심의 증거이기도하다.

5

회심(회개)

1) 회심과 회개의 구분

칼빈(John Calvin)은 그의 『기독교강요』에서 "하나님을 향한 회심(回心)을 전체적으로 '회개'란 말로 이해"[158]했다. 이것은 칼빈이 회심(conversion)이라는 말과 회개(repentance)라는 말을 동의어에 가까운 것으로 이해했다고 볼 수 있다.[159]

일반적으로 회심과 회개를 뚜렷하게 구별하여 사용하지는 않는다. 그러나 엄밀하게 구분해 본다면 회심은 회개의 첫 시작이고, 회개는 회심한 신자가 하나님과의 관계에서 행하는 지속적인 죄와의 투쟁에 따른 승리와 실패 사이에서 계속되는 반응이라고 볼 수 있다. 따라서 회심은 단회적이나 회개는 지속적인 것이라고 구분할 수 있다.[160]

---

158) John Calvin, 『基督敎綱要(中)』, 84.
159) 신복윤, 『칼빈의 하나님 중심의 신학』, (경기: 합동신학대학원출판부, 2005), 209.
160) 유태화, 『개혁신학의 구원론』, (경기: 크리스챤출판사, 2006), 135.

2) 회심의 의미

회심이란 사람이 예수 그리스도와 성령의 능력을 힘입어 죄와 자아와 사탄에서 하나님께 결정적으로 돌이키는 것을 의미하는 것으로,[161] 디이슨(Henry C. Thiessen)은 "회심(conversion)은 하나님을 향해 돌아서는 것이다. 그것은 회개와 믿음의 두 요소로 구성된다."[162]라고 했으며, 에릭슨(Millard J. Erickson)은 "그리스도인의 삶의 첫걸음은 회심으로 불린다. 이것은 회개를 통하여 자신의 죄로부터 돌아서서 믿음 안에서 그리스도를 향하는 행동이다."[163]라고 하였다.

그루뎀(Wayne Grudem)은 "회심이라는 단어 자체의 의미는 돌아선다는 것인데 여기서는 영적으로 돌아서는 것, 즉 죄로부터 그리스도께로 돌아서는 것을 의미한다. 죄로부터 돌이키는 것을 회개라고 부르고 그리스도께로 향하는 것을 믿음이라고 부른다."[164]라고 했으며, 벌코프(Louis Berkhof)는 회심에는 능동적, 수동적 측면이 있다고 하면서 2중적 정의가 내려져야 한다고 하였다. "능동적 회심은 하나님께서 그의 의식 영역에서, 중생한 죄인으로 하여금 회개와 신앙으로 하나님에게 돌아가게 하는 하나님의 행위다."[165]라고 했고, "수동적 회심이란 그 결과로서, 죄인이 하나님의 은혜를 통해 회개와 신앙으로써 하나님께

---

161) Bruce Demarest, 『십자가와 구원』, 이용중 옮김, (서울: 부흥과개혁사, 2010), 376.

162) Henry C. Thiessen, 『組織神學講論』, 권혁봉 역, (서울: 생명의말씀사, 1995), 557.

163) Millard J. Erickson, 『복음주의 조직신학(하)』, 신경수 옮김, (경기: 크리스챤다이제스트, 2007), 114.

164) Wayne Grudem, 『조직신학(중)』, 331~332.

165) Louis Berkhof, 『조직신학(합본)』, 733.

나아가는 중생한 죄인의 행위다."[166]라고 하였다.

그러므로 회심은 넓은 의미의 회심과 좁은 의미의 회심으로 구분할 수 있는데, 넓은 의미의 회심은 일반적으로 악을 버리고 선을 향하는 것이다. 이것은 악한 길에서 돌이켜 떠나는 것이며(욘 3:10), 이방 종교로부터 기독교로 귀의(歸依)하는 것 등을 의미한다(살전 1:9; 행 14:15). 좁은 의미의 회심은 하나님의 뜻대로 하는 근심으로부터 출발하여 하나님께 헌신하는 삶까지 나아가는 것을 의미한다(고후 7:10). 이것은 지·정·의 전인격적이고, 질적인 변화를 의미하는 것이다. 하나님은 사람들을 자기에게 전향시키시는 동시에(시 85:4; 렘 31:8; 애 5:21) 사람들을 향하여 돌아오라고 권유하신다(잠 1:23; 사 55:7; 겔 18:32).[167]

3) 회심의 특징

(1) 하나님의 재창조적 역사

회심은 하나님의 재판적 행위가 아니라 그의 재창조적 행위이다. 이것은 사람의 신분을 변경하는 것이 아니라, 사람의 상태를 개선하는 것을 말한다. 회심을 가리키는 명사인 '돌아옴'은 종교적 경향의 변화를 더 많이 지시하고, '회개'는 도덕적 성향의 변화를 더 많이 의미하지만 이 둘은 다 사람의 상태를 개선하는 것을 의미한다.[168]

칭의는 하나님의 재판적, 선언적 행위이지만, 회심은 재창조적인 행

---

166) *Ibid.*

167) 정기화, 『평신도를 위한 조직신학』, (서울: 규장문화사, 1989), 118.

168) 朴亨龍, 『敎義神學(救援論)』, 202.

위이다. 칭의는 신분의 변화를 가져오고, 회심은 심령의 내적 상태의 변화를 가져온다. 하나님의 재창조적 역사라는 점에서 중생과 공통점을 가지고 있으나 중생은 새 생명의 씨앗을 심는 역사라고 한다면, 회심은 그 씨가 싹터서 자라게 하는 역사라고 할 수 있다.[169]

(2) 단회적 회심

회심이란 원래 단회적인 성격을 가지고 있다. 회심은 중생에서 시작된 최초의 경험적 변화이기 때문에 평생에 단 한 번만 일어나고 반복될 수 없는 것이다. 그러나 회심이라는 말이 단순히 '전환'(turning)을 의미하는 것이기 때문에 신자가 중생한 후에 범하는 죄악으로부터의 전환도 넓은 의미에서 회심이라고 할 수 있다(눅 22:32). 다시 말하면 좁은 의미에서 진정한 회심은 중생의 경험과 같이 평생에 단 한 번만 경험할 수 있는 단회적인 것이지만, 단순히 전환이라는 차원의 넓은 의미에서 본다면 회심(회개)도 반복된다고 볼 수 있다.

(3) 의식적 변화

회심과 중생은 아주 밀접한 관련이 있다. 중생이 잠재의식 속에서 이루어지는 변화라고 한다면, 회심은 잠재의식 가운데서 이루어지는 변화가 아니라 죄인의 각성 의식에서 이루어지는 변화이다.

중생이 잠재의식 속에서 이루어진다는 것은 그것이 하나님의 단독 사역에 의한 변화임을 뜻하는 것처럼, 회심이 의식적 변화라는 사실은 그것이 하나님과 인간의 협력에 의하여 이루어지는 변화임을 뜻하는

---

169) 하문호, 『교의신학(救援論)』, 232.

것이다.[170]

(4) 새로운 사람으로의 변화

회심은 죄악의 습관을 따라 살던 옛 사람의 모습을 벗어 버리고 하나님의 뜻을 따라 행하는 새 사람의 모습으로 변화되는 것을 의미한다. 습관적으로 죄를 행하던 사람이 하나님의 말씀에 나타난 그의 거룩한 뜻을 순종하며 살아가기 위하여 노력하는 사람으로 변화되는 것을 말하는 것인데, 이것은 회심한 자에게 일어나는 특징이다.

(5) 초자연적 사역

많은 심리학자들이 회심을 일반적이고 자연적 현상으로 축소하려고 하는 경향을 보이고 있으나, 회심은 심리학자들이 말하는 것처럼 자연적인 현상으로 따라오는 것이 아니라 하나님의 초자연적인 역사로 이루어지는 것이다. 중생이 성령 하나님의 초자연적인 역사를 통해서 이루어지는 것처럼, 회심 역시 성령 하나님의 초자연적인 역사를 통해서 일어난다. 이와 같이 성령 하나님의 초자연적 역사를 통해서 오는 회심은 중생의 필연적 결과이기도 하다.

4) 회개에 대한 신앙고백서의 진술

웨스트민스터 신앙고백서 15장 2항[171]은 생명에 이르는 회개에 대하

---

170) *Ibid.*
171) 김의환 편저, 『개혁주의 신앙고백집』, 145~146.

여 진술하기를 "죄인이 그의 지은 죄가 하나님의 거룩한 성품과 공의로운 율법에 배치하는 것으로서 위험하며 더러우며 추악하다는 사실을 보지도 깨닫지도 못하다가 회개함으로 말미암아 통회하는 자들에게 향한 그리스도 안에 있는 하나님의 긍휼을 깨닫게 될 때 그의 죄를 슬퍼하며 미워하여 죄를 다 버리고 하나님께로 돌아와서 하나님의 계명을 따라 그와 동행할 것을 목적으로 하고 노력하게 된다."라고 하였다.

웨스트민스터 대요리문답 76문[172]은 "생명에 이르는 회개란 하나님의 성령과 말씀에 의해서 죄인의 마음속에 이루어지는 구원의 은혜이다. 그로서 자기의 죄의 위험성과 더러움과 추악함을 보고 느끼고 통회하게 된다. 따라서 그리스도 안에서 베푸시는 하나님의 긍휼하심을 깨닫고 자기 죄를 몹시 슬퍼하고 미워하는 나머지 그 모든 죄를 떠나 하나님께로 돌아와 범사에 새로 순종하면서 하나님과 함께 끊임없이 동행하기로 목적하고 노력하게 되는 것이다."라고 했으며, 소요리문답 87문[173]에서는 "생명에 이르는 회개는 곧 구원의 은혜인데 이로 말미암아 죄인이 자기 죄를 바로 알고 그리스도 안에서 하나님의 자비를 깨달아 자기 죄에 대하여 슬퍼하고, 미워하고 그 죄에서 떠나 하나님께로 돌아가서 굳은 결심과 노력으로써 새롭게 순종하는 것이다."라고 생명의 이르는 회개에 대하여 진술하고 있다.

---

172) *Ibid.*, 201.
173) *Ibid.*, 276.

5) 회개에 대한 정의

　박형룡 박사는 회개를 "죄인의 의식 생활에 공작하여 그를 죄로부터 이반(離反)케 하는 변화이다."[174]라고 정의한 뒤에 계속하여 회개에 대하여 설명하기를 "회개는 죄인이 죄로부터 전환하는 그의 마음(heart)의 의식적 변화이다. 이것은 본질적으로 마음의 변화이니 만큼 모든 심력들, 즉 지능(知能), 감정(感情), 의지(意志)의 변화를 포함한다."[175]라고 했다.

　그루뎀(Wayne Grudem)은 "회개는 죄로 인한 참된 애통과, 단념이며, 그것을 멀리하고 그리스도께 순종하며 행하겠다는 신실한 헌신이다."라고 했고, 스프로울(R. C. Sproul)은 "성경에서 회개란 '마음의 변화를 경험하는 것'을 의미한다. 이러한 마음의 변화는 비중 없는 생각들 몇 가지만을 전환시키는 것이 아니라 한 사람의 인생의 방향을 전환시키는 것이다. 여기에는 죄로부터 돌아서 그리스도께로 향하는 급진적인 전환이 포함된다."[176]라고 했다.

　칼빈은 회개에 대하여 첫째, "회개는 하나님께로 돌아서는 것."[177]이라고 했고, 둘째, "회개는 하나님을 두려워할 때에 생긴다."[178]라고 했으며, 셋째, "회개는 육을 죽이고 영을 살린다는 두 부분으로 성립된

---

174)　朴亨龍,『敎義神學(救援論)』, 207.

175)　Ibid.

176)　R. C. Sproul,『기독교의 핵심 진리 102가지』, 윤혜경 옮김, (서울: 생명의말씀사, 2007), 231.

177)　John Calvin,『基督敎綱要(中)』, 85.

178)　Ibid., 86.

다. "[179]라고 하였다.

6) 회개의 특징

앞서 소개한 회개의 정의를 토대로 하나님께서 받으시는 진정한 회개의 특징을 몇 가지로 정리해 보면 다음과 같다.

(1) 진정한 회개는 죄에 대한 깨달음에서 시작된다

성경은 아담 이후 출생한 모든 사람이 죄인이라는 사실을 교훈하고 있다(롬 5:12). 그러나 죄를 확실하게 깨닫는 자는 없다(롬 3:11). 그러면 죄로 타락한 인생이 어떻게 자신이 죄인이라는 사실을 깨달을 수 있는가? 그것은 성령 하나님께서 베푸시는 중생의 은혜(요 3:3)를 경험하고, 죄가 무엇인지 깨닫게 하시는 성령의 사역(요 16:7~9)과 율법(롬 3:20)의 말씀을 통해 가능하다. 따라서 우리는 성령 하나님의 깨닫게 하시는 은혜와 말씀을 통하여 우리의 죄를 깨닫고 진정한 회개를 하나님께 드려야 한다.

(2) 진정한 회개는 죄를 슬퍼하는 감정을 동반한다

깨닫게 하시는 성령 하나님의 사역과 말씀을 통해 우리의 죄가 무엇인지, 그 죄의 결과가 얼마나 무서운 것인지를 깨닫게 되면 그 죄를 안타깝고 슬프게 여기는 감정이 자연스럽게 나오기 마련이다. 그래서 가

---

179) *Ibid.*, 87.

슴을 치고 눈물을 흘리기도 하고, 때로는 통곡하며 뒹굴기도 한다.[180]

누가복음을 보면 자신의 죄를 올바로 깨달았던 세리는 다음과 같이 회개의 기도를 드렸다. "세리는 멀리 서서 감히 눈을 들어 하늘을 쳐다보지도 못하고 다만 가슴을 치며 이르되 하나님이여 불쌍히 여기소서 나는 죄인이로소이다 하였느니라"(눅 18:13).

베드로는 예수님을 부인한 후 "오늘 닭 울기 전에 네가 세 번 나를 부인하리라"라고 하는 예수님의 말씀이 생각나서 '밖에 나가서 심히 통곡'을 했다(눅 22:61~62).

(3) 진정한 회개는 죄에서 돌아서는 것이다[181]

회개는 구체적인 방향의 전환으로 완성이 된다. 단순히 죄를 뉘우치고 안타까워하는 것만으로는 부족하다. 자신의 죄를 단호하게 끊고 죄의 자리에서 돌아서는 새로운 결단을 내려야 한다.

스승을 팔아넘긴 가룟 유다는 자신의 잘못을 뉘우치기는 했으나 그것은 진정한 회개가 아니었다. 결국 그는 목을 매어 죽고 말았다. "이르되 내가 무죄한 피를 팔고 죄를 범하였도다 하니 그들이 이르되 그것이 우리에게 무슨 상관이냐 네가 당하라 하거늘 유다가 은을 성소에 던져 넣고 물러가서 스스로 목매어 죽은지라"(마 27:4~5).

그러나 우리는 누가복음에 기록된 탕자의 모습에서 진정한 회개자의 모습을 찾아볼 수 있다. 탕자는 아버지로부터 물려받은 전 재산을 허랑방탕하게 탕진한 후 자신의 잘못을 깨닫고, 방탕했던 생활을 청산

---

180) 박일민, 「초보자를 위한 신학입문」, 145.
181) Ibid., 146.

하고 아버지께로 돌아갔다(눅 15:11~24). "이에 스스로 돌이켜 이르되 내 아버지에게는 양식이 풍족한 품꾼이 얼마나 많은가 나는 여기서 주려 죽는구나 내가 일어나 아버지께 가서 이르기를 아버지 내가 하늘과 아버지께 죄를 지었사오니 지금부터는 아버지의 아들이라 일컬음을 감당하지 못하겠나이다 나를 품꾼의 하나로 보소서 하리라 하고 이에 일어나서 아버지께로 돌아가니라…"(눅 15:17~20).

그러므로 진정한 회개는 탕자처럼 자신의 죄를 깊이 깨닫고, 이제까지 가지고 있던 모든 죄의 습관들을 미워하며 그것을 끊어버리고 하나님이 기뻐하시는 삶의 모습으로 완전히 돌아서는 것이다.

(4) 진정한 회개는 하나님을 사랑하고 말씀을 지키려고 노력한다

회개한 자가 죄의 길에서 돌이켜 하나님의 말씀을 따르는 것은 진정한 회개의 표징이요, 그 진정성을 가늠하는 잣대다. 따라서 바울은 유대인과 이방인들에게 "회개하고 하나님께로 돌아와서 회개에 합당한 일을 하라"(행 26:20)라고 전했다.[182]

따라서 진정으로 회개한 자는 우상 숭배와 죄를 사랑하는 마음에서 떠나 하나님을 사랑하는 마음을 가지게 된다. 그러면 어떻게 하는 것이 진정으로 하나님을 사랑하는 길인가? 그것은 하나님께서 말씀하신 계명을 지키는 것이다. "하나님을 사랑하는 것은 이것이니 우리가 그의 계명들을 지키는 것이라 그의 계명들은 무거운 것이 아니로다"(요일 5:3).

---

182) Robert Shaw, 『웨스트민스터 신앙고백 해설』, 282.

(5) 진정한 회개는 하나님의 선물이다

진정한 회개란 앞서 언급한 대로 하나님과 모든 선으로 돌아서는 것, 즉 마귀와 모든 악에서부터 진정으로 돌아서는 것이다. 그러나 이러한 진정한 회개는 하나님의 선물로 주어진 것이지 우리 자신 안에 있는 어떤 의지나 능력으로 나타나는 것이 결코 아니다.[183] 즉 회개는 자발적 각성으로 나타나는 현상이 아니라 구원 받을 자로 예정함을 입은 선택된 백성들에게 베풀어 주신 하나님의 은혜의 선물이다.

칼빈 역시 그의 『기독교강요』에서 "회개는 하나님께서 주시는 특별한 선물이다."[184]라고 했다. 디모데후서 2장 25절을 보면 "거역하는 자를 온유함으로 훈계할지니 혹 하나님이 그들에게 회개함을 주사 진리를 알게 하실까 하며"라고 했는데, 이 말씀은 회개가 하나님께로부터 오는 것임을 명확하게 보여 주고 있다.

7) 회개의 요소

(1) 지성적 요소

죄로 인하여 전적으로 부패하고 타락한 인간의 비참함을 깨닫고 그로 인하여 형벌이 따르는 것을 인정하는 것이다(롬 3:20). 이것은 관점의 변화를 의미하는 것으로 과거의 삶이 죄로 인하여 절망적인 삶을 살아왔음을 인식하는 것이다.

---

183) 김의환 편저, 『개혁주의 신앙고백집』, 65.
184) John Calvin, 『基督教綱要(中)』, 106.

(2) 감정적 요소

회개에는 감정의 변화가 있는데, 이는 거룩하고 의로우신 하나님을 대항하여 지은 죄에 대하여 애통하는 것이다(시 51:2, 10, 14). 즉 회개는 지은 죄를 증오하며 자신이 범한 죄에 대하여 진정으로 근심(고후 7:9~10)하고 통회하는 것이다.

(3) 의지적 요소

회개에는 의지적 요소가 있는데, 이것은 목적(purpose)의 변화를 의미하는 것이다. 이것은 죄에서 멀리 떠나는 것과 윤리적으로 깨끗함을 추구하는 것을 말하는 것이며(욥 42:6; 시 51:7, 10), 죄에서 돌이키는 결단을 의미한다(눅 15:18). 누가복음 15장을 보면 아버지의 재산을 미리 상속 받아서 집을 떠났던 탕자가 모든 재산을 허비한 뒤에 ① 자신의 죄를 인식하였고(지성적 요소) ② 자신의 지은 죄와 비참한 상태를 슬퍼하였을 뿐만 아니라(감정적 요소) ③ 일어나 다시 아버지께로 돌아가는 결단을 내렸다(의지적 요소). 이와 같은 탕자의 모습은 회개의 세 가지 요소를 잘 보여 주고 있다.

8) 회개의 필요성

성경은 여러 곳에서 회개의 필요성을 강조하고 있다. 예수님께서는 공생애를 시작하시는 첫걸음을 회개를 촉구하는 것으로 시작을 하셨다. 마태복음 4장 17절을 보면 "이때부터 예수께서 비로소 전파하여 이르시되 회개하라 천국이 가까이 왔느니라 하시더라"라고 하셨으며, 마가복음 1장 15절에서는 "이르시되 때가 찼고 하나님의 나라가 가까이 왔으니 회개하고 복음을 믿으라 하시더라"라고 회개를 촉구하셨다. 또한 누가복음 13장 3절은 "너희에게 이르노니 아니라 너희도 만일 회개하지 아니하면 다 이와 같이 망하리라"라고 말씀하셨다.

9) 회개의 결과

성경은 회개와 더불어 우리에게 "회개에 합당한 열매"를 맺으라고 명령하고 있다(마 3:8). 그러면 진정으로 회개한 자들에게 나타나는 결과는 어떤 것이 있는가?

(1) 죄를 멀리하기 위해서 노력함

진정한 회개의 결과는 죄를 미워하고, 죄와 대항하기 위해서 깨어 기도하는 결과로 나타난다. 참으로 회개한 사람은 다시는 죄를 범하지 않으려고 힘쓰고 노력을 아끼지 않는다(롬 6:12~14, 17~18; 7:21~23).

(2) 하나님과 이웃을 사랑함

진정한 회개 후에는 세상에서 사랑하는 모든 것들을 멀리하고 하나님을 사랑하는 마음을 가지게 된다. 마태복음 22장 37~40절에서 예수님께서 강조하신 "네 마음을 다하고 목숨을 다하고 뜻을 다하여 주 너의 하나님을 사랑하라"라는 말씀과 "네 이웃을 네 자신 같이 사랑하라"라고 하는 말씀을 따라 하나님을 사랑하고 이웃을 사랑하기 위한 마음의 동기를 가지게 된다.

(3) 하나님의 뜻을 순종함

진정으로 회개한 사람에게는 그 마음속에 하나님의 말씀을 따라 살아 보려고 하는 마음을 가지게 된다. 예수 믿는 사람들을 핍박(행 7:54~60)하는 일에 열심을 내던 사울(바울)이 진정한 회개를 경험한 뒤(행 9:1~6)에 그가 예전의 생활을 버리고 온전히 주님의 뜻을 따라 순종하며 살았다(행 9:20~22). 이러한 바울의 모습이 교훈해 주는 것은, 참된 회개 뒤에는 언제나 하나님의 뜻을 순종하며 살고자 하는 마음의 결과가 실제 생활에서 열매로 나타난다는 것이다.

(4) 하나님의 긍휼하심을 경험하게 됨

잠언 28장 13절을 보면 "자기의 죄를 숨기는 자는 형통하지 못하나 죄를 자복하고 버리는 자는 불쌍히 여김을 받으리라"라고 말씀을 하고 있는데, 이 말씀과 같이 하나님께 나아와 진정으로 자신의 죄를 뉘우치고 그 죄에서 떠나는 사람은 반드시 성경의 기록대로 하나님이 주시는 긍휼하심을 경험하게 된다.

(5) 성령을 선물로 받음

사도행전 2장 38절을 보면 "베드로가 이르되 너희가 회개하여 각각 예수 그리스도의 이름으로 세례를 받고 죄 사함을 받으라 그리하면 성령의 선물을 받으리니"라고 하였다. 이 말씀은 회개의 결과로 성령을 선물로 받게 된다는 사실을 보여 주고 있다.

6

믿음(신앙)

1) 믿음이란 무엇인가

"믿음"과 "신앙"이라는 단어는 동일한 어근(same root)에서 나온 공통 개념의 의미를 가지고 있다. 즉 믿음과 신앙은 동일한 내용과 의미에 대한 상이한 표현들이다. 그러므로 신앙이나 믿음이라는 용어는 개별적으로 또는 상호 교대적으로 문장의 어휘와 문맥에 따라서 자유롭게 사용될 수 있다.[185]

믿음을 비이성적이고 비합리적인 어떤 것에 대한 눈먼(맹목적인) 신앙이라고 오해하는 경우가 있다. 그러나 기독교의 믿음을 눈먼 신앙이라고 하는 것은 그리스도인들을 격하시키는 것일 뿐 아니라 하나님을 모독하는 것이다. 그 이유는 기독교의 신앙은 눈먼 것을 치유해 주는 것이지 눈이 멀도록 원인을 제공하는 것이 아니기 때문이다. 기독교는 비이성적인 신화와 전설에 기반을 둔 것이 아니라 자신의 눈으로 보고 귀로 들은 자들의 역사적 증거에 기반을 두고 있기 때문이다. 하나님은 그 어떤 것도 우리에게 신화에 근거하여 믿으라고 하시지 않았

---

185) 조영엽, 『조직신학(구원론 · 종말/내세론)』, 145~146.

다. 따라서 우리의 신앙을 비이성적이고 비합리적인 것이라고 비판하는 것은 옳지 않다.[186]

"믿음" 혹은 "신앙"은 신뢰와 헌신을 동시에 함의하고 있는데, 성경은 믿음의 대상에 대하여 여러 가지로 묘사하고 있다. 때로는 하나님으로 묘사되기도 했으며(롬 4:24; 벧전 1:21), 그리스도로(롬 3:22, 26), 하나님의 약속으로(롬 4:20), 예수님의 메시야직과 구주 되심으로(요일 5:1), 부활의 실현으로(롬 10:9), 복음으로(막 1:15), 그리고 사도의 증거(살후 1:10) 등으로 묘사되었다.[187]

그러면 믿음의 본질은 무엇인가? 믿음은 하나님과 그의 구원의 진리에 대하여 응답하는 것이다. 다른 방법으로는 도저히 불가능한 필요에 대하여 하나님의 응답을 기대하는 것이다. 복음의 말씀이 하나님께서 친히 하신 말씀이며 그리스도의 친히 초청하신 말씀이라는 사실을 인지하는 것이다. 즉 믿음은 살아 계신 하나님과 그의 아들에게 신뢰와 확신을 두는 행위이다.[188]

히브리서 11장 1절을 보면 믿음이 무엇인가에 대한 성경적 정의가 기록되어 있는데, "믿음은 바라는 것들의 실상이요 보이지 않는 것들의 증거니"라고 하였다. 이 말씀과 같이 믿음은 미래에 대한 우리 소망의 본질이다. 이것은 과거에 하나님께서 이루어 놓으신 것을 믿는 믿음에 근거하여 미래의 하나님을 신뢰하는 것이다. 하나님이 계속하여 믿을 만한 분이시라는 사실을 믿는 믿음은 이유 없는 믿음이 아니라는 것이다. 그러므로 우리가 하나님을 믿는다고 하는 것은 바로 우리의

---

186) R. C. Sproul, 『기독교의 핵심 진리 102가지』, 220~221.
187) J. I. Packer, 『성경에 나타난 열일곱 주제의 용어들』, (서울: 도서출판 엠마오, 1988), 170.
188) *Ibid.*

삶 가운데서 하나님을 신뢰한다는 것을 의미하는 것이며, 이것은 곧 기독교 신앙의 본질이다.[189]

(1) 히브리서에 언급된 믿음

패커(J. I. Packer)는 히브리서에서 말하고 있는 믿음에 대하여 대략 여섯 가지로 요약을 했는데, 그 내용을 소개하면 다음과 같다.[190]

첫째, 믿음은 우리가 보지 못하는 것을 소망하고 확신하게 하는 것이다(히 11:1). 이것은 성경에서 항상 강조하고 있는 것으로 우리가 감정적으로 확신감에 사로잡히는 것보다 믿음의 대상을 구체적으로 바라보게 하는 것이다.

둘째, 믿음은 특별히 사건들을 하나님의 말씀 속에서 끄집어냄으로 하나님을 높이고 그를 기쁘시게 하는 것이다. 예를 들면 창조(히 11:3), 보상(히 11:6), 하나님의 약속의 신실하심(히 11:11), 이생은 본향을 찾아가는 여로임(히 11:13~16), 순종은 무의미하게 보일 때도 있지만 항상 의미를 내포하고 있음(히 11:17~19) 등이다.

셋째, 믿음은 그리스도로 말미암아 하나님께 담대히 나아가서(히 4:16; 10:19~22), 도덕적, 영적, 환경적 승리를 쟁취하기 위해 도움과 능력을 구하게 하는 것이다(히 11:32~38; 4:16). 그리고 인간의 내부와 외부에서 역사하는 원수들과 싸워 이기게 하는 것이다

넷째, 믿음은 고통을 당할 때, 하나님께서 그의 자녀를 채찍질하는 징계와 같은 것으로 보게 한다(히 12:5~11). 즉 고통을 만났을 때 낙담

---

189) R. C. Sproul, 『기독교의 핵심 진리 102가지』, 220~221.
190) J. I. Packer, 『성경에 나타난 열일곱 주제의 용어들』, 179~180.

하기는커녕 오히려 그것으로 인해서 하나님의 아들 됨을 증거하며 가까운 장래에 임할 평강과 기쁨을 얻기 위하여 예비하는 삶을 살게 한다.

다섯째, 믿음은 '구름같이 둘러싼 허다한 증인들'이 우리에게 남겨 놓은 믿음 생활의 모본들과(히 12:1; 13:7), 그들이 현재 누리는 행복한 모습을 생각함으로부터(히 12:23), 그리고 우리가 여기 이 땅 위에서 예배드림으로 하나님께 가까이 나아갈 때, 장차 천국이 우리의 안식처가 될 것이라는 사실을 알게 함으로(히 12:22~24) 용기를 얻게 해 준다.

여섯째, 믿음은 불신앙, 무관심, 그리고 불순종에 빠지게 하는 온갖 시험들에 대처하여 과감한 투쟁을 벌이며, 인내와 참음의 특성을 발휘하여 시험들을 물리치게 하며(히 6:11, 12; 10:36; 12:1), 하나님을 전적으로 의지하게 한다.

(2) 개혁주의 신앙고백서에 진술된 믿음

하이델베르그 요리문답[191] 21문을 보면 "참믿음이란 하나님의 말씀

---

191) 하이델베르그 요리문답(Heidelberg Catechism)은 성인이나 청소년의 종교교육, 또는 교회의 통일된 신앙고백을 목적으로 1536년에 작성되었는데, 당시 선임자들이 시작한 종교개혁의 완성을 통치의 최대 관심사로 생각했던 프레데릭 3세(Frederick Ⅲ, 1515~1576)의 명령에 의하여 시작되었다. 그는 개혁 사상을 가졌다는 이유로 면직과 추방을 당한 상태에 있던 사가리아스 울시누스(Zacharias Ursinus, 1534~1583)와 카스퍼 올리비아누스(Casper Olivianus, 1536~1585)를 하이델베르그로 불러들여 모두가 공통적으로 수용할 수 있는 복음적인 요리문답을 작성하도록 했는데, 이 하이델베르그 요리문답은 칼빈이 작성한 제네바 신조와 멜랑톤의 사상에서 많은 영향을 받아 작성되었다. 특히 하이델베르그 요리문답은 로마서의 순서를 따라 세부분으로 구성되어 있다. 서론격인 첫 두 문답에 이어지는 첫째 부분은 인간의 범죄와 그 결과를 다루고 있다(3~11문, 롬 1:18~3:20). 둘째 부분은 그리스도로 말미암는 구속을 다루고 있다(12~85문, 롬 3:21~11:36). 가장 많은 분량을 차지하고 있는 이 부분

안에서 하나님이 우리에게 계시하신 모든 것을 참된 것으로 믿을 수 있는 어떤 확실한 지식을 말할 뿐 아니라, 성령이 복음을 통하여 우리 안에 창조하시는 전적인 신뢰를 말한다. 그 복음은 다른 이에게뿐만 아니라 나에게도 하나님이 그리스도의 구속 사업을 위한 순전한 은총에 의해서 죄의 용서와 영원한 의와 구원을 주신 것을 말한다.”[192]라고 진술하고 있다.

제1스위스 신앙고백[193]은 “믿음은 하나님에게서 우리가 기대하는 모든 일의 확실하고 견고하고 의심할 수 없는 기초이며 또 그것을 파악하는 일이다. 하나님은 믿음을 통하여 사랑과 모든 덕과 선한 일의 열매를 성장케 하신다. 그리하여 경건한 자와 신앙자가 그러한 신앙의 열매를 맺는 일에 계속 정진하지만, 우리가 경건하게 되거나 구원을

은 사도신경의 모든 내용을 성부, 성자, 성령의 항목으로 나누어 해설하고 있다. 그리고 세례와 성찬에 대해서도 많은 분량을 할애했다. 셋째 부분은 구속받은 자가 구속에 감사하는 생활을 다루고 있다(89~129문, 롬 12장~16장). 이 부분에서는 십계명과 주기도문을 해설했다. 이 중에 신앙의 정의(21문), 섭리(27, 28문), 그리스도인이란 명칭의 의미(31, 32문), 그리스도의 승천이 주는 유익(49문), 믿음으로 말미암는 칭의(60문) 등은 개혁교회 신앙에 있어서 역사적 금자탑과 같은 의의를 갖는다는 평가를 받고 있다[박일민, 「개혁교회의 신조」, (서울: 성광문화사, 2002), 359~365].

192) 김의환 편저. 「개혁주의 신앙고백집」, 325.

193) 스위스 신앙고백을 헬베틱 신앙고백이라도 부르기도 한다. 그 이유는 스위스라는 명칭이 라틴어로 “Helvetica”로 불리었기 때문이다. 개혁주의 사상에 입각한 신앙고백을 만들기 위해 스위스의 중요한 도시 시장들의 추천을 받은 신학자들이 1536년 1월 30일 바젤에 모여 제1스위스 신앙고백을 작성하게 되었다. 이때 주도적인 역할을 했던 신학자는 불링거(Bullinger), 미코니우스(Myconius), 메간다(Meganda)였다. 그러나 신앙고백을 작성함에 있어서 대체적으로 츠빙글리(Zwingli)의 견해를 따랐으며, 루터파와의 화해정신을 반영하기도 하였다. 이들이 작성한 28개 조항으로 구성된 제1스위스 신앙고백은 모든 회의 참석자들의 만장일치 서명을 받아 라틴어로 처음 출판되었다. 그러나 독일어판이 나오면서 27개 조항으로 축소되었다. 이 신앙고백은 독일어를 사용하던 스위스 지역의 교회를 하나로 묶게 하는 공헌을 하였고, 30년 후에 작성된 제2스위스 신앙고백의 귀중한 기초를 제공해 주었다.

얻는 일을 우리의 그러한 행위에 돌리는 것이 아니고 다만 하나님의 은혜에만 돌리는 것이다. 다 헤아릴 수 없는 선한 일을 행한다 할지라도 자기의 업적에 의하지 않고 하나님의 자비에 의하여 마음을 위로하는 이러한 신앙은 하나님이 기뻐하시는 올바르고 진실된 예배이다."[194] 라고 했고, 제2스위스 신앙고백[195]에서는 "기독교 신앙은 인간적인 견해나 인간적인 설득이 아니라, 확실한 신뢰이자 마음에서 나오는 분명하고도 확고한 승인이다. 믿음이란 성경과 사도신경에 나타나 있는 하나님의 진리에 관한 가장 확실한 이해이다. 최고의 선이신 하나님 자신과, 특별히 하나님의 약속과, 그 모든 약속의 성취이신 그리스도에 관한 확실한 이해이다. 이 믿음은 오직 하나님의 선물이다. 하나님께서만이 그의 능력으로 이 믿음을 택하신 자들에게 주신다. 즉 주시고자 하시는 때에, 주고자 하시는 사람에게, 하고자 하시는 만큼의 믿음

---

194) 김의환 편저. 『개혁주의 신앙고백집』, 21.

195) 1566년에 작성된 제2스위스 신앙고백은 다른 신조들의 경우와 달리 제1스위스 신앙고백을 작성에 주도적인 역할을 했던 불링거(Heinrich Bullinger, 1504~1575)라는 한 사람에 의하여 작성이 되었는데, 이 신앙고백은 성경적이면서도 초대교회적이며, 현명하면서도 엄격하고, 자세하면서도 정교하다는 평을 받고 있다. 이 신앙고백은 크게 두 부분으로 나누어지는데, 첫째 부분(1~16장)에서는 신학적인 문제를 취급했다. 성경, 성경의 해석, 삼위일체, 섭리, 죄, 자유의지, 선택, 그리스도, 율법과 복음, 회개, 칭의, 선행, 상급 등이 다루어졌다. 둘째 부분(17~30장)은 교회, 직분, 성례, 교육, 환자방문, 장례, 교회재산, 결혼, 가정, 교회와 국가와의 관계 등의 실제적인 문제들이 취급되었다. 이처럼 교리적인 문제에만 그치지 않고 실제적인 문제들을 망라하여 자세하게 다루고 있는 것은 제2스위스 신앙고백의 특징이다. 제2스위스 신앙고백은 대륙의 개혁교회 신조들 중에서 하이델베르그 요리문답 다음으로 그 권위를 널리 인정받은 신조라고 할 수 있다. 왜냐하면 팔라티네이트 지역에서는 스위스 신앙고백보다 하이델베르그 요리문답을 최고로 생각했기 때문이다. 그러나 신학적인 면에서 평가한다면 이 신앙고백은 개혁교회 신앙고백 중에서 가장 뛰어난 신조라고 할 수 있다. 그러나 대중성이나 실용성면에서 하이델베르그 요리문답이나 웨스트민스터 소요리문답에 미치지 못한 것이 사실이다(박일민, 『개혁교회의 신조』, 176~179).

을, 그의 성령으로 말미암아 복음 전파와 신실한 기도를 수단으로 하여서 주시기 때문이다. 이 믿음은 또 자라나기도 한다. 만일 하나님께서 똑같은 분량의 믿음을 주신다면, 사도들은 '우리에게 믿음을 더하소서'(눅 17:5)라고 하지 않았을 것이다…."[196]라고 진술하고 있다.

2) 믿음의 요소

(1) 지적인 요소(지식)

믿음의 지적인 요소는 기독교 진리에 대한 영적인 통찰을 말하는 것으로 하나님의 계시와 성경의 역사적 사실을 믿고 아는 것을 포함한다. 인간이 죄에 빠져 있음과 그 인간을 그리스도 안에서 구원하실 것을 예정하고 하나님의 자녀들에게 주시는 모든 축복을 아는 지식을 말하는 것이다. 디모데후서 1장 12절을 보면 "…내가 믿는 자를 내가 알고 또한 내가 의탁한 것을 그 날까지 그가 능히 지키실 줄을 확신함이라"라고 했으며, 욥기 19장 25절에서는 "내가 알기에는 나의 대속자가 살아 계시니 마침내 그가 땅 위에 서실 것이라"라고 하였다. 요한복음 17장 3절은 "영생은 곧 유일하신 참하나님과 그가 보내신 자 예수 그리스도를 아는 것이니이다"라고 함으로써 신앙에는 아는 지식이 포함되어 있음을 말씀해 주고 있다. 이와 같이 하나님의 말씀에 대한 확실한 지식이 있을 때 믿음도 더 견고해지고 깊어지는 것이다.

따라서 칼빈은 "믿음은 우리에 대한 하나님의 선하심을 굳게 또 확실하게 아는 지식이며, 이 지식은 그리스도 안에서 값없이 주신 약속의

---

196) 김의환 편저. 『개혁주의 신앙고백집』, 72.

신실성을 근거로 삼은 것이며, 성령을 통해서 우리의 지성에 계시되며 우리의 마음에 인친 바가 된다."[197]라고 밝혔다.

(2) 감정적인 요소(찬동)

믿음의 감정적인 요소는 복음에 대한 확신을 가지고 진심으로 진리를 찬동하고 수납하는 행위를 의미하는 것이다. 이것은 복음의 진리가 타락한 우리 죄인들의 요구에 얼마나 적합한 것인지를 하나님의 말씀을 통해서 깨닫고 기쁨과 감사와 감격으로 그 복음 진리에 찬동하는 것을 말한다. 깨달은 복음의 진리는 반드시 그 사람의 마음속에 뜨거운 감정을 불러일으켜 복음으로 인한 기쁨과 감사와 감격을 경험하게 한다.[198] 또한 이러한 감사와 감격은 복음에 더 헌신하도록 만들어 주며, 주님에 대한 충성과 사랑의 마음을 갖도록 역사한다.

(3) 의지적인 요소(신뢰)

믿음의 의지적인 요소는 예수를 믿는 신자의 의지에 영향을 미쳐 과거에는 자기 자신의 지혜와 자신의 수단과 방법만을 의지하고 살던 사람이 이제는 자기 자신을 의지하지 않고 그리스도만 의지하고 살아가게 하는 결단을 동반한다. 과거에는 자신의 부패한 성품과 의지를 따라 죄악의 길로 나아갔던 자가 이제는 그리스도와 그의 말씀을 신뢰하는 가운데 의의 길로 나아가고자 하는 의지적 결단을 말한다.[199]

---

197) John Calvin, 『基督敎綱要(中)』, 26.
198) 하문호, 『교의신학(救援論)』, 243.
199) *Ibid.*

3) 믿음의 종류

(1) 역사적 믿음

역사적 믿음이란 어떤 도덕적 영적 목적도 가지지 않고 성경의 진리를 자신과는 아무런 관련이 없는 역사적인 사실인 것으로만 받아들이는 것을 말한다. 즉 이성적으로만 이해하는 것을 의미한다. 예를 들면 요한복음 3장에서 밤중에 예수님을 찾아왔던 니고데모가 예수 그리스도께서 표적을 행한다는 소식을 듣고 지성적으로 그가 하나님의 아들이라는 사실은 알았으나 믿지는 않았던 것과 같은 것이다(요 3:1~15). 그러므로 이러한 믿음은 중생한 신자들에게서 나타나는 것이 아니다. 단순히 성경의 내용을 어떤 전통이나 과거의 역사를 승인하는 것과 같이 받아들이는 사람들에게서 나타나는 인간적인 믿음일 뿐이지 신적인 믿음은 아니다(마 7:26; 행 26:27~28; 약 2:19). 따라서 이러한 믿음은 진정한 회개의 눈물이나 하나님을 향한 사랑과 감사의 마음이 없을 뿐만 아니라 하나님의 말씀대로 살고자 하는 의지 또한 결여된 믿음이다. 따라서 이러한 믿음으로는 참된 구원을 얻을 수 없다.

(2) 이적적 믿음

이적적 믿음이란 자신이 이적을 행하든지 다른 사람이 자기에게 이적을 보여 주게 될 때에 그 마음속에 일어나는 하나의 확신이다. 역사적 믿음을 소유한 자나 일시적 믿음을 소유한 자는 구원 얻는 신앙을 전혀 가질 수 없다. 그러나 이적적 믿음에는 구원 얻는 신앙이 동반할 수 있고 그렇지 않을 수도 있다는 것이 특이한 점이다(출 14:31; 마

7:22~23; 8:10~13; 요 11:47, 53; 행 14:9). 성경을 보면 주의 이름으로 많은 권능을 행하고 귀신을 쫓아낸 자들도 구원 받지 못한 경우가 있기 때문이며(마 7:22~23), 예수님의 제자 중의 한 명이었던 가룟 유다도 이적을 행한 사람이었지만(마 10:1~8 참조) 구원과 아무런 상관이 없는 사람이었기 때문이다. 즉 가룟 유다는 예수님께서 맡겨 주신 직무를 버리고 제 곳(행 1:25)으로 갔고, 비참한 죽음을 맞이했던 사람이다(마 27:5; 행 1:18).

(3) 일시적 믿음

일시적 믿음이란 주님께서 말씀하신 마태복음 13장 20~22절의 비유에서 돌밭이나 가시떨기에 뿌려진 씨앗과 같이 말씀을 기쁨으로 받되 곧 넘어지거나 결실치 못하는 사람의 믿음과 같은 것을 의미한다. 성경은 일시적 믿음을 가졌던 사람들이 있었음을 보여 주고 있는데, 그 대표적 예는 구약의 사울 왕이다. 사무엘상 10장 10절의 말씀을 보면 사울은 하나님의 신이 크게 임하는 체험도 하였고 예언도 하였다. 따라서 우리가 이 말씀을 통해서 알 수 있는 것은 중생하지 않은 사람도 일시적으로 성령의 역사를 경험할 수 있고 일시적 믿음을 소유할 수 있다는 것이다. 히브리서 6장 4~6절의 말씀은 이러한 사실을 명확하게 설명해 주고 있다. 한 번 빛을 받고 하늘의 은사를 맛보고 성령의 역사를 경험한 사람이라 할지라도 구원 얻는 믿음과는 아무런 관련이 없는 사람이 있을 수 있다는 것을 보여 주고 있다. 따라서 이러한 일시적 믿음은 단순하게 감정에만 잠시 머물러 있다 사라지는 신앙이라고 할 수 있다.

(4) 참된 구원적 믿음

참된 구원적 믿음은 중생한 생활에 그 뿌리를 박고 있는 신앙을 말한다(딛 3:5). 중생은 인간의 어떤 노력이나 방법으로 경험하는 것이 아니라 성령 하나님의 주권적인 역사하심으로 주어지는 것이다. 이렇게 성령 하나님에 의해서 주어지는 중생을 통해서 복음의 진리를 받아들이고 견고한 확신을 가지고 그리스도 안에서 주신 하나님의 약속을 굳게 신뢰하고 오직 그만 진실 되게 의뢰하는 신앙을 말한다.

석원태 박사는 참된 구원적 믿음을 정의하기를 "구원적 신앙이란 결국에는 구원에 도달하고야 마는 믿음을 가리킨다. 예수님이 참 나의 구주로 믿어지고, 그의 십자가 보혈이 믿어지고, 부활, 승천, 우편에 앉으심, 재림, 천국이 믿어지며, 성경의 복음 진리가 믿어지고, 그것의 약속과 축복이 믿어짐으로써, 자신이 정말 구원 받았음을 확신케 되는 진실한 신뢰가 바로 구원적 믿음이다."[200]라고 했다. 따라서 이러한 구원적 믿음을 소유한 자는 죽음에 이를지라도 결단코 그 믿음을 포기하지 않으며, 결국에는 영생이 이르게 되는 믿음이다.[201]

4) 참된 믿음의 특징

(1) 참된 믿음은 올바른 신앙의 대상이 있다

믿음의 대상에 대한 올바르고 정확한 이해가 없다면 그 믿음은 참된 믿음이라고 볼 수 없다. 왜냐하면 대상에 대한 정확한 이해 없이 그냥

---

200) 석원태, 『기독교 7영리』, (서울: 도서출판 경향문화사, 2000), 240.
201) *Ibid.*

맹목적으로 믿는다고 하는 것은 믿음이 아니라 맹신에 불과하기 때문이다.

그러면 올바르고 참된 믿음의 대상은 누구인가? 그분은 바로 성경이 말씀하고 있는 성부 하나님, 성자 하나님, 성령 하나님이시다. 즉 삼위일체 하나님만이 참된 믿음의 대상이 되신다.

(2) 참된 믿음은 기쁨과 감사의 감정을 동반한다

하나님의 위대하심과 독생자 예수님을 십자가에 내어 주신 하나님의 사랑을 올바로 알게 되면, 자연스럽게 기쁨과 감사의 감정이 따르게 된다.[202] 즉 우리 죄인들을 위해 이루어 놓으신 그 놀라운 하나님의 사랑과 구속의 은혜를 깨닫게 된다면 우리가 기뻐하고 감사하는 마음을 가지게 되는 당연한 현상이다. 우리는 성경 여러 곳의 말씀(요 10:14~15; 롬 4:25)을 통해서 죄인들을 위해 아들을 내어 주신 하나님의 사랑과 우리 죄를 위해 고난의 십자가를 지신 예수님의 희생적 사랑을 확인할 수 있다. "우리가 아직 죄인 되었을 때에 그리스도께서 우리를 위하여 죽으심으로 하나님께서 우리에 대한 자기의 사랑을 확증하셨느니라"(롬 5:8).

(3) 참된 믿음은 오직 하나님만 의지한다[203]

하나님께서 베풀어 주신 은혜와 자신의 죄악을 바로 깨닫는 사람은 참된 회개와 자신을 하나님께 맡기는 새로운 삶을 살게 된다. 즉 이전

---

202) 박일민, 『초보자를 위한 신학입문』, 147.
203) *Ibid.*, 148.

까지 기대하고 살아오던 세상의 것을 포기하고 진정한 구원자이신 주님만을 의지하게 된다. 따라서 참된 믿음을 가진 자는 하나님을 의지하는 모습을 그의 삶 가운데 구체적인 행동으로 나타낼 수밖에 없다. 왜냐하면 참된 믿음은 행함과 분리될 수 없기 때문이며, 행동으로 나타나지 않는 믿음은 마치 영혼이 없는 몸처럼 그 자체가 죽은 것에 불과하기 때문이다(약 2:26).

(4) 참된 믿음은 반드시 구원에 이르게 한다[204]

하나님의 선택(엡 1:4)을 받고 성령님께서 베풀어 주시는 중생(요 3:3, 5)을 통해 새롭게(딛 3:5) 태어난 사람들에게 주시는 믿음을 선물(엡 2:8~9)로 받은 사람들은 반드시 구원에 이르게 된다. "너희는 그 은혜에 의하여 믿음으로 말미암아 구원을 받았으니 이것은 너희에게서 난 것이 아니요 하나님의 선물이라 행위에서 난 것이 아니니 이는 누구든지 자랑하지 못하게 함이라"(엡 2:8~9).

---

204) 석원태, 『기독교 7영리』, 240.

7

칭의

1) 칭의에 대한 정의

칼빈(John Calvin)은 "칭의는 곧 하나님의 은혜로우신 용납이며 죄의 용서이다."[205]라고 정의 했고, 벌코프(Louis Berkhof)는 "칭의는 예수 그리스도의 의를 기초로 율법의 모든 요구가 충족되었다고 죄인에 대해 선언하시는 하나님의 법적인 행위이다."[206]라고 했다.

버스웰(Oliver Buswell)은 "칭의란 우리의 구원에 관한 법정적인 측면이다. 이것은 그의 거룩한 법과 관련하여 우리가 의로운 지위를 갖는다고 하는 하나님의 선언적인 행동이라고 생각될 수 있다. 그러므로 칭의는 우리를 위해 우리 주 예수 그리스도께서 완성하신 속죄의 결과 혹은 그러한 측면이라 하겠다."[207]라고 했으며, 머레이(John Murray)는 "칭의는 하나님이 우리를 정죄로부터 옮기고, 그 앞에서 우리를 의롭다고 하셔서, 우리를 그의 호의와 교제 속에 들어오도록 받으시는

---

205) John Calvin, 「基督敎綱要(中)」, 250.
206) Louis Berkhof, 「조직신학(합본)」, 765.
207) Oliver Buswell, 「조직신학(2권)」, 권문상 · 박찬호 옮김, (서울: 웨스트민스터 출판부, 2005), 295.

구속의 적용의 그러한 측면이다."[208]라고 칭의를 정의하였다.

디이슨(Henry C. Thiessen)은 "사람은 출생하면서부터 악한 자의 자녀이며, 또한 범법자며, 죄인이다(롬 3:23; 5:6, 8, 10; 골 1:21; 딛 3:3). 중생에서 사람은 새 생명과 새 성품을 얻고, 칭의에서는 새로운 지위를 얻는다. 칭의라는 것은 그리스도를 믿는 사람을 의롭다 선언하시는 하나님의 행위로 정의될 수 있다."[209]라고 했으며, 스프로울(R. C. Sproul)은 "칭의란 '불의한 죄인이, 의롭고 거룩하신 하나님이 보시기에 의롭다고 여김받는 것'이라고 정의할 수 있다."[210]라고 하였다.

그러므로 칭의를 간단히 정의하면 하나님께서 그리스도의 의를 불의한 죄인들에게 전가하시고 의롭다고 인정해 주시는 것이다.

2) 신앙고백서에 진술된 칭의

웨스트민스터 신앙고백서 11장 1항[211]은 칭의에 대하여 정의하기를 "하나님은 효력 있게 부르신 자들을 또한 값없이 의롭다고 칭하신다. 그것은 그들에게 의를 주입하심으로써가 아니라, 그들의 죄를 용서하시고 그들의 인격을 의롭게 여기시어 받아들이심으로써이다. 그들 안에 무엇이 일어났거나 그들에 의해 행해진 어떤 것 때문이 아니라 오직 그리스도만으로이며 신앙 자체, 즉 믿는 행동이나 다른 어떤 신앙적 순종을 그들의 의로 그들에게 전가시킴으로써가 아니라, 그리스도

---

208) John Murray, 『조직신학 II』, 박문제 옮김, (경기: 크리스챤다이제스트, 1991.), 214.
209) Henry C. Thiessen, 572~573.
210) R. C. Sproul, 『기독교의 핵심 진리 102가지』, 226.
211) 김의환 편저, 『개혁주의 신앙고백집』, 141~142.

의 순종과 만족을 그들에게 전가시키시고 그들은 그리스도와 그의 의를 믿음으로 받아들이고 의지하는 것으로써이다. 이 믿음도 그들에게서 난 것이 아니고 하나님의 선물이다."라고 했으며, 웨스트민스터 대요리문답 70문[212]에서는 "의롭다 하심이란 죄인들에게 거저 주시는 하나님의 은혜 행위인데 하나님이 그들의 모든 죄를 사하시고 자기 목전에 그들을 의로운 자들로 여기시고 받으시는 것이다. 그것은 그들 스스로 할 수 있는 것도 아니고 그들이 행한 어떤 일로 인한 것도 아니다. 오로지 그리스도의 온전한 순종과 완전한 대속을 보시고 그리스도의 의를 저희에게 전가시키고 오직 믿음으로만 받게 되는 것이다."라고 하였다. 그리고 소요리문답 33문[213]은 "의롭다 하심은 거저 주신 은혜의 행위로서 그가 우리의 모든 죄를 용서하시고, 자기 앞에서 우리를 옳게 여겨 받아 주시는 것인데, 다만 그리스도의 의를 우리에게 돌려주시고, 우리는 오직 믿음으로 그 의를 받게 되는 것이다."라고 하였다.

제2스위스 신앙고백 15장[214]은 "…칭의는 전적으로 그리스도 안에서 믿음으로 말미암은 것이다. 우리는 그리스도를 믿는 믿음을 통해서 오직 우리의 죄를 우리에게 돌리지 아니하시고, 우리에게 그리스도의 의를 전가시켜 주시는 하나님의 은혜로 말미암아 의롭다 함을 받는다. 하나님께서는 그리스도를 향한 우리의 믿음을 통해서 의를 전가시키신다."라고 하였으며, 하이델베르그 신앙교육 문답서 60문[215]에서는

---

212) *Ibid.*, 199.
213) *Ibid.*, 264.
214) *Ibid.*, 71.
215) *Ibid.*, 337~338.

"어떻게 하나님 앞에서 의롭게 되는가?"라는 질문에 대하여 답을 하기를 "예수 그리스도에 대한 참된 믿음에 의해서만 의롭게 된다. 즉 내가 하나님의 모든 계명에 대하여 무서운 죄를 범하였다는 것을 나의 양심이 질책하며, 내가 그 계명의 어느 것도 그대로 지키지 못했고, 현재도 악한 모든 것에 넘어갈 경향이 있음에도 불구하고, 하나님은 내 자신의 어떤 공로 없이 순전한 은총으로 마치 내가 과거에 전혀 죄를 범하지도 않았고 내 자신이 그리스도께서 내게 주신 모든 것을 다 순종하여 지켰던 것처럼 내게 완전한 속죄를 통하여 그리스도의 의와 거룩함을 전가해 주시는 것이다. 따라서 만일 내가 믿는 마음으로 이것을 받아들인다면 하나님 앞에서 의로운 것이다."라고 칭의에 대하여 답을 하였다.

3) 칭의의 특성

(1) 칭의는 하나님의 법정적 선언

칭의는 도덕적이나 윤리적 변화에 의하여 의로워질 수 없는 죄인에게 하나님께서 일방적으로 "의롭다"라고 법적인 선언을 하시는 것을 말한다. 즉 칭의는 하나님이 그리스도의 구속 사역으로 성취하신 의를 죄인에게 전가시키고, 그 죄인을 의롭다고 하시는 것이다(롬 5:15, 16, 18, 19). 따라서 칭의는 사람을 실제로 의롭게 만드는 것이 아니라 신분상 법적으로 의롭다고 선포하는 것을 의미한다.[216]

---

216) 조영엽, 『조직신학(구원론 · 종말/내세론)』, 108~109.

(2) 칭의는 신분상의 변화

칭의는 죄인들의 내면적 생활의 단순한 변화가 아니라, 새롭고도 영원한 신분상의 변화이다. 그러므로 칭의의 결정은 신자의 도덕적 죄의 성질과 상태를 변화시키는 것이 아니라, 하나님 앞에서 그의 신분을 의인으로 변경하는 법정적 행위이다(신 25:1; 욥 9:20; 롬 8:33, 34).[217]

(3) 칭의는 단 일회적 선포

칭의는 하나님께서 죄인을 의롭다고 선언하시는 단 일회적인 선포적 행위이다. 즉 하나님의 칭의의 역사는 단번에 단행되는 일회적인 것이며, 결코 반복적인 것이 아니라는 것이다(롬 5:1; 8:30).[218]

(4) 칭의는 즉각적임

로마서 5장 1절에서 "우리가 믿음으로 의롭다 하심을 받았으니"라고 하는 말씀은 하나님께서 의롭다고 선포하신 결정적 시간이 있었음을 보여 준다. 그런데 이러한 하나님의 선포는 점진적으로 되는 것이 아니라, 즉각적이며 순간적이다. 즉 그리스도의 의를 죄인에게 전가시키는 하나님의 칭의의 역사는 중생에서와 같이 즉각적이며 순간적이라는 것이다.[219]

(5) 칭의는 완전하고 최종적임

하나님께서 요구하시는 율법의 완전한 요구를 그리스도께서 모두

---

217) *Ibid.*, 109.
218) *Ibid.*, 110.
219) *Ibid.*, 110~111.

성취하시고, 충족시켰기 때문에 칭의는 완전하다. 이렇게 칭의는 완전한 것이기 때문에 수정(修正)을 가하거나 되풀이할 필요가 전혀 없다.[220] 따라서 칭의는 완전한 것이고 최종적이다.

(6) 칭의는 신앙의 정도에 관계가 없음

죄인이 의롭다고 칭함을 받게 되는 것은 그 사람의 신앙의 깊이나 상태와 전혀 관계없다. 칭의는 죄인 밖에서 하나님의 주권에 의해서 선고되고, 그 선고가 그에게 주관적으로 적용되는 하나님의 역사이기 때문이다. 그러므로 칭의는 죄인의 영적 상태나 신앙의 정도와 아무런 관련이 없이 주어지는 은혜이다.[221]

(7) 칭의는 성화의 근거와 기초

우리가 거룩하고 온전하기 때문에 의롭다고 칭함을 받은 것이 아니라 하나님의 거저 주시는 은혜로 의롭다 함을 받은 것이다. 그렇기 때문에 의롭다 함을 받은 성도는 거룩을 향해 나아가는 생활을 해야 한다. 왜냐하면 칭의는 성화의 근거가 되며, 칭의는 결코 성화와 분리하여 생각할 수 없기 때문이다. 다시 말하면 성도는 성화되었기 때문에 의롭다 함을 받은 것이 아니라 칭의 되었기 때문에 성화를 이루어 가야 하는 것이다.[222]

---

220) *Ibid.*, 111.
221) *Ibid.*
222) *Ibid.*, 112.

4) 칭의의 근거는 무엇인가

(1) 사람의 자질이나 선행에 근거하지 않음

성경은 하나님께서 사람의 개인적인 성품이나 자질을 근거로 의롭다고 칭하시는 것이 아니라는 사실을 분명하게 보여 주고 있다. 그 이유는 성경이 율법의 행위로는 의롭다 함을 받지 못한다는 것을 명확하게 밝히고 있기 때문이다(롬 3:28; 갈 2:16; 3:11). 또 다른 이유는 이 세상에 존재하는 모든 사람들은 모두가 타락한 죄인이기 때문이다.

칼빈주의는 타락한 인간은 전적으로 부패하였고, 영적으로 아무런 선을 행할 수 없는 전적으로 무능력한 존재라는 성경적 사상을 그대로 받아들인다(롬 3:10~12). 따라서 이렇게 전적으로 타락한 인간 편에서는 하나님 앞에 칭의의 근거로 내어놓을 만한 것이 전혀 없다. 창세기 6장 5절을 보면 "여호와께서 사람의 죄악이 세상에 가득함과 그의 마음으로 생각하는 모든 계획이 항상 악할 뿐임을 보시고"라고 했으며, 시편 143편 2절은 "주의 종에게 심판을 행하지 마소서 주의 눈앞에는 의로운 인생이 하나도 없나이다"라고 말씀하고 있다. 이와 같이 모든 인생은 하나님 앞에서 전적으로 타락하고 부패한 인생들이다. 따라서 이러한 인생들에게서 칭의의 근거를 찾는다는 것은 불가능한 일이다. 그러므로 칭의는 하나님이 예수 그리스도께서 성취하신 의를 죄인들에게 전가하시고 의롭다고 칭하시는 주의 은혜이다.

그러므로 칼빈(John Calvin)은 "칭의는 행위에 대한 보수가 아니고 거저 주시는 선물이다."라고 했다.[223]

---

223) John Calvin, 『基督敎綱要(中)』, 273.

(2) 오직 예수 그리스도의 공로에 근거함

칭의는 앞에서 살펴본 대로 사람에게서 발견되는 어떤 자질이나 선한 행동을 근거로 해서 주어지는 것이 결코 아니다. 그것은 그리스도께서 십자가에서 성취하신 의를 선택한 백성들에게 거저 주심으로 덧입혀진 의로움이다. 그러므로 칭의의 성경적 근거는 인본주의적인 것이 아니라 철저하게 예수 그리스도 중심적인 것이다. 따라서 칭의의 근거는, **첫째로** 그리스도의 고결한 삶에 그 기초를 두고 있다. 예수 그리스도는 하나님의 뜻을 완벽하게 성취하심으로써 성부 하나님의 의로우시고 거룩하신 요구를 만족케 하셨기 때문이다(마 3:13~15). 성경은 그리스도께서 늘 성부 하나님을 기쁘시게 했고(요 5:30), 아버지 하나님의 뜻과 일을 하려고 하였으며(요 4:34; 6:38; 17:4), 그의 계명에 전적으로 순종(요 14:31; 15:10)했다고 예수 그리스도의 완벽한 의를 기록하고 있다. **둘째로** 칭의의 성경적 근거는 십자가를 지신 그리스도의 순종적 죽음에 있다.[224] 고린도후서 5장 21절을 보면 "하나님이 죄를 알지도 못하신 이를 우리를 대신하여 죄로 삼으신 것은 우리로 하여금 그 안에서 하나님의 의가 되게 하려 하심이라"라고 했는데, 이 말씀은 죄인에 대한 의롭다 하심이 그리스도의 대속적 희생에서 비롯된 것임을 보여 주고 있다. 또한 로마서 5장 18절은 "그런즉 한 범죄로 많은 사람이 정죄에 이른 것 같이 한 의로운 행위로 말미암아 많은 사람이 의롭다 하심을 받아 생명에 이르렀느니라"라고 하였다. 이 말씀 역시 그리스도의 희생을 통해 죄인들에게 의가 전가되어진 사실을 분명하게 보여 주고 있다.

---

224) Bruce Demarest, 『십자가와 구원』, 548~549.

(3) 죄인이 의롭게 되는 근거는 믿음

성경은 우리가 믿음으로 의롭다 하심을 받는다는 사실을 분명하게 증언하고 있다. 따라서 하나님의 말씀을 믿음의 규칙으로 받아들이는 그리스도인이라면 그 누구도 이 사실을 부인하지 않을 것이다.[225] 로마서 5장 1절을 보면 "그러므로 우리가 믿음으로 의롭다 하심을 받았으니 우리 주 예수 그리스도로 말미암아 하나님과 화평을 누리자"라고 했는데, 이 말씀은 우리가 의롭게 되는 것이 우리의 거룩한 행위나 어떤 조건에 있는 것이 아니라 오직 믿음이라는 사실을 잘 보여 주고 있다.

5) 칭의의 결과는 무엇인가

(1) 죄 사함을 받게 됨

칭의는 예수 그리스도의 의를 죄인인 우리에게 덧입혀 주시는 것이기 때문에 그 결과로 죄 사함을 받게 된다. 사도 바울은 비시디아 안디옥에서 하나님의 의롭다 하심(행 13:39)에 대하여 말하면서 청중에게 다음과 같이 선포했다.[226] "그러므로 형제들아 너희가 알 것은 이 사람을 힘입어 죄 사함을 너희에게 전하는 이것이며 또 모세의 율법으로 너희가 의롭다 하심을 얻지 못하던 모든 일에도 이 사람을 힘입어 믿는 자마다 의롭다 하심을 얻는 이것이라"(행 13:38~39).

---

225) Robert Shaw, 『웨스트민스터 신앙고백 해설』, 236.
226) Bruce Demarest, 『십자가와 구원』, 556.

(2) 모든 정죄의 판결은 무효가 됨

모든 죄가 용서되었기 때문에 모든 정죄의 판결은 모두 무효가 되었다. 이것은 구약과 신약의 모든 성도들에게 적용된다. 예수님은 요한복음 5장 24절에서 "…내 말을 듣고 또 나를 보내신 이를 믿는 자는 영생을 얻었고 심판에 이르지 아니하나니 사망에서 생명으로 옮겼느니라"라고 말씀하심으로써 죄인들에게 있던 모든 정죄의 판결이 무효가 되었음을 말씀해 주고 있다. 사도 바울 역시 로마서 8장 1절에서 "그러므로 이제 그리스도 예수 안에 있는 자에게는 결코 정죄함이 없나니"라고 말씀을 했다. 따라서 이러한 하나님의 사면 판결 덕분에 과거, 현재, 미래의 모든 죄에 대한 법적 송사는 모두 무효화되었다. 즉 아무도 이제는 더 이상 택한 백성에 대해 정죄의 판결을 내릴 수 없게 되었다 (롬 8:33).[227]

(3) 영생을 얻게 됨

칭의의 또 다른 결과는 영생의 선물이다. 예수님은 누가복음 23장 43절에서 회개한 한편 강도에게 "예수께서 이르시되 내가 진실로 네게 이르노니 오늘 네가 나와 함께 낙원에 있으리라 하시니라"라고 말씀해 주셨다. 예수님의 이 말씀은 예수님께서 죽으시기 전에 의롭다 함을 받은 그 강도에게 즉시로 영원한 생명을 선물로 주셨다는 사실을 보여 주고 있다.[228]

---

227) *Ibid.*, 557~558.
228) *Ibid.*, 558.

(4) 화평을 누리게 됨

칭의는 하나님과 회개한 죄인 사이의 적대 관계를 중단하고 화평을 가져오게 하였다. 사도 바울은 로마서 5장 1절에서 "그러므로 우리가 믿음으로 의롭다 하심을 받았으니 우리 주 예수 그리스도로 말미암아 하나님과 화평을 누리자"라고 했다. 죄인과 하나님 사이의 화목(요일 2:2; 4:10)을 위해 십자가를 지신 예수님의 속죄 사역으로 인해 의롭다 하심을 입은 자들은 더 이상 성부 하나님과 반목하지 않게 되었고, 하나님과 화평을 누리게 되었다. [229]

---

229) *Ibid.*

8

양자

1) 성경이 말하는 양자 됨의 의미

데머리스트(Bruce Demarest)는 성경에서 법적으로 양자 됨의 의미가 어떤 것이며, 그 결과와 특권은 어떻게 나타나고 있는지에 대하여 다음과 같이 설명하였다.[230]

우리가 하나님의 가족에 입양됨으로 인해, ① 이제 우리는 '하나님의 자녀'라는 새로운 이름과 새로운 정체성을 갖게 되었다. 요한일서 3장 1절을 보면 "하나님의 자녀라"라고 하였고, 2절에서도 "사랑하는 자들아 우리가 지금은 하나님의 자녀라…"라고 우리가 하나님의 자녀가 된 사실을 밝히고 있다. 또한 우리는 입양된 자녀로서 ② 성령의 친밀한 내주하심을 경험하게 되었다. 갈라디아서 4장 6절을 보면 "너희가 아들이므로 하나님이 그 아들의 영을 우리 마음 가운데 보내사 아빠 아버지라 부르게 하셨느니라"라고 했고, 로마서 8장 14절은 "무릇 하나님의 영으로 인도함을 받는 사람은 곧 하나님의 아들이라"라고 하였다. 따라서 하나님의 가족으로 입양되었다고 하는 것은 ③ 우리가 하나

---

230) *Ibid.*, 560.

의 특별한 사랑의 대상임을 보여 주는 것이다. 요한일서 4장 9~11절에서 "하나님의 사랑이 우리에게 이렇게 나타난바 되었으니 하나님이 자기의 독생자를 세상에 보내심은 그로 말미암아 우리를 살리려 하심이라 사랑은 여기 있으니 우리가 하나님을 사랑한 것이 아니요 하나님이 우리를 사랑하사 우리 죄를 속하기 위하여 화목 제물로 그 아들을 보내셨음이라 사랑하는 자들아 하나님이 이같이 우리를 사랑하셨은즉 우리도 서로 사랑하는 것이 마땅하도다"라고 우리가 하나님의 사랑의 대상임을 말씀하고 있다. 그러므로 이렇게 하나님의 사랑을 받는 자녀들은 ④ 하나님 아버지의 특별한 보살핌과 공급하심을 받는다. 누가복음 11장 11~13절을 보면 "너희 중에 아버지 된 자로서 누가 아들이 생선을 달라 하는데 생선 대신에 뱀을 주며 알을 달라 하는데 전갈을 주겠느냐 너희가 악할지라도 좋은 것을 자식에게 줄 줄 알거든 하물며 너희 하늘 아버지께서 구하는 자에게 성령을 주시지 않겠느냐 하시니라"라고 하였다. 또한 하나님의 자녀가 된 우리는 ⑤ 하나님 아버지의 존전에 담대히 나아갈 수 있는 권리와 특권을 가지게 되었다. 히브리서 4장 16절은 "그러므로 우리는 긍휼하심을 받고 때를 따라 돕는 은혜를 얻기 위하여 은혜의 보좌 앞에 담대히 나아갈 것이니라"라고 하였다. 이렇게 은혜의 보좌에까지 나아갈 수 있는 양자의 지위는 ⑥ 육신의 아버지가 자기 자식에게 하는 것처럼 하나님께서 사랑으로 신자 된 자녀들을 징계하시고 연단하신다는 사실을 내포하고 있다. 히브리서 12장 7~8절은 이러한 사실에 대하여 "너희가 참음은 징계를 받기 위함이라 하나님이 아들과 같이 너희를 대우하시나니 어찌 아버지가 징계하지 않는 아들이 있으리요 징계는 다 받는 것이거늘 너희에게 없으면 사생자요 친아들이 아니니라"라고 했다. 마지막으로 우리가 하나님과 한 가족이 되었다는 것은 ⑦ 우리가 아버지 하나님의 영원한 나라와 영광의 상속자가 된다는 것을 의미한다. 로마서 8장 17절을 보면 이러한 사실에 대하여 "자녀이면 또한 상속자 곧 하나님의 상속자요 그리스도와 함께 한 상속자니 우리가 그와 함께 영광을 받기 위하여 고난도 함께 받아야 할 것이니라"라고 하나님의 자녀인 우리 모두가 하나님의 상속자임을 보여 주고 있다.

2) 양자 됨에 대한 정의

윌리암슨(G. I. Williamson)은 "양자 됨이란, 그 단어가 명백하게 함의(含意)하고 있는 대로, 외부의 가족으로부터 하나님 자신의 가족으로 옮기는 행위이다. 즉 본질상 진노의 자녀요, 어두움의 자녀요, 사탄의 자녀들(엡 2:3; 골 3:6; 요 8:44)이었던 자들이 빛의 자녀요 하나님의 자녀가 되는 것을 뜻한다."[231]라고 했고, 그루뎀(Wayne Grudem)은 간단하게 정의하기를 "양자 됨은 우리를 하나님의 가족의 일원으로 만드는 하나님의 행위이다."[232]라고 하였다.

벌코프(Louis Berkhof)는 "양자 됨이란 하나님께서 죄인을 자녀의 지위로 택하는 것이다. 마치 부모가 양자 된 아이의 내면적 생활을 양자로 택하는 행위만으로 변화시킬 수 없는 것처럼 양자 됨이 죄인의 내면을 변화시키지는 않는다. 변화는 인간과 하나님의 관계에서 일어

---

231) G. I. Williamson, 『웨스트민스터 신앙 고백서 강해』, 187.

232) Wayne Grudem, 『조직신학(중)』, 377.

난다. 양자 됨을 통해 신자들은 하나님의 권속이 되고, 자녀의 순종의 법 아래 두어지며, 동시에 자녀의 모든 특권을 부여받는다."[233]라고 했다.

3) 양자 됨에 대한 신앙고백서의 진술

웨스트민스터 신앙고백서 12장[234]은 양자 됨에 대하여 "하나님께서는 그의 독생자 예수 그리스도 안에서 의롭다 함을 입은 모든 자들을 그를 위하여 양자되는 은혜에 참여하는 자들로 만들어 주신다. 즉 이 양자 됨에 의해 그들은 하나님의 자녀들의 수에 들어가고 그 자유와 특권을 누리며 하나님의 이름을 그들 위에 붙이며 양자의 영을 받고 담대히 은혜의 보좌에 나아가며 아바 아버지라 부를 수 있게 되고 불쌍히 여김을 받으며 보호함을 입으며 필요한 것을 공급받으며 아버지로서 내리시는 징계를 받으나 결코 버림을 당하지 않고 구속의 날까지 인침을 받으며 또 영원한 구원의 후사로서 모든 약속을 물려받는다."라고 했다.

웨스트민스터 대요리문답 74문[235]에서는 "양자로 삼는 것은 그의 독생자 예수 그리스도 안에서 또는 그를 위하여 하나님께서 거저 주시는 은혜의 행위인데, 이것으로 말미암아 의롭다 함을 받은 모든 사람들이 하나님의 자녀의 수효에 들게 하시고 그의 이름을 그들에게 주시며 그의 아들의 영을 그들에게 주시고 하늘 아버지의 보호와 다스림을 받게

---

233) Louis Berkhof, 『조직신학(합본)』, 768.
234) 김의환 편저, 『개혁주의 신앙고백집』, 143.
235) Ibid., 200~201.

하시며, 하나님의 아들들이 갖는 온갖 특권을 받게 하실 뿐 아니라 모든 약속의 후사로 삼으시고 영광중에 그리스도와 함께 후사가 되게 하시는 것이다.”라고 하였다.

또한 소요리문답 34문[236]은 “양자로 삼는다는 것은 하나님이 거저 주신 은혜의 행위로서 이로 인해 우리를 하나님의 자녀의 수효 중에 들게 하시며, 그 모든 특권을 누리게 하시는 것이다.”라고 양자 됨에 대하여 진술하였다.

4) 양자의 방법

성경은 죄인이 하나님의 자녀가 되는 방법에 대하여 말씀해 주고 있는데, 요한복음 1장 12절을 보면 “영접하는 자 곧 그 이름을 믿는 자들에게는 하나님의 자녀가 되는 권세를 주셨으니”라고 말씀하고 있다. 따라서 우리가 하나님의 자녀가 되는 방법은 하나님의 아들이신 주 예수 그리스도를 믿음으로 영접하여 하나님의 자녀가 되는 권세를 가지게 되는 것이다. 이것을 일명 ‘수양(收養)의 은혜’라고도 부른다. 이와 같은 양자의 과정(수양의 은혜)을 통해서만 우리는 하나님을 아버지로 부르게 되는 것이며, 우리 자신이 진정으로 살아 계신 하나님의 자녀가 되었다는 것을 알 수 있다. 또한 우리가 진정으로 그의 유업을 상속받게 될 후사가 되었음을 확신할 수 있는 것이다. 로마서 8장 17절은 “자녀이면 또한 상속자 곧 하나님의 상속자요 그리스도와 함께 한 상속자니 우리가 그와 함께 영광을 받기 위하여 고난도 함께 받아야 할

---

236) *Ibid.*, 265.

것이니라"라고 하였다. 여기서 중요한 사실은 우리가 그리스도를 영접을 한다고 하지만 우리가 그리스도를 믿음으로 영접할 수 있도록 도우시는 역사도 주님의 은혜로 된다는 것이다.

그 이유는 "너희는 그 은혜에 의하여 믿음으로 말미암아 구원을 받았으니 이것은 너희에게서 난 것이 아니요 하나님의 선물이라(엡 2:8)."라고 말씀하고 있기 때문이다.

또한 우리가 하나님 아버지를 아버지라고 부를 수 있는 것 역시, 주의 은혜임을 성경은 말씀하고 있다. 갈라디아서 4장 6절을 보면 "너희가 아들이므로 하나님이 그 아들의 영을 우리 마음 가운데 보내사 아빠 아버지라 부르게 하셨느니라"라고 함으로써 우리가 하나님을 아버지라고 부를 수 있는 것도 아들의 영을 우리에게 허락해 주셨기 때문에 가능한 것임을 말씀해 주고 있다. 따라서 우리가 하나님의 양자가 되었다고 하는 것은 전적인 하나님의 은혜요, 선물의 결과이다.

5) 양자의 특권은 무엇인가

(I) 하나님의 자녀 된 자들은 새 이름을 얻는다

낯선 이의 자녀가 입양되면 입양자의 성을 따라 새 이름을 지어 주듯이, 하나님이 양자로 삼으신 자들에게는 하나님께서 새 이름을 주신다(사 62:2). 즉 그들은 전능하신 하나님의 아들과 딸이라는 영광스럽고 사랑스런 이름을 얻게 된다(고후 6:18).[237]

---

237) Robert Shaw, 『웨스트민스터 신앙고백 해설』, 250.

(2) 양자의 영을 받는다

하나님의 자녀가 된 자들은 양자의 영을 받는다(롬 8:15; 갈 4:6). 성령께서는 그들에게 자녀의 마음을 허락하시어 하나님의 사랑스런 독생자의 형상을 닮게 하시며, 또 그들의 영과 더불어 그들이 하나님의 자녀라고 증언하시고(롬 8:16), 구원의 날까지 그들에게 인을 치시며(엡 1:13), "그 얻으신 것을 속량"(엡 1:14)하실 때까지 그들을 위한 기업의 보증이 되신다. [238]

(3) 은혜의 보좌 앞에 담대히 나갈 수 있다

하나님의 자녀가 된 자들은 하나님 앞에 나아갈 수 있는 은혜를 허락해 주셨다. 따라서 하나님의 자녀가 된 우리 모두는 담대히 은혜의 보좌에 나아갈 수 있는 축복을 누리게 되었다. [239] "그러므로 우리는 긍휼하심을 받고 때를 따라 돕는 은혜를 얻기 위하여 은혜의 보좌 앞에 담대히 나아갈 것이니라"(히 4:16).

(4) 하나님의 부성적 사랑과 긍휼의 대상이 된다

하나님의 자녀가 된 자들은 하나님께서 베푸시는 부성적 사랑과 긍휼의 대상이 되는 축복을 받는다. 즉 육신의 아버지가 자기 자식을 긍휼히 여김같이 하나님은 그들(양자된 자들)을 긍휼히 여기신다. [240] "아버지가 자식을 긍휼히 여김같이 여호와께서는 자기를 경외하는 자를 긍휼히 여기시나니"(시 103:13).

---

238) *Ibid.*, 250~251.
239) *Ibid.*, 251.
240) *Ibid.*

(5) 하나님 아버지의 보호를 받는다

이 세상에는 하나님의 자녀들을 노리는 영적 원수들의 위험 요소가 너무나 많다. 그러나 졸지도 않고 주무시지도 않는 하나님은 결코 지치시는 법이 없이 늘 자녀들을 지키시고 보호하신다.[241] 시편 37편 28절을 보면 "여호와께서 정의를 사랑하시고 그의 성도를 버리지 아니하심이로다 그들은 영원히 보호를 받으나 악인의 자손은 끊어지리로다"라고 했고, 베드로전서 1장 5절에서는 "너희는 말세에 나타내기로 예비하신 구원을 얻기 위하여 믿음으로 말미암아 하나님의 능력으로 보호하심을 받았느니라"라고 하였다.

또 시편의 말씀을 보면 하나님은 천사들을 동원해 하나님의 자녀들을 보호하신다는 사실을 보여 주고 있다. "여호와의 천사가 주를 경외하는 자를 둘러 진치고 그들을 건지시는도다"(시 34:7).

(6) 하나님으로부터 필요한 것을 공급 받는다

육신의 부모가 자기 자녀의 필요한 것을 공급해 주는 것처럼, 우리의 필요를 이미 다 알고 계신 하나님은 육신의 부모와는 비교할 수 없는 큰 사랑과 능력으로 우리의 필요를 채우시고 공급하신다(마 6:30~32; 시 34:9~10). 다시 말하면 하나님은 말씀으로 자녀들의 영혼을 먹이시고, 때에 맞는 적절한 은혜로 자녀들의 필요를 공급해 주신다.[242] "나의 하나님이 그리스도 예수 안에서 영광 가운데 그 풍성한 대로 너희 모든 쓸 것을 채우시리라"(빌 4:19).

---

241) *Ibid.*
242) *Ibid.*, 251~252.

(7) 때로는 사랑의 징계도 받는다

신자들은 하나님의 징계를 형벌로 생각할 때가 많지만 하나님의 징계는 부성적 사랑에서 비롯된 것으로 결국에는 자녀들을 유익하게 하는 축복이다(시 89:30~34). 징계가 당장에는 기쁘지 않고 슬프지만, 그들을 영적으로 유익하게 만들어 준다. 하나님의 자녀들 가운데는 그런 행복한 경험을 통해 고난받는 것이 자기에게 유익했다고 고백한 사람들이 많이 있다(시 94:12; 119:67, 71; 욥 5:17).[243]

욥기 5장 17절을 보면 "볼지어다 하나님께 징계 받는 자에게는 복이 있나니 그런즉 너는 전능자의 징계를 업신여기지 말지니라"라고 했고, 히브리서 12장 6~8절은 "주께서 그 사랑하시는 자를 징계하시고 그가 받아들이시는 아들마다 채찍질하심이라 하였으니 너희가 참음은 징계를 받기 위함이라 하나님이 아들과 같이 너희를 대우하시나니 어찌 아버지가 징계하지 않는 아들이 있으리요 징계는 다 받는 것이거늘 너희에게 없으면 사생자요 친아들이 아니니라"라고 했다.

(8) 양자 됨을 통해서 오는 특권은 상실되는 법이 없다

하나님 아버지께서는 영적 자녀들에게 주신 특권을 어떤 경우에도 거두어 가지 않으시고 그들을 복된 삶의 길로 인도하신다.[244]

예레미야 32장 39~41절을 보면 "내가 그들에게 한 마음과 한 길을 주어 자기들과 자기 후손의 복을 위하여 항상 나를 경외하게 하고 내가 그들에게 복을 주기 위하여 그들을 떠나지 아니하리라 하는 영원한 언

---

243) *Ibid.*, 252.
244) *Ibid.*

약을 그들에게 세우고 나를 경외함을 그들의 마음에 두어 나를 떠나지 않게 하고 내가 기쁨으로 그들에게 복을 주되 분명히 나의 마음과 정성을 다하여 그들을 이 땅에 심으리라"라고 했다.

(9) 하나님의 약속을 물려받을 상속자이다

하나님의 자녀가 된 자들은 하나님의 모든 약속을 물려받게 될 상속자이다. 하나님께서 주신 약속들은 지극히 위대하고 보배로운 것이며, 이 약속들을 허락하신 하나님은 지극히 신실하시다(민 23:19).[245)

히브리서 6장 17~18절을 보면 "하나님은 약속을 기업으로 받는 자들에게 그 뜻이 변하지 아니함을 충분히 나타내시려고 그 일을 맹세로 보증하셨나니 이는 하나님이 거짓말을 하실 수 없는 이 두 가지 변하지 못할 사실로 말미암아 앞에 있는 소망을 얻으려고 피난처를 찾은 우리에게 큰 안위를 받게 하려 하심이라"라고 했다.

(10) 하늘에 예비 된 기업을 물려받을 상속자이다

하나님의 자녀가 된 자들은 자기들을 위해 하늘에 예비된 풍성하고 영광스러운 기업을 물려받을 상속자이다(벧전 1:4). 그들은 '구원 받을 상속자'이며(히 1:14), '생명의 은혜를 함께 이어받을 자'이며(벧전 3:7), '약속하신 나라의 상속자'이며(약 2:5), '하나님의 상속자'(롬 8:17)이다.[246)

---

245) *Ibid.*
246) *Ibid.*

9

성화

1) 성화의 개념

성화는 히브리어 '카다쉬'라는 단어로부터 유래되었는데, 이 용어의
근본적인 뜻은 "자르다"(cut), "분리하다"(separate)이다. 따라서 성화
의 근본적인 개념은 세상으로부터 구별되어 거룩하신 하나님께 속하
는 것과 그의 뜻을 따라 거룩을 향해 가는 삶을 의미한다. 즉 하나님
의 선택함을 받은 자들은 성령 하나님의 중생하시는 역사를 통하여 거
듭나고 신앙을 가지게 되며, 내주하시는 성령 하나님의 역사를 통하여
죄악을 멀리하고 점차적으로 거룩한 삶으로 나아가게 된다. 이러한 성
화의 모습은 현세에서는 완성되는 것은 아니지만 점진적으로 성령 하
나님의 역사를 통해서 꾸준하게 변화되고 주님이 기뻐하시는 거룩한
삶의 모습으로 성숙해 가는 것이다. 거룩한 삶의 모습이라는 것은 성
령 하나님의 도우시는 역사를 통해서 우리 자신을 세속의 오염으로부
터 깨끗이 지키고 매일의 삶 속에서 예수 그리스도를 닮아 가는 경건
한 삶을 살아가는 것을 말하는 것이다(약 1:27).

2) 성화에 대한 정의

벌코프(Louis Berkhof)는 "성화는 '칭의받은 죄인을 죄의 부패로부터 해방하고 그의 본성 전체를 하나님의 형상으로 갱신하며 그가 선행을 할 수 있게 하는 성령의 자비롭고 지속적인 사역'이라고 정의될 수 있다."[247]라고 했으며, 그루뎀(Wayne Grudem)은 "성화란 우리로 하여금 점점 더 죄로부터 멀어지고 실제의 삶 가운데 그리스도를 닮아 가도록 하는 하나님과 인간의 점진적인 일이다."[248]라고 하였다.

에릭슨(Millard J. Erickson)은 "성화는 신자의 삶에서 신자를 실제적으로 거룩하게 만드시는 계속적인 하나님의 사역이다. 여기에서 '거룩한'이란 말은 '하나님과 실제적으로 닮은 모습을 지니고 있다'는 것을 의미한다. 성화는 인간의 도덕적인 상태가 하나님 앞에서 그의 법적인 신분과 일치되는 과정이다. 이것은 삶의 새로움이 신자 안에 주어지고 서서히 주입되었을 때, 중생에서 시작되었던 것의 연속이다. 특별히 성화는 예수 그리스도에 의해서 이루어진 사역을 성령이 신자의 삶에 적용하는 것이다."[249]라고 했고, 석원태 박사는 "성화란 하나님에 의해서, 하나님을 위해서, 세상으로부터, 육신의 정욕과 안목의 정욕과 이생의 자랑으로부터 분리되는 것을 의미한다."[250]라고 정의하였다.

---

247) Louis Berkhof, 『조직신학(합본)』, 784.
248) Wayne Grudem, 『조직신학(중)』, 394.
249) Millard J. Erickson, 『복음주의 조직신학(하)』, 152.
250) 석원태, 『기독교 7영리』, 251.

3) 성화에 대한 신앙고백서의 진술

웨스트민스터 신앙고백서 13장 1항[251]을 보면 "효력 있는 부르심을 받고 중생한 자들 곧 그들 안에 창조된 새 마음과 새 영을 가진 자들은, 그리스도의 죽으심과 부활의 효력으로 말미암아 그의 말씀과 그들 속에 내주하시는 성령에 의해 실제적으로 또는 인격적으로 더욱 거룩해진다. 모든 죄의 지배 세력이 파괴되고 여러 정욕이 점점 더 약화되고 억제되므로 모든 구원은 은총 가운데 점점 되살아 강건하여져서 참된 경건을 실천하게 된다. 이 경건이 없이는 아무도 주를 볼 수 없다."라고 했다.

웨스트민스터 대요리문답 75문[252]은 "거룩하게 하심이란 하나님의 은혜의 역사인데 이로 말미암아 거룩하게 하시려고 하나님께서 창세 전에 택하신 자들이 때가 되매 강력한 성령의 역사를 통하여 그리스도의 죽음과 부활의 적용을 받게 하신다. 그럼으로써 하나님의 형상을 좇아 온 사람이 새롭게 되고 생명에 이르는 회개의 씨와 그 밖에 다른 구원의 은혜들을 그들의 마음속에 두고 그 은혜들이 고무되고 증가되고 강화되어 그들로 하여금 점점 더 죄에 대하여 죽게 하고 새로운 생명에 대하여 살게 하는 것이다."라고 했으며, 소요리문답 35문[253]에서는 "거룩하게 하심은 거저 주신 은혜의 역사로 이로 인해 우리가 하나님의 형상을 좇아 전인격이 새로워지게 되고, 점점 죄에 대하여는 능히 죽고, 의에 대하여는 능히 살게 되는 것이다."라고 하였다.

---

251) 김의환 편저, 『개혁주의 신앙고백집』, 143~144.
252) *Ibid.*, 201.
253) *Ibid.*, 265.

4) 성화의 특징

(1) 성화는 성령의 역사로 시작된다

성령 하나님의 역사를 통한 중생의 때에 분명한 도덕적 변화가 일어난다. 따라서 중생한 자는 예전처럼 죄를 습관적으로 범하지는 않는다. 그 이유는 우리, 즉 중생한 자들 안에 있는 새로운 생명의 능력이 죄로부터 멀어지도록 돕기 때문이다. 이와 같은 도덕적 변화가 성화의 시작이다. 이러한 의미에서 중생과 성화에 중복되는 부분도 있는 것이 사실이다. 왜냐하면 도덕적 변화는 엄밀히 중생의 한 부분이기 때문이다. 하지만 우리 안에서 발생한 도덕적 변화라는 관점에서 볼 때, 그것을 성화의 첫 번째 단계라고 볼 수 있다. 이와 같이 성화의 처음 단계에서는 죄를 사랑하던 마음과 우리의 마음을 점령하고 있던 세력으로부터 우리를 확실하게 단절함으로써 신자들이 더 이상 죄의 종노릇을 하지도 못하게 하고 더 이상 죄를 사랑하지도 못하게 한다(롬 6:11~13).[254]

여기서 기억해야 할 것은 앞서 살펴 본 것처럼 이 세상에서는 완전한 성화를 이룰 수 없다는 것이다. 웨스트민스터 신앙고백서 13장 2항[255]은 이러한 사실에 대하여 진술하기를 "이 성화는 전인격적으로 이루어지나 이 세상에서는 완전히 이루어지지 않는다. 사람의 모든 부분에 아직도 부패의 잔재가 남아 있다. 그것으로부터 계속적이며 화해할 수 없는 싸움이 일어나서 육신의 소욕은 성령을 대항하고, 성령은 육신에

---

254) Wayne Grudem, 『조직신학(중)』, 395.
255) 김의환 편저, 『개혁주의 신앙고백집』, 144.

대항하신다."라고 하였다.

(2) 성화는 삶을 통하여 점진적으로 변화해 간다

성화는 그리스도인의 삶의 여정을 통해 지속되어야 할 과정이라는 사실을 성경은 교훈해 주고 있다. 고린도후서 3장 18절을 보면 "우리가 다 수건을 벗은 얼굴로 거울을 보는 것 같이 주의 영광을 보매 그와 같은 형상으로 변화하여 영광에서 영광에 이르니 곧 주의 영으로 말미암음이니라"라고 하였다. 이 말씀에서 보여 주는 것은 신자들이 그리스도의 형상으로 변화되고 영광에서 영광에 이르게 되는데, 그것은 곧 주의 영을 통해서 된다는 것이다. 이 말씀에 대하여 박윤선 박사는 해석하기를 "기독자는 그리스도 안에 있으니 만큼, 성경을 깨닫는 은혜를 받아 거울을 보는 것같이 희미하지만 주님의 영광(곧, 계시)을 보는 그만큼 그의 영혼이 점점 성화(聖化)되어 주님에게 가까워진다. 이것은 물론 성령의 역사로 되어지는 일이다."[256]라고 그리스도인들에게 점진적인 성화가 있음을 언급하였다. 따라서 사도 바울은 빌립보서 3장 13~14절에서 "형제들아 나는 아직 내가 잡은 줄로 여기지 아니하고 오직 한 일 즉 뒤에 있는 것은 잊어버리고 앞에 있는 것을 잡으려고 푯대를 향하여 그리스도 예수 안에서 하나님이 위에서 부르신 부름의 상을 위하여 달려가노라"라고 하였다. 이 말씀에서 바울은 자신이 완전한 상태에 있는 것이 아니기 때문에 계속적으로 그리스도께서 그를 구원하신 모든 목적을 이루기 위해 노력을 하겠다고 고백하고 있다. 따라서 이 말씀을 오늘 우리의 삶에 적용을 한다면, 그리스도인들이 삶의

---

256) 박윤선, 『성경주석(고린도전후서)』, (서울: 영음사, 1984), 320.

여정 속에서 예수 그리스도에게 시선을 고정시키고 그리스도를 닮아가는 성화의 목표를 향해 달려가야 함을 교훈해 주고 있다.

그러므로 우리가 여기서 기억해야 할 것은 신약 성경에서 하나님의 뜻대로 살아야 할 것을 강조하는 말씀이나 또는 도덕적인 권면의 말씀은 모두 그리스도인들이 이 세상을 사는 동안 성화되어야 함을 강조하는 말씀으로 받아야 한다는 사실이다(마 4:17; 5:1~7:29; 골 3:10; 히 12:1, 14; 약 1:22; 벧전 1:15).

(3) 성화는 인간 자신만의 힘과 의지만으로는 불가능하다

인간은 성화의 당사자임에도 불구하고 인간 자체 내에 있는 죄의 부패성과 연약성으로 인하여 인간 자신만의 힘으로는 결코 성화를 이루어 나갈 수 없다. 따라서 성화를 이루어 나아갈 수 있는 사람은 중생의 은혜를 받은 자가 성화의 조력자(helper) 되신 성령님의 인도와 도우시는 능력을 힘입어 성화를 이루어 갈 수 있다.[257]

이런 면에서 볼 때 성화가 하나님과 인간의 협력으로 이루어지는 것이라고 이야기할 수 있을 것이다. 그러나 이 사실에 대하여 동의하지 않는 사람들도 있는 것이 현실이다. 그 이유는 성화에 있어서 하나님의 일이 우선적인 것이고, 인간의 일은 부차적인 것에 불과하다고 생각하기 때문이다. 그러나 여기서 중요한 것은 이와 같은 반대가 있음에도 불구하고 성화는 하나님과 인간의 협력으로 진행되어 간다고 하는 사실이다. 그 이유는 그의 택한 백성들이 거룩해지도록 하나님께서도 일하시고 또한 택한 백성인 우리도 같은 목적을 위하여 일하기 때

---

257) 조영엽, 『조직신학(구원론 · 종말/내세론)』, 197.

문이다. 이 말은 성화를 이루어 가는 데 있어서 그 역할이 동등하다거나 같다는 말이 결코 아니다. 이 말의 의미는 하나님은 그의 능력과 지위에서 일하시고 하나님의 피조물인 우리는 그 지위에 맞는 방법으로 하나님의 일에 협력한다는 말이다. 성화에 있어서 우리가 해야 할 일을 성경 여러 곳에서 강조하고 있다는 것은(신약 성경의 도덕적 명령들을 통해), 하나님께서 우리에게 성화를 위해 협력(노력)할 것을 명령하셨다는 말씀으로 이해해야 한다.[258] 따라서 성화를 이루어 가는데 있어서 하나님의 역할과 인간의 역할은 간단히 다음과 같이 구분할 수 있다.

첫째, 성화에 있어서 하나님의 역할은 우리를 그의 자녀로 훈련을 시키시는 것이다(히 12:5~11). 사도 바울은 빌립보서 2장 13절에서 빌립보 교인들에게 "너희 안에서 행하시는 이는 하나님이시니 자기의 기쁘신 뜻을 위하여 너희에게 소원을 두고 행하게 하시나니"라고 말함으로써 하나님께서 그들로 하여금 주님의 일을 기뻐하게 하시고 그 일을 할 수 있는 능력을 주심으로 그들을 거룩하게 하신다는 사실을 보여 주고 있다.

좀 더 구체적으로 이야기한다면, 우리를 변화시키고 거룩한 삶을 살아가도록 인도하시고 도우시는 분은 성령 하나님이시다(살후 2:13; 벧전 1:2). 즉 우리 안에서 성령의 열매를 맺게 하시는 이는 성령이신데 (갈 5:22~23), 이 성령의 열매의 특징은 모두 수준 높은 성화된 삶의 일부분이라는 것이다. 우리가 성화되면 성령으로 행하며 성령의 인도하심을 받게 된다(갈 5:16~18; 롬 8:14). 따라서 우리는 우리의 삶과 성품

---

258) Wayne Grudem, 『조직신학(중)』, 405.

에서 성령의 요구와 원하심에 더욱 민감하게 반응할 수 있게 된다. 성령은 거룩함의 영이며 우리 안에서 거룩을 이루어 가시는 분이시기 때문이다.[259]

둘째, 성화에서의 인간의 역할은 거룩하게 하시는 하나님을 의존하며, 하나님께서 말씀하신 것을 순종하며 나아가는 것이다. 즉 거룩하게 하시는 하나님을 의존한다는 면에서는 소극적이고 동시에 하나님께 순종하기를 추구하며 우리의 성화를 증진시키기 위한 단계를 취한다는 면에서는 적극적이기도 하다.[260] 따라서 우리가 성화의 과정에서 거룩하게 하시는 하나님을 의지하는 역할도 중요하고 동시에 우리의 삶을 통하여 순종하면서 거룩함을 추구해 나아가는 역할도 중요하다. 만일 우리가 하나님의 말씀을 순종하기 위한 적극적인 면을 소홀히 한다면 우리는 소극적이고 게으른 신앙인이 될 것이다. 반대로 우리가 하나님께 모든 것을 맡기고 하나님을 의지하는 소극적인 면을 소홀히 한다면 우리는 교만과 자기 확신에 빠질 위험이 있다. 이 둘 중에 어느 경우에 빠지든 우리의 성화는 온전히 이루어지지 않을 것이다. 따라서 우리는 믿음으로 하나님을 의지하면서 동시에 하나님의 말씀을 순종하기 위한 열심과 부지런함을 가지고 있어야 한다.[261]

(4) 이 세상에서는 완전한 성화를 이룰 수 없다

이 세상에서는 성화를 완전하게 이룰 수 없다. 그 이유는 신자가 중생의 은혜를 받았다 할지라도 아직도 그 내면에 부패의 잔재가 남아

---

259) *Ibid.*, 405~406.
260) *Ibid.*, 406.
261) *Ibid.*, 409.

있는 불완전한 인간이기 때문이다.

그러나 이 세상에는 과거나 현재에나 죄가 없는 완전한 상태에 도달할 수 있다고 주장하는 사람들이 있다. 예수 그리스도의 완전하신 거룩함이 신자들에게 전가되었다고 주장하는 율법폐기론자들이 대표적인 경우이며, 교황주의자들과 소시니우스주의자들 역시 신자들이 완전한 내재적 거룩함을 지니고 있거나 그런 상태에 도달할 수 있다고 주장한다. 감리교의 설립자도 죄 없는 완전한 상태가 가능하다고 믿었다. 또 그를 따르는 사람들도 여전히 그런 견해를 지지하기도 한다.[262] 그러나 이미 언급했듯이 이 세상에서는 완전한 성화를 이룰 수 없는 것이 현실이다. 왜냐하면 중생한 사람일지라도 모든 부분에 부패함의 잔재가 남아 있기 때문이다. 성경에는 죄 없는 완전한 상태를 부인하는 성경 구절들이 여러 곳에 기록되어 있다(잠 20:9; 전 7:20; 약 3:2; 요일 1:8 참조).

- 창세기 6:5 "여호와께서 사람의 죄악이 세상에 가득함과 그의 마음으로 생각하는 모든 계획이 항상 악할 뿐임을 보시고"

- 욥기 15:16 "하물며 악을 저지르기를 물 마심 같이 하는 가증하고 부패한 사람을 용납하시겠느냐"

- 시편 14:3 "다 치우쳐 함께 더러운 자가 되고 선을 행하는 자가 없으니 하나도 없도다"

---

262) Robert Shaw, 『웨스트민스터 신앙고백 해설』, 259.

- 전도서 9:3 "모든 사람의 결국은 일반이라 이것은 해 아래에서 행해지는 모든 일 중의 악한 것이니 곧 인생의 마음에는 악이 가득하여 그들의 평생에 미친 마음을 품고 있다가 후에는 죽은 자들에게로 돌아가는 것이라"

- 예레미야 17:9 "만물보다 거짓되고 심히 부패한 것은 마음이라 누가 능히 이를 알리요마는"

- 마가복음 7:21~23 "속에서 곧 사람의 마음에서 나오는 것은 악한 생각 곧 음란과 도적질과 살인과 간음과 탐욕과 악독과 속임과 음탕과 질투와 비방과 교만과 우매함이니 이 모든 악한 것이 다 속에서 나와서 사람을 더럽게 하느니라"

참된 신자라면 누구나 완전한 상태를 갈망하는 마음은 가지고 있겠지만 위에서 살펴본 성경 말씀들을 참고해 볼 때, 이 세상 그 누구도 이 세상에서는 절대적인 완전함에 이를 수 없다는 것을 확인할 수 있다.[263] 이미 언급한 대로 성경은 모든 신자들 안에는 부패함의 잔재가 여전히 자리 잡고 있어 거룩함으로 나아가려고 하는 것을 방해하기 때문이다. 따라서 사도 바울은 "내 속 곧 내 육신에 선한 것이 거하지 아니하는 줄을 아노니 원함은 내게 있으나 선을 행하는 것은 없노라"(롬 7:18)라고 고백을 했고, 갈라디아서 5장 17절에서는 "육체의 소욕은 성령을 거스르고 성령은 육체를 거스르나니 이 둘이 서로 대적함으로 너

---

263) *Ibid.*, 260.

희가 원하는 것을 하지 못하게 하려 함이니라"라고 말씀을 했다.

5) 성화는 언제 완성되는 것인가

앞에서 우리는 신자들의 성화가 이 세상에서 완성될 수 없다는 사실을 확인했다. 그러면 언제 우리 신자들의 성화가 완성되어 종결되는 것인가?

성화의 시작은 신자들이 중생함을 받은 때부터 시작하고, 성화의 완성은 개별적으로 각 그리스도인들이 이 세상을 떠날 때 이루어지며, 전체적으로는 우리 주 예수 그리스도께서 재림하실 때(살전 5:23), 전체 신자들이 부활체로 변화되므로 종결된다. 성화의 완성(종결)은 영화(glorification)이다. 따라서 성화는 종결 시까지 계속되어야 한다. 어린아이가 이 세상에 태어나면 모든 지체들이 다 완전하지만 완전한 분량에 이르도록 장성하여야 하는 것처럼, 중생함을 받은 신자들은 성화의 과정을 통하여 신앙이 장성한 분량에 이르도록 계속 장성해 가야 한다. 신앙의 장성과 성화는 같이 동행한다.[264]

6) 성화의 필요성

하나님은 피조물과 질적으로 구별되는 분이시며, 윤리적으로 완전하시고 거룩하신 분이시다. 하나님은 도덕적으로 거룩하기 때문에 죄악으로부터 영원히 분리되어 계시는 분이다. 마치 빛과 어두움이 혼합

---

264) 조영엽, 『조직신학(구원론 · 종말/내세론)』, 213~214.

(混合)될 수 없는 것같이 하나님은 죄와 아무런 관계가 없으신 거룩하신 분이시다.[265] 시편 22편 3절을 보면 "이스라엘의 찬송 중에 계시는 주여 주는 거룩하시니이다"라고 했고, 이사야 47장 4절에서는 "우리의 구원자는 그 이름이 만군의 여호와 이스라엘의 거룩한 이시니라"라고 했다. 이 외에도 성경 많은 곳에서 하나님은 그 속성이 거룩하신 분이라는 사실을 말씀하고 있다(레 11:44~45; 수 24:19; 삼상 6:20; 욥 6:10; 시 60:6; 사 6:3; 겔 39:7; 호 11:9; 요 17:11; 계 15:4 등).

이렇게 성경 전역에 걸쳐 나타나 있는 하나님의 거룩함은 우리 안에 왜 거룩함이 있어야 하는지 그 근본적인 필요성을 말하고도 남는다.[266] 즉 하나님의 거룩한 성품은 곧 하나님을 섬기는 그의 백성들 역시 거룩함을 유지해야 한다는 것을 요구한다는 것이다. 실제로 하나님은 그의 백성들에게 거룩함을 요구하셨다. 레위기 11장 44절을 보면 "나는 여호와 너희의 하나님이라 내가 거룩하니 너희도 몸을 구별하여 거룩하게 하고 땅에 기는 길짐승으로 말미암아 스스로 더럽히지 말라"라고 했고, 베드로전서 1장 15~16절에서는 "오직 너희를 부르신 거룩한 이처럼 너희도 모든 행실에 거룩한 자가 되라 기록되었으되 내가 거룩하니 너희도 거룩할지어다 하셨느니라"라고 말씀하고 있다. 그리고 여호수아 24장 19절은 "여호수아가 백성에게 이르되 너희가 여호와를 능히 섬기지 못할 것은 그는 거룩하신 하나님이시오 질투하시는 하나님이시니 너희의 잘못과 죄들을 사하지 아니하실 것임이라"라고 말씀하시면서 거룩함을 요구하셨다.

---

265) 김기호, 『바른 신앙을 위한 핵심 교리 탐구』, 62.
266) Arthur W. Pink, 『성화론』, 서창원 옮김, (서울: 도서출판 진리의 깃발, 2014), 57.

따라서 하나님은 그의 속성이 말씀하고 있듯이 우리가 거룩하지 않으면 하나님과 우리 사이에 어떤 교류도 이어질 수 없음을 명백히 알게 하셨다. "나는 너희의 하나님이 되려고 너희를 애굽 땅에서 인도하여 낸 여호와라 내가 거룩하니 너희도 거룩할지어다"(레 11:45). 즉 우리의 개인적인 거룩함이 없이는 그분이 우리의 하나님이 되고 우리가 그의 백성이 되는 관계는 유지될 수 없는 것이다.[267]

이와 같이 하나님의 거룩한 속성은 우리로 하여금 거룩함으로 성화되어 가야 함을 요구하는 것뿐만 아니라 거룩하신 하나님은 자신이 거룩한 것처럼 하나님의 백성 된 우리 역시 거룩해야 한다고 명령하셨다. 따라서 하나님의 백성 된 우리 모두는 성령 하나님의 도우심을 힘입어 날마다 하나님의 거룩한 성품을 닮아 가는 성화를 이루어 가야 한다.

7) 성화의 삶은 어떤 삶인가

(1) 성령을 따라 행하는 삶

성화는 육체를 따라 사는 것이 아니라 성령 하나님을 따라 살아가는 것이다. 갈라디아서 5장 13절을 보면 "형제들아 너희가 자유를 위하여 부르심을 입었으나 그러나 그 자유로 육체의 기회를 삼지 말고 오직 사랑으로 서로 종노릇 하라"고 했고, 16절에서는 "내가 이르노니 너희는 성령을 따라 행하라 그리하면 육체의 욕심을 이루지 아니하리라"라고 하였다.

---

267) *Ibid.*, 57~58.

(2) 새 사람을 입는 삶

성화는 옛 사람을 벗고 새 사람을 입는 것이다. "너희는 유혹의 욕심을 따라 썩어져 가는 구습을 따르는 옛 사람을 벗어 버리고 오직 너희의 심령이 새롭게 되어 하나님을 따라 의와 진리의 거룩함으로 지으심을 받은 새 사람을 입으라"(엡 4:22~24).

(3) 하나님의 형상을 닮아 가는 삶

성화는 하나님의 형상을 닮아 가는 삶이다(갈 4:19). "새 사람을 입었으니 이는 자기를 창조하신 이의 형상을 따라 지식에까지 새롭게 하심을 입은 자니라"(골 3:10).

(4) 죄를 버리는 삶

죄는 그 모양이라도 버리는 것이 성화의 삶을 살아가는 것이다. "음행과 온갖 더러운 것과 탐욕은 너희 중에서 그 이름조차도 부르지 말라 이는 성도에게 마땅한 바니라"(엡 5:3).

(5) 빛의 열매를 맺는 삶

성화를 이루어 가는 삶은 어두움의 열매가 아니라 빛의 열매를 맺어 하나님의 영광을 드러내는 삶이다. "빛의 열매는 모든 착함과 의로움과 진실함에 있느니라"(엡 5:9).

(6) 옛 사람의 행위를 버리는 삶

성화는 옛 사람이 가지고 있던 나쁜 습관과 죄악된 행위를 버리는 것이다. "너희가 서로 거짓말을 하지 말라 옛 사람과 그 행위를 벗어 버리고"(골 3:9).

(7) 하늘의 것을 생각하며 사는 삶

성화는 땅의 것이 아니라 하늘의 것을 생각하며 살아가는 삶이다. "위의 것을 생각하고 땅의 것을 생각하지 말라"(골 3:2).

(8) 성령의 열매 맺는 삶

성화는 하나님이 기뻐하시는 성령의 열매를 맺으며 살아가는 삶이다. "오직 성령의 열매는 사랑과 희락과 화평과 오래 참음과 자비와 양선과 충성과 온유와 절제니 이같은 것을 금지할 법이 없느니라"(갈 5:22~23).

8) 칭의와 성화의 차이점은 무엇인가

(1) 칭의와 성화는 본질이 다르다

칭의는 관계상의 변화를 가리키고, 성화는 전인, 곧 영혼과 육체 안에서 일어나는 실질적인 변화를 가리킨다. [268]

(2) 칭의와 성화는 순서가 다르다

시간상의 순서는 아니더라도 본질상 칭의가 성화에 앞선다. 왜냐하면 실제로 거룩함이 이루어지려면 의가 전가되는 것이 선행되어야 하

---

268) Robert Shaw, 『웨스트민스터 신앙고백 해설』, 257.

기 때문이다. [269]

(3) 칭의와 성화는 내용이 다르다

칭의는 그리스도의 의가 전가되는 것을, 성화는 내재적인 의가 이루어지는 것을 각각 의미한다. [270]

(4) 칭의와 성화는 성격이 다르다

칭의는 의롭다고 선언하는 법정적인 행위에 해당하고, 성화는 영혼의 성품 안에서 실질적인 변화를 일으키는 도덕적이고 물리적인 행위에 해당한다. [271]

(5) 칭의와 성화는 속성이 다르다

칭의는 즉각적으로 완성되고, 모든 신자들에게 정도의 차이 없이 적용되지만 성화는 처음에는 불완전할 뿐 아니라 신자 개인에 따라 성취되는 정도가 모두 다르다. [272]

(6) 칭의와 성화는 부여된 권리가 다르다

칭의는 천국에 갈 수 있는 권리를 부여하고, 성화는 천국에 합당한 자질을 갖추도록 하여 천국의 삶을 누릴 수 있는 능력을 부여한다. [273]

---

269) *Ibid.*, 257~258.
270) *Ibid.*, 258.
271) *Ibid.*
272) *Ibid.*
273) *Ibid.*

10

견인

1) 견인에 대한 정의

성도의 견인이란, 참그리스도인이 되면 두 번 다시 아주 타락하여 멸망하는 일은 없고, 비록 일시적으로 죄에 빠져들어 가는 일이 있는다고 할지라도 결국에는 다시 돌아와서 반드시 구원을 얻는다는 것이다.[274]

칼빈(John Calvin)은 "참으로 믿는 사람은 탈락하지 않는다."[275]라고 했으며, 벌코프(Louis Berkhof)는 "성도의 견인은, 하나님께서 중생시키며 은혜의 신분으로 효과적으로 부르신 사람들이 그 신분에서 완전히 혹은 궁극적으로 타락하지 않고 은혜의 신분에서 끝까지 견디어 내어 영원히 구원 받게 될 것이라는 교리이다."[276]라고 성도의 견인을 정의하였다.

디이슨(Henry C. Thiessen)은 "견인이 의미하는 것은 그들이 처하게 되었던 그 은혜의 상태에서부터 전적으로 떨어져 나가는 일은 결코 없

---

274) Loraine Boettner, 『칼빈주의 예정론』, 230.
275) John Calvin, 『基督教綱要(中)』, 569.
276) Louis Berkhof, 『조직신학(합본)』, 798.

으며, 또 그들이 후퇴했던 길에서 종래까지 돌아오지 못하고 그 자리에 주저앉아 버린다는 일은 결코 없다는 뜻일 뿐이다."[277]라고 했으며, 그루뎀(Wayne Grudem)은 "성도의 견인이란 진정으로 거듭난 사람은 하나님의 능력으로 보전되어 그들의 삶이 끝나는 날까지 그리스도인일 것이며 또한 죽는 날까지 그리스도인으로 남아 있는 사람만이 진정으로 거듭난 자임을 의미한다."[278]라고 정의하고 난 뒤에, 이 정의에 대한 설명을 다음과 같이 하였다. "위의 정의는 두 부분으로 나누어질 수 있는데 우선 이 정의는 진정으로 거듭난 자에게는 구원의 확신이 있음을 가리킨다. 왜냐하면 하나님의 능력이 그들을 죽을 때까지 보호할 것이고 그리스도와 함께 천국에서 영원히 살게 될 것임을 우리에게 상기시켜 주기 때문이다. 반면에 두 번째 부분은 계속해서 신앙생활을 하는 것은 그가 거듭났다는 증거 중 하나가 된다는 사실을 강조한다. 이 부분을 염두에 두는 것이 매우 중요하다. 왜냐하면 참신자가 아닌 사람에게 거짓된 확신을 줄 수도 있기 때문이다."[279]라고 하였다.

석원태 박사는 "성도의 견인이란, 한 번 선택하여 부르시고, 중생시켜 회심케 하시고, 의롭다 칭하셔서 양자 삼으신 자는 결코 버림을 당하는 일이 없으며, 궁극적으로 구원에 이르게 된다는 것이다."[280]라고 했으며, 조영엽 박사는 성도의 보존(성도의 견인)은 "그리스도인들이 예수님을 구주로 믿기 시작한 때로부터 이 세상을 떠날 때까지 하나님께 불순종(disobedience)하는 일이나 타락(backslide)하는 일이 전

---

277)　Henry C. Thiessen, 『組織神學講論』, 607.
278)　Wayne Grudem, 『조직신학(중)』, 462.
279)　Ibid.
280)　석원태, 『기독교 7영리』, 259.

연 없다는 의미가 아니다. 그리스도인들이 때때로 하나님의 계명을 불순종하고 죄에 빠질 수도 있다. 그러나 성도의 일시적 타락이나 범죄가 성도의 구원을 상실한다는 의미가 아니다. 비록 신자들이 의식적으로 또는 무의식적으로, 의도적으로 또는 육신이 연약하므로 죄의 상태에 빠질지라도 구원을 상실하지 않음은 구원이 인간의 행위와 공로에 의존하지 않고 전능하신 하나님의 지켜 주심에 있기 때문이다."[281]라고 하였다.

2) 견인에 대한 신앙고백서의 진술

도르트 신조[282]는 성도의 견인 교리에 대하여 비교적 자세하고 길게

---

281) 조영엽, 『조직신학(구원론 · 종말/내세론)』, 222.

282) 도르트 신조는 벨직 신앙고백서(Belgic Confession)와 하이델베르그 요리문답서(Heidelberg Catechism)의 수정을 요구하는 알미니안주의자들 때문에 일어난 문제들을 수습하는 과정에서 작성되었다. 알미니안주의자들은 다섯 가지의 항변론을 가지고 당시 네덜란드 정부에 항의서를 제출하자 개혁교회 안에 큰 파문이 일게 되었고, 합리적인 사상을 가진 젊은 층에는 상당히 설득력이 있는 것으로 받아들여지게 되었다. 이렇게 물의가 일어나자 이 문제의 수습과 해결을 위해 도르트 총회(The Synod of Dort)를 열게 되었는데, 이 도르트 총회는 네덜란드 남부 지방 도시인 도르트에서 1618년 11월 13일에 시작되어 알미니안주의 견해를 성경적으로 검토하게 되었다. 이 역사적 대회의는 84명의 총대회원들과 18명의 행정원들과 독일, 스위스, 영국 등지에서 27명의 대표들, 합해서 129명이 1619년 5월 9일까지 약 7개월간 154차의 회의를 가졌다. 도르트 총회는 성경적 입장에서 알미니안주의의 5대 항론을 면밀히 분석하고 신랄하게 비판을 가했다. 7개월 동안의 긴 회의의 결과 알미니안주의는 하나님의 주권을 무시하고 인간의 공로를 내세우는 가장 흉학한 이설임을 확인했고, 만장일치로 알미니안주의자들의 5대 항론을 기각시켰다. 그리고 도르트 총회는 알미니안주의의 교리를 거부하는 것으로 만족하지 않고 적극적으로 칼빈주의 입장에서 알미니안주의 5대 교리를 반박하는 성경적 정설을 내세우기로 하였다. 이것이 우리가 잘 알게 된 칼빈주의 5대 교리를 낳게 하는 계기가 된 것이다. 실로 도르트 총회는 요한 칼빈(John Calvin)의 신학이 진리였음을 확인한 회의였고, 알미니안주의자들의 도전을 꺾고 복음의 진리가 승리한 대총회였다(김기호, 『칼빈주의 5대 교리란 무엇인가』, 29~30).

진술하고 있다. 다섯째 교리 성도의 견인에서 먼저 6장[283]을 보면 "하지만 변함없는 하나님의 택하심에 기초한 그의 풍성하신 은혜는 비록 성도들이 심각한 죄에 빠져 있을 때라도 성령을 거두시는 것이 아니며, 또한 하나님의 자녀가 되는 그 은혜를 잃음으로 의인의 상태에서 떨어져 나가도록 고통 가운데 방치해 두거나, 성령을 거스르는 죄악을 범하며 전적으로 타락되어 영원한 멸망에 빠지도록 하시지도 않으신다."라고 하였다.

하이델베르그 요리문답 1문[284]에서는 살거나 죽거나 당신의 단 하나의 위로는 무엇인가? 라고 하는 질문에 대한 답변 속에 성도의 견인에 대한 내용이 언급되어 있다. 그 내용은 다음과 같다. "몸과 영혼이 살거나 죽거나 내 자신에게 속한 것이 아니라 나의 미쁘신 구주 예수 그리스도께 속한다는 것이다. 그는 자신의 피로서 나의 모든 죄의 값을 다 갚아 주셨고 악마의 지배에서 나를 완전히 해방시켜 주셨다. 그는 나를 잘 지켜 주시기 때문에 하늘에 계시는 하나님의 뜻이 없이는 머리털 하나라도 나의 머리에서 떨어지지 않을 것이다. 정말 모든 것이 나의 구원을 위한 그의 목적에 부합됨에는 틀림이 없다. 그러므로 그의 성령에 의해서 그는 영생을 나에게 보장해 주시고 나로 하여금 이제부터는 뜻을 다하여 그를 위해 살도록 준비해 주신다."라고 하였다.

벨직 신앙고백[285]은 성도의 견인에 대하여 독립적으로 정의하고 있

---

283) 김의환 편저, 『개혁주의 신앙고백집』, 399.

284) Ibid., 319.

285) 벨직 신앙고백(Belgic Confession)의 주요 작성자로 알려진 사람은 네덜란드 개혁교회 설교자였던 기도 데 브레(Guido de Bree 또는 Guy나 Wido라고도 함)이며, 이 신앙고백의 명칭을 벨직 신앙고백이라고 하는 이유는 지금의 벨기에로 알려진 남부 네덜란드에서 시작되었기 때문이다. 37개 조항으로 작성된 이 신앙고백은 칼빈주의적 교리체계를 잘 설명하고 있는 신

지는 않으나 37장[286] "마지막 심판"에서 견인에 대한 내용을 읽을 수 있는데, 그 내용은 다음과 같다. "…선택된 신실한 성도들은 영광과 존귀로 관 쓰임을 받을 것이요, 하나님의 아들은 아버지와 그 택함 받은 천사들 앞에서 성도들의 이름을 밝히게 되고, 그들의 눈에서 모든 눈물이 씻기움을 받고, 이 세상에 있을 때 많은 재판관과 통치자들에 의해 이단이요 불경스럽다고 정죄받은 성도들의 주장이 그 때에는 하나님의 아들의 주장으로 되어질 것이다. 따라서 주께서는 은혜의 선물로서 인간의 생각으로는 도저히 해 볼 수 없는 놀라운 영광을 성도들에게 내려 주실 것이다. 그러므로 우리는 주 예수 그리스도 안에서 하나님의 약속하심을 마음껏 즐길 수 있기 위하여 이 놀라운 날을 간절한 마음으로 고대하는 바이다. 아멘."이라고 하였다.

웨스트민스터 신앙고백서는 17장[287] 전체가 성도의 견인에 관한 것으로 1항을 보면 "하나님이 그의 사랑하시는 자 안에서 받아들이시고 성령으로 효력 있게 부르시고 거룩하게 하신 자들은 은혜의 상태로부터 전적이거나 최종적으로 타락할 수 없고 끝까지 확실히 견인하여 영원히 구원을 얻을 것이다."라고 했으며, 2항[288]에서는 "이 성도들의 궁

조로 평가되고 있다. 1561년에 기도 데 브레가 이 신앙고백을 작성하게 된 것은 개혁교회의 신앙이 하나님의 말씀에서 비롯되었음을 입증하기 위함이었다. 즉 16세기 네덜란드는 로마 가톨릭에 의해 극심한 종교적 핍박을 받고 있었는데, 이러한 로마교의 박해에 대하여 개혁신앙(Reformed faith)은 결코 국가에 반역하는 것이 아니라 성경적 참된 기독교의 교리를 고백하는 신앙임을 증명하기 위한 목적으로 작성하게 되었다. 이러한 벨직 신앙고백은 여러 회의에서 공식적인 신앙고백으로 채택된 이후에 벨기에와 네덜란드에서 최고의 권위를 가진 신조가 되었다.

286) 김의환 편저, 『개혁주의 신앙고백집』, 314~315.
287) *Ibid.*, 149.
288) *Ibid.*

극적인 구원은 그 자신들의 자유의지에 의한 것이 아니라, 하나님 아버지의 값없이 주시고 변치 않는 사랑에서 흘러나오는 예정의 불변성에 의한 것이다. 또한 예수 그리스도의 공로와 중보의 효력과 그들 안에 성령과 하나님의 씨의 내주와 은혜 계약의 본성에 의존된 것이니, 이 모든 것에서 또한 궁극적인 구원의 확실성과 무오성이 일어난다." 라고 하였다.

웨스트민스터 대요리문답 79문[289]은 "하나님의 변할 수 없는 사랑과 그들에게 궁극적 구원을 주시려는 하나님의 예정과 언약과 그리스도와의 나눌 수 없는 연합과 그들을 위한 그리스도의 계속적인 간구와 그들 안에 거하는 하나님의 영과 씨로 인하여 참신자들은 전적으로나 종극적으로 은혜의 상태에서 떨어질 수 없을 뿐만 아니라 하나님의 능력에 의해서 믿음으로 말미암아 구원에 이르기까지 보존된다."라고 진술하고 있다.

3) 견인에 대한 상이한 두 가지 견해

(1) 조건적 견인(은혜로부터의 타락)

알미니안주의는 이미 구원을 받은 사람도 믿음을 지키는 데 실패하면 구원의 자리에서 떨어져 나가 구원을 상실할 수 있다고 주장한다. 이 의견에 대하여 모든 알미니안주의자들이 일치하는 것은 아니다. 일부의 알미니안주의자들은 믿는 자들이 그리스도에게서 구원을 영원히 보증받는다고 주장하기도 한다. 즉 죄인이 거듭나게 되면 반드시 구원

---

289) *Ibid.*, 202.

받게 된다는 것이다. 그러나 대부분의 알미니안주의자들에 의하면 구원은 인간이 하나님에게 순응하는 것이 그 결정적인 요소가 되기 때문에 하나님과 인간과의 공동노력을 통하여 구원이 이룩될 수 있다고 본다. 모든 사람이 구원 받을 수 있도록 하나님은 그 길을 예비하여 놓으셨으나 인간이 자유의지로 하나님께서 준비해 놓으신 구원의 선물을 받아들이고 하나님과 협력하기로 선택할 때에만 그 효과를 볼 수 있다는 것이다. 즉 인간의 자유의지가 구원에 있어서 결정적인 역할을 하게 된다는 것이 핵심으로 구원의 선물을 받아들이는 것은 하나님이 아니라 곧 인간이라는 것이다.[290]

(2) 성도의 견인(성도의 궁극적 구원)

칼빈주의는 성부 하나님께서 창세 전에 선택하여(엡 1:4) 아들에게 주신(요 6:39; 17:2) 자들을 위해 예수 그리스도께서 대속의 피를 흘려주시고(마 1:21; 요 10:11; 롬 5:8, 10), 성령 하나님을 통해 새롭게 태어난(딛 3:5), 구원 받은 모든 사람들은 영원히 구원 받는다고 주장한다(딤후 4:18). 그들은 전능하신 하나님의 권능으로 신앙을 유지하게 되어 끝까지 인내하게 된다는 것이 칼빈주의가 주장하는 견인교리의 요점이다. 즉 구원이란 삼위일체 하나님의 전능하신 권능으로 이룩되는 것이기 때문에 구원 받은 자가 중도에 믿음에서 떠나 구원에서 탈락되는 일은 없다는 것이다. 칼빈주의는 알미니안주의가 말하는 것과 반대로 구원의 은총을 받아들이는 것은 인간에게 선택할 수 있는 주도권이 있는 것이 아니라 전적으로 하나님께 있다고 믿으며(요 15:16; 롬

---

290) David N. Steele · Curtis C. Thomas, 『칼빈주의와 알미니안주의』, 26~27.

9:10~11; 엡 1:5, 11), 한 번 구원 받은 성도는 중도에 타락하여 구원을 상실하는 일이 절대 발생할 수 없으며 영원히 구원은 안전하다고 믿는다.

4) 알미니안주의 견해에 대한 비판

앞에서 살펴본 바와 같이 알미니안주의는 이미 구원 받은 성도라 할지라도 믿음을 지키지 못하고 타락하면 구원에서 탈락할 수 있다고 주장한다. 그러나 이러한 알미니안주의와는 반대로 칼빈주의는 한 번 구원 받은 성도는 절대로 구원을 상실할 수 없으며, 그 구원은 영원히 안전하다고 주장한다. 그러면 칼빈주의가 이렇게 성도의 궁극적 구원을 주장하는 이유는 무엇인가? 그 이유는 믿는 자에게 영생이 있다는 사실을 성경이 증명하고 있기 때문이다. 영원한 구원에 대한 가장 강력한 성경적 용어 중에 하나는 영생 또는 영원한 생명이란 말속에 나타나 있는데, 성경은 계속해서 이 용어를 사용하고 있다.[291] 먼저 요한복음 3장 16절을 보면 "하나님이 세상을 이처럼 사랑하사 독생자를 주셨으니 이는 그를 믿는 자마다 멸망하지 않고 영생을 얻게 하려 하심이라"라고 했다. 여기 멸망하지 않고 영생을 얻는다고 하는 말씀은 구원을 상실할 수 있다고 주장하는 알미니안주의의 이론이 잘못된 것임을 보여 주고 있다. 왜냐하면 예수님을 믿는 자는 멸망치 않고 영생을 얻는다고 했기 때문이다. 그리고 36절에서는 "아들을 믿는 자에게는 영생이 있고 아들에게 순종하지 아니하는 자는 영생을 보지 못하고 도

---

291) Edwin H. Palmer, 『칼빈주의 5대 교리』, 124.

리어 하나님의 진노가 그 위에 머물러 있느니라"라고 했다. 이 말씀 역시 예수님을 믿는 자는 영생이 있음을 분명하게 말씀을 하고 있다. 또한 요한복음 5장 24절은 "내가 진실로 진실로 너희에게 이르노니 내 말을 듣고 또 나 보내신 이를 믿는 자는 영생을 얻었고 심판에 이르지 아니하나니 사망에서 생명으로 옮겼느니라"라고 했으며, 요한일서 5장 13절에서는 "내가 하나님의 아들의 이름을 믿는 너희에게 이것을 쓰는 것은 너희로 하여금 너희에게 영생이 있음을 알게 하려 함이라"라고 하였다. 이와 같이 예수님을 믿는 자에게는 이미 영생이 있다는 것이 성경의 교훈이다.

그러면 영생이란 무엇인가? 영생이라는 것은 생명의 영원함을 의미하는 것이다. 따라서 한 번 구원 받은 사람은 계속해서 구원 받을 사람이라는 것이다. 만일 알미니안주의가 주장하는 이론이 사실이요, 중생한 신자라도 자기 믿음을 잃어버리고 멸망받을 수 있다고 한다면 신자가 영생을 얻었다고 말할 수 없을 것이며, 예수님을 영접했음에도 불구하고 구원의 확신을 가질 수 없을 것이다.

그렇다면 성경에서 예수님을 믿는 자는 이미 영생이 있다고 하는 말씀을 어떻게 이해해야 하는가? 예수님께서 실수로 말씀하셨단 말인가? 이 부분에 대한 알미니안주의자들의 답변이 궁금하다.

예수님께서 실수하지 않으시고 성경의 저자들이 실수로 기록하지 않았다면, 당연히 우리는 알미니안주의가 성경을 오해하고 있다고 볼 수밖에 없는 것이다. 따라서 알미니안주의자들이 주장하는 대로 이해한다면 그리스도를 고백하는 참신자라도 그는 영생을 가진 것이 아니다. 그들이 소유한 생명은 일시적인 생명, 시간적 제한을 받는 생명, 유한한 생명을 가진 것에 불과한 것이다. 그러나 성도가 소유한 생명은 끝이 없이 계속되는 영생인 것이다.[292]

만일 알미니안주의자들이 주장하는 것처럼 신자가 구원을 상실할 수 있다면 이미 지적한 것처럼 그것은 예수님께서 말씀하신 영생이 아니다. 왜냐하면 영생은 중도에 끊어지거나 없어지는 것이 아니기 때문이다.

신약성경 요한복음을 보면 구원을 상실할 수도 있다는 알미니안주의의 이론이 얼마나 잘못된 오류에 빠져 있는지 확실하게 보여 주는 말씀이 있는데 그것은 "내가 그들에게 영생을 주노니 영원히 멸망하지 아니할 것이요 또 그들을 내 손에서 빼앗을 자가 없느니라 그들을 주신 내 아버지는 만물보다 크시매 아무도 아버지 손에서 빼앗을 수 없느니라"(요 10:28~29)라고 하는 말씀이다.

이 말씀은 성도의 구원이 결코 중도에 끊어지거나 상실될 수 없는 영원한 것이라는 사실을 명확하게 보여 주는 말씀이다. 박윤선 박사는 이 말씀에 대하여 주석하기를, "이 구절들은 그리스도의 양 된 자의 행복에 대하여 말한다. 그 행복은 그들이 영생을 받음이다. 아무도 그들의 받은 영생을 빼앗지 못한다. 그 이유는 만유보다 크신 하나님 아버지와 그리스도께서 그들을 지키시기 때문이다. 예수님께서 이렇게 말씀하신 목적은 그의 양 된 자들, 곧 참된 신자들로 하여금 그 받는 구원의 불변성을 알고 안전감을 느끼게 하려는 것이다"[293]라고 하였다.

또한 뵈트너(Loraine Boettner)는 요한복음 10장 28~29절에 대하여

---

292) *Ibid.*, 125~126.
293) 박윤선, 『성경주석(요한복음)』, 334.

설명하기를, 이 말씀에서 우리는 우리가 받은 구원의 안전함이 하나님의 전능을 근거로 하고 있기 때문에 그것은 하나님의 전능하심만큼이나 확실하다는 것을 알 수 있다. 하나님은 온 세상보다도 강하시니 그의 보화를 빼앗을 자는 사람 중에도 마귀 중에도 없다. 하나님의 수중에서 성도 한 사람을 빼앗는 것보다는 차라리 하늘에서 별을 하나 따는 것이 더 쉬울 것이라고 하였다.[294]

이와 같이 예수님께서 주시는 영생은 상실될 수 있는 것이 결코 아니다. 성경에서 말하고 있는 대로 성도가 소유한 영생을 그 누구도 예수님의 손에서 빼앗아 갈 수 없고, 또한 만유보다 크신 아버지의 손에서도 빼앗을 수 없는 안전한 것이다. 따라서 주님이 우리에게 허락해 주신 구원은 그 누구도 빼앗아 갈 수 없는 가장 완전하고 안전한 구원이다.

로마서 8장 35~39절을 보면 "누가 우리를 그리스도의 사랑에서 끊으리요 환난이나 곤고나 박해나 기근이나 적신이나 위험이나 칼이랴 기록된 바 우리가 종일 주를 위하여 죽임을 당하게 되며 도살 당할 양 같이 여김을 받았나이다 함과 같으니라 그러나 이 모든 일에 우리를 사랑하시는 이로 말미암아 우리가 넉넉히 이기느니라 내가 확신하노니 사망이나 생명이나 천사들이나 권세자들이나 현재 일이나 장래 일이나 능력이나 높음이나 깊음이나 다른 어떤 피조물이라도 우리를 우리 주 그리스도 예수 안에 있는 하나님의 사랑에서 끊을 수 없으리라"라고 했다. 이 말씀 역시 성도의 견인교리를 증명하고 있는 말씀인데, 이 말씀에서 보여 주고 있는 대로 그 누구도 그리스도 안에 있는 그 사랑

---

294) Loraine Boettner, 『칼빈주의 예정론』, 248.

에서 구원 받은 택한 백성들을 끊어 낼 수 없다. 그러므로 성도의 구원은 영원히 안전하다고 확신할 수 있는 것이다.

5) 견인 교리의 특징

(1) 견인의 특권은 오직 참신자에게만 주어진다

성도에게 주시는 견인의 특권은 '하나님께서 사랑하시는 독생자 안에서 받아들여 성령으로 유효하게 부르시고, 거룩하게 하신 자들'에게 국한시킨다.[295] 따라서 견인의 특권은 참신자들(창세 전에 택함을 받은 자들)에게만 국한되기 때문에 참신자 개개인 모두가 끝까지 보존된다(천국에 들어갈 때까지).

(2) 성도의 견인은 전적인 하나님의 은혜에 근거한다

신자들은 죄로 인해 부패하고, 무능하고, 연약한 존재들이다. 그들은 막강한 세력을 지닌 원수들(사탄과 세상과 그들 자신의 부패한 마음)이 힘을 합쳐 공격해 오는 것을 이겨 낼 힘이 그들 자신들에게는 없다. 만일 견인이 그들 자신의 결심에 달려 있다면 그들의 믿음은 곧 무너지고 말 것이다. 이러한 사실은 베드로의 경우를 통해서 교훈을 받을 수 있다. 베드로는 자신 있는 목소리로 "…모두 주를 버릴지라도 나는 결코 버리지 않겠나이다"(마 26:33)라고 큰소리를 쳤다. 그러나 이러한 그의 자신감은 얼마 가지 못해서 예수님을 모른다고 부인(마 26:70, 72, 74)하고 심지어 예수님을 저주(마 26:74)까지 하는 초라한 신세로

---

295) Robert Shaw, 『웨스트민스터 신앙고백 해설』, 310.

전락해 버리고 말았다.[296] 이러한 베드로의 사건은 신자의 견인이 신자 자신의 자유의지나 스스로의 노력에 달려 있는 것이 아니라는 사실을 교훈해 준다. 오늘 우리도 얼마든지 베드로와 같이 나약한 자리에 빠질 수 있는 존재들이다. 따라서 신자들을 천국까지 안전하게 인도하는 견인은 신자들 속에서 나오는 것이 아니라 전적으로 하나님의 은혜에서 오는 것이다.

(3) 성도의 견인은 궁극적인 배교로부터 신자를 안전하게 보호한다

성경을 보면 훌륭한 믿음을 소유하고 있었던 신자들도 일시적으로 타락했던 경우가 있다. 이미 우리가 잘 알고 있는 욥의 경우도 극심한 고통 가운데서 자신이 태어난 생일을 저주하기도 하였고(욥 3:1~26), 하나님의 마음에 맞는 사람(행 13:22)이라고 인정을 받았던 다윗은 간음(삼하 11:2~4)과 자신의 죄를 덮기 위해 살인(삼하 11:14~17)까지 저질렀다. 솔로몬 왕 역시 여호와의 눈앞에서 악을 행하여 그의 아버지 다윗 같이 온전히 여호와를 따르지 아니했다고 했고(왕하 11:6), "…모두 주를 버릴지라도 나는 결코 버리지 않겠나이다"(마 26:33)라고 큰소리를 쳤던 베드로는 예수님을 모른다고 부인(마 26:70, 72, 74; 막 14:66~72; 눅 22:56~62; 요 18:15~18, 25~27)하며 저주까지 하는 죄를 저질렀다. 이렇게 참신자들도 때때로 다른 사람들이 보기에 도저히 회복할 가능성이 없다고 생각할 정도로 죄에 빠질 때도 있다. 그러나 그들이 완전히 하나님을 떠나거나 구원을 완전히 잃어버리지는 않는

---

296) *Ibid.*, 311~312.

다.[297] 왜냐하면 범죄 했을지라도 여전히 하나님께서 그들을 붙잡고 계시기 때문이다. 시편 37편 24절을 보면 "그는 넘어지나 아주 엎드러지지 아니함은 여호와께서 그의 손으로 붙드심이로다"라고 했고, 디모데후서 4장 18절에서는 "주께서 나를 모든 악한 일에서 건져내시고 또 그의 천국에 들어가도록 구원하시리니 그에게 영광이 세세무궁토록 있을지어다 아멘"이라고 말씀하고 있기 때문이다. 따라서 참신자라 할지라도 일시적으로 하나님 앞에 큰 죄를 지을 수는 있으나 완전히 하나님을 떠나 구원에서 탈락하는 일은 있을 수 없다.

(4) 성도의 견인은 '변하지 않는 선택의 작정'을 통해 보장된다

인류 가운데 한정된 숫자의 사람들만 하나님의 주권적 은혜를 통해 창세 전에 구원에 이르도록 선택되었다는 것은 성경이 여러 곳에서 분명하게 증명하고 있는 진리이다(엡 1:4; 살후 2:13; 행 13:48). 하나님은 선택하신 백성에게 구원과 영생을 주시기로 작정하셨고, 선택된 백성들이 그러한 축복을 누리기에 합당한 조건을 갖추는 데 필요한 모든 일을 행하시고, 온갖 유혹에서 그들을 보존해 구원을 온전히 이루도록 작정하셨다(딤후 4:18). 따라서 이러한 하나님의 작정은 하나님 자신에게서 비롯된 것이기 때문에 그분의 본성처럼 절대 변하지 않는다. 말라기 3장 6절에 보면 "나 여호와는 변하지 아니하나니"라고 말씀을 하셨고, 이사야 46장 10절에서는 "나의 뜻이 설 것이니 내가 나의 모든 기뻐하는 것을 이루리라"(사 46:10)라고 말씀하셨다.[298] 따라서 성도의

---

297) *Ibid.*, 312~314.
298) *Ibid.*, 315.

견인은 이러한 변하지 않는 하나님의 작정을 통해 보장을 받는다.

(5) 성도의 견인은 그리스도의 고난과 죽으심의 공로에 의해 보장된다

예수 그리스도께서는 창세 전에 성부 하나님께서 구원 받을 자로 선택하신 백성들의 죄의 문제를 해결하시기 위해 이 땅에 오셔서 고통의 십자가를 지심으로 택한 백성들의 구속을 완전히 이루어 놓으셨다.[299]

베드로전서 2장 24절을 보면 "친히 나무에 달려 그 몸으로 우리 죄를 담당하셨으니 이는 우리로 죄에 대하여 죽고 의에 대하여 살게 하려 하심이라 그가 채찍에 맞음으로 너희는 나음을 얻었나니"라고 했고, 요한복음 19장 30절에서는 "예수께서 신 포도주를 받으신 후에 이르시되 다 이루었다 하시고 머리를 숙이니 영혼이 떠나가시니라"라고 말씀하고 있다. 이와 같이 예수님은 택한 백성들의 죄를 위해 십자가에 못박혀 죽으시고, 다 이루셨다고 선언하심으로써 택한 백성들의 구속을 완전히 보장하셨다.

(6) 성도의 견인은 그리스도의 지속적이고 효과 있는 중보 기도를 통해 보장된다

예수 그리스도께서는 자신의 보배로운 피를 흘려 택한 백성들을 위한 구속을 완성하셨으며, 또한 택한 백성들을 위해 기도하신다. 히브리서 7장 25절을 보면 "그러므로 자기를 힘입어 하나님께 나아가는 자들을 온전히 구원하실 수 있으니 이는 그가 항상 살아 계셔서 그들을 위하여 간구하심이라"라고 예수님께서 우리 택한 백성들을 위하여 기

---

299) *Ibid.*, 316.

도하신다는 사실을 증거하고 있다. 즉 예수님은 세상에 계실 때처럼 지금도 변함없이 하나님의 보좌 앞에서 우리를 위해 기도하신다는 것이다.

예수님의 기도는 성부 하나님께서 응답(요 11:42)해 주시는 실질적인 효력을 지니고 있다.[300] 따라서 택한 백성들의 안전(요 17:11, 15)을 위해 드리는 예수님의 모든 기도는 하나님께서 응답해 주시기 때문에 성도의 견인은 이러한 예수님의 중보 기도를 통해 보장된다고 확신할 수 있는 것이다.

(7) 성도의 견인은 성령의 내주하심으로 보장된다

예수님은 세상을 떠나시면서 보혜사 성령께서 오셔서 제자들과 함께하실 것이라는 말씀으로 그들의 마음을 위로하셨다(요 14:16). 이러한 성령의 내주하심은 사도들에게만 국한되는 것이 아니다. 그것은 참신자라면 누구든지 누릴 수 있는 복된 특권이다. 이 사실은 "누구든지 그리스도의 영이 없으면 그리스도의 사람이 아니라"(롬 8:9)라고 하는 말씀에서 분명하게 입증이 된다. 성령께서 신자들 안에 거하시는 목적은 그들을 빛 가운데로 인도하여 성도의 기업에 합당한 자로 만드시고, 그들을 일평생 보호하시어 영광으로 인도하기 위함이며, 신자들이 장차 받게 될 기업의 보증이 되시기 위함이다(고후 1:22; 엡 1:13~14).[301] 따라서 성도의 견인은 "구원의 날까지 인치"(엡 4:30)시는 성령 하나님의 내주하심을 통해 안전하게 보장된다.

---

300) *Ibid.*, 317.
301) *Ibid.*, 318.

(8) 성도의 견인은 은혜 언약의 변하지 않는 속성에 의해 보장된다

은혜 언약은 우리의 복종이 아니라 하나님께서 베풀어 주시는 은혜에 근거하기 때문에 "만사에 구비하고 견고"(삼하 23:5)할 수밖에 없다. 이 언약의 목적은 "내가 그들에게 복을 주기 위하여 그들을 떠나지 아니하리라 하는 영원한 언약을 그들에게 세우고 나를 경외함을 그들의 마음을 두어 나를 떠나지 않게 하고"(렘 32:40)라고 하는 말씀에 분명하게 드러나 있다. 따라서 이 말씀을 통해서 알 수 있는 것은 하나님은 자기 백성을 버리지 않으시고 끝까지 사랑하실 뿐만 아니라 그들의 마음에 경외심을 심어 주어 하나님을 떠나지 않게 하실 것이라는 사실이다. 또 그들이 하나님을 경외하는 한 하나님은 그들에게 계속해서 은혜를 베풀어 주실 것이고, 그들의 마음속에 경외심을 주어 항상 은혜를 받게 하심으로써 타락하지 않도록 끝까지 보호하실 것이라는 사실이다.[302] 따라서 이러한 은혜 언약의 말씀은 성도의 견인 교리의 확실성을 분명하게 증명하고 있다.

6) 구원을 잃어버릴 수 없는 이유(성경적 근거)

(1) 하나님으로부터 영원한 생명을 받았기 때문임

우리가 성경을 통해서 확인할 수 있는 것은 예수를 믿는 성도는 영원한 생명을 받았다는 것이다(요 3:16, 36; 5:24; 6:47; 10:28; 요일 5:11~13). 영생은 말 그대로 생명이 영원한 것이기 때문에 한 번 구원받은 성도의 구원은 영원히 안전하다.

---

302) *Ibid.*, 318~319.

예수님은 요한복음 5장 24절에서 "내가 진실로 진실로 너희에게 이르노니 내 말을 듣고 또 나를 보내신 이를 믿는 자는 영생을 얻었고 심판에 이르지 아니하나니 사망에서 생명으로 옮겼느니라"라고 말씀을 하셨고, 요한복음 10장 28~29절에서는 "내가 그들에게 영생을 주노니 영원히 멸망하지 아니할 것이요 또 그들을 내 손에서 빼앗을 자가 없느니라 그들을 주신 내 아버지는 만물보다 크시매 아무도 아버지 손에서 빼앗을 수 없느니라"라고 하셨다. 이 말씀과 같이 성도가 받은 구원은 그 누구도 빼앗아 갈 수 없는 영원한 것이다. [303]

만일 하나님으로부터 받은 영생(영원한 생명)이 어떤 이유에서건 중간에 끊어진다면, 그것은 처음부터 영원한 생명을 받은 것이 아니다. 하나님께서 신자들에게 주신 영생은 아무리 오랜 후에라도 중간에 끊어지거나 상실될 수 없는 영원한 것이다. 즉 중도에 탈락하거나 잃어버릴 수 있는 불완전한 것이 아니다.

(2) 예수님께서 영원한 속죄의 피를 흘려 주셨기 때문임

예수 그리스도께서 택한 백성들을 위해 십자가에서 영원한 속죄의 피를 흘려 주셨기 때문에 성도의 구원은 안전하다. 히브리서 9장 12절을 보면 "염소와 송아지의 피로 하지 아니하고 오직 자기의 피로 영원한 속죄를 이루사 단번에 성소에 들어가셨느니라"라고 했고, 9장 15절에서는 "이로 말미암아 그는 새 언약의 중보자시니 이는 첫 언약 때에 범한 죄에서 속량하려고 죽으사 부르심을 입은 자로 하여금 영원한 기업의 약속을 얻게 하려 하심이라"라고 하셨다. 그리고 히브리서 10장

---

303) 김기호, 『바른 신앙을 위한 핵심 교리 탐구』, 157.

14절은 "그가 거룩하게 된 자들을 한 번의 제사로 영원히 온전하게 하셨느니라"라고 했다. 이와 같이 예수 그리스도께서 흘리신 피는 영원한 속죄의 피였다. 이렇게 예수 그리스도께서 택한 백성들을 위해 영원한 속죄의 피를 흘려 주셨기 때문에 성도의 구원은 영원한 것이고 절대적으로 안전한 것이다.[304]

(3) 성령님께서 구원을 보증하시기 때문임

택한 백성들의 구원을 성령 하나님께서 보증하셨기 때문에 성도의 구원은 안전하다. 에베소서 1장 13~14절을 보면 "그 안에서 너희도 진리의 말씀 곧 너희의 구원의 복음을 듣고 그 안에서 또한 믿어 약속의 성령으로 인치심을 받았으니 이는 우리 기업의 보증이 되사 그 얻으신 것을 속량하시고 그의 영광을 찬송하게 하려 하심이라"라고 했는데, 여기 '인치심'은 어떤 문서나 서신의 신빙성을 보증할 때 사용되는 단어로 예수 그리스도를 믿고 구원 받은 성도들에게 약속된 천국의 기업을 하나님께서 확실하게 주신다는 것을 보증하시기 위해 성령의 인을 치신 것이다. 이렇게 천국의 기업이 구원 받은 성도들에게 확실히 보증되어 있다면 성도의 구원은 안전하지 않겠는가?

그리고 에베소서 4장 30절에서는 "하나님의 성령을 근심하게 하지 말라 그 안에서 너희가 구원의 날까지 인치심을 받았느니라"라고 했는데, 여기 '구원의 날'은 구원과 심판의 완성을 의미하는 '주의 날'(살전 5:2; 살후 2:2) 혹은 '그리스도의 날'(고전 1:8; 빌 1:6, 10; 2:16)을 가리킨다. 따라서 구원의 날까지 인치심을 받았다고 하는 것은 구원 받은

---

304) *Ibid.*, 158~159.

성도를 성령께서 어떤 경우든 떠나지 않으시고(요 14:16) 그리스도께서 재림하시는 마지막 때까지 성도들의 구원에 대한 확실한 보증이 되신다는 것이므로 성도의 구원은 안전하다.[305]

(4) 구원을 잃어버리는 것은 하나님의 뜻이 아니기 때문임

요한복음 6장 38~39절을 보면 "내가 하늘에서 내려온 것은 내 뜻을 행하려 함이 아니요 나를 보내신 이의 뜻을 행하려 함이니라 나를 보내신 이의 뜻은 내게 주신 자 중에 내가 하나도 잃어버리지 아니하고 마지막 날에 다시 살리는 이것이니라"라고 했다. 이 말씀과 같이 구원 받은 사람이 다시 구원을 잃어버리는 것은 결코 하나님의 뜻이 아니기 때문에 성도의 구원은 안전하다. 왜냐하면 에베소서 1장 11절[306]에 의하면 하나님께서는 모든 일을 자신의 마음에 원하는 대로 이루시는 분이므로 그분의 뜻은 성도의 구원을 보존함에 있어서도 반드시 이루어질 것이기 때문이다.[307]

(5) 하나님의 보호하심이 있기 때문임

예수 그리스도를 믿고 구원 받은 성도를 하나님은 어떤 상황에서도 버리지 않으시고 보호해 주시기 때문에 성도의 구원은 영원히 안전하다고 확신할 수 있다. 시편 37편 28절을 보면 "여호와께서 정의를 사랑하시고 그의 성도를 버리지 아니하심이로다 그들은 영원히 보호를 받

---

305) *Ibid.*, 159.
306) 엡 1:11 "모든 일을 그의 뜻의 결정대로 일하시는 이의 계획을 따라 우리가 예정을 입어 그 안에서 기업이 되었으니"
307) 김기호, 『바른 신앙을 위한 핵심 교리 탐구』, 160.

으나 악인의 자손은 끊어지리로다"라고 했고, 베드로전서 1장 5절에서
는 "너희는 말세에 나타내기로 예비하신 구원을 얻기 위하여 믿음으로
말미암아 하나님의 능력으로 보호하심을 받았느니라"라고 하였다.

성도는 예수 그리스도를 믿음으로 구원 받았고 하나님의 자녀가 되
었기 때문에 하나님의 능력으로 보호하심을 받고 있다. 그렇다면 이렇
게 하나님의 능력으로 보호하심을 입고 있는 성도가 어떻게 구원을 잃
어버릴 수 있단 말인가? 절대로 그럴 수 없다.[308]

(6) 하나님의 사랑에서 성도를 떼어 놓을 수 없기 때문임

성경의 말씀은 이 세상의 그 무엇도 예수 그리스도 안에 있는 하나님
의 사랑에서 우리를 떼어 놓을 수 없기 때문에 우리의 구원이 안전하
다는 것을 보여 준다. "내가 확신하노니 사망이나 생명이나 천사들이
나 권세자들이나 현재 일이나 장래 일이나 능력이나 높음이나 깊음이
나 다른 어떤 피조물이라도 우리를 우리 주 그리스도 예수 안에 있는
하나님의 사랑에서 끊을 수 없으리라"(롬 8:38~39).

이 말씀과 같이 하나님의 사랑이 우리를 붙잡고 계시기 때문에 우리
는 어떠한 상황에서도 영원히 망하지 않는다는 것을 확신할 수 있다.
성경에서 보여 주는 하나님의 사랑은 아들까지 우리 죄인들을 위해 십
자가(롬 5:8)에 내어놓으신 그 무엇과도 비교할 수 없는 사랑이기 때문
에 이 세상의 그 어떤 것도 하나님께서 베푸신 구원의 사랑에서 우리
를 떼어 놓을 수 없다.[309]

---

308) *Ibid.*, 160~161.
309) *Ibid.*, 161.

(7) 하나님의 권능의 손에 붙잡혀 있기 때문임

성도는 전능하신 하나님 아버지와 그의 아들 예수 그리스도의 손에 붙잡혀 있기 때문에 구원은 안전하다. 그 누구도 예수님과 아버지 하나님의 손에 붙들려 있는 성도들을 빼앗아 갈 수 없다고 성경은 증명하고 있다. "내가 그들에게 영생을 주노니 영원히 멸망하지 아니할 것이요 또 그들을 내 손에서 빼앗을 자가 없느니라 그들을 주신 내 아버지는 만물보다 크시매 아무도 아버지 손에서 빼앗을 수 없느니라"(요 10:28~29).

알미니안주의는 성도가 믿음을 지키는 데 실패하면 이미 받은 구원도 상실할 수 있다고 주장하기 때문에 그들의 논리대로 끝까지 구원 받기 위해서는 최종의 순간까지 붙들고 버텨야 한다. 그러나 성경은 붙들고 계신 분이 사람이 아니라 전능하신 하나님이시라고 말씀하고 있으니 우리가 받은 구원은 안전하다. 즉 우리에게 영생을 주시고 그 누구도 빼앗아 갈 수 없도록 붙들고 계신 분이 전능하신 하나님이시기 때문에 알미니안주의자들과 같이 구원에서 언제 떨어져 나갈지 몰라 불안해할 필요가 전혀 없다. [310]

(8) 구원은 취소될 수 없는 선물이기 때문임

로마서 6장 23절을 보면 "죄의 삯은 사망이요 하나님의 은사는 그리스도 예수 우리 주 안에 있는 영생이니라"라고 했고, 로마서 11장 29절에서는 "하나님의 은사와 부르심에는 후회하심이 없느니라"라고 했다. 이 말씀과 같이 하나님께서 우리에게 베풀어 주신 구원은 하나님의 은

---

310) *Ibid.*, 162.

혜로 주어진 선물이기 때문에 취소될 수 없다. 왜냐하면 구원의 은혜를 베풀어 주신 하나님은 후회하심이 없으시고 변하지 않는 분이시기 때문이다(민 23:19). 따라서 성도의 구원은 영원히 안전하다고 확신할 수 있는 것이다.[311]

(9) 보혜사이신[312] 성령님께서 영원히 함께하시기 때문임

요한복음 14장 16절을 보면 "내가 아버지께 구하겠으니 그가 또 다른 보혜사를 너희에게 주사 영원토록 너희와 함께 있게 하리니"라고 말씀을 하셨다. 이 말씀은 구원 받은 성도 안에 거하시기 위해서 오시는 성령 하나님의 임재하심은 일시적인 것이 아니라 영구적인 것이라는 사실을 분명하게 보여 주고 있다. 이 말씀과 같이 성령 하나님께서 구원 받은 성도와 영원히 함께 거하시는데, 어떻게 구원 받은 성도가 중도에 구원에서 떨어져 나갈 수 있겠는가? 성령 하나님께서 함께하시기 때문에 결코 그런 일은 있을 수 없다. 그렇게 때문에 성도의 구원은 안전하다.

---

311) *Ibid.*, 162~163.

312) '보혜사'라는 헬라어 '파라클레토스'는 '곁에'라는 뜻의 '파라'와 '부름받은'이라는 뜻의 '클레토스'의 합성어로서 '곁에서 돕기 위해 부름받은 자'라는 뜻이다. 따라서 보혜사로 오신 성령님께서는 성도의 가까운 곳에서, 즉 곁에서 성도의 모든 삶을 감찰하시고 성도의 행할 바를 지도하시고 가르치시며 돕고 위로하시며 권면하시는 분이라는 의미이다. 따라서 NIV와 RSV는 '상담자'(counselor)로 KJV는 '위로자'(comforter)라고 번역을 했고, 또 다른 번역 성경에서는 '돕는자'(helper)라고 번역하였다[강병도 편 『호크마 종합 주석(요한복음)』, (서울: 기독지혜사, 1992), 463].

(10) 예수님께서 성도를 지키시기 때문임

요한복음 17장 12절을 보면 "내가 그들과 함께 있을 때에 내게 주신 아버지의 이름으로 그들을 보전하고 지키었나이다 그 중의 하나도 멸망하지 않고 다만 멸망의 자식뿐이오니 이는 성경을 응하게 함이니이다"라고 했는데, 이 말씀대로 예수님께서 구원 받은 성도를 지키시기 때문에 성도가 구원의 자리에서 중도에 탈락하는 일은 있을 수 없다. 즉 아버지 하나님께서 창세 전에 택하시고 예수님께 맡기신 자들은 한 명도 멸망의 자리에 빠지는 일이 있을 수 없다는 것이다.

(11) 성도는 천국까지 인도와 보호를 받기 때문임

디모데후서 4장 18절을 보면 "주께서 나를 모든 악한 일에서 건져내시고 또 그의 천국에 들어가도록 구원하시리니 그에게 영광이 세세무궁토록 있을지어다 아멘"이라고 말씀하고 있다. 이 말씀에서 알 수 있는 것은 구원 받은 성도가 천국 가는 여정 속에서 혹 악한 일에 빠진다 할지라도 반드시 그 자리에서 건져 내 주셔서 천국까지 안전하게 들어갈 수 있도록 구원하시는 하나님이 계심을 보여 주고 있다. 즉 하나님은 구원 받은 성도를 이 세상에 그냥 내버려 두시지 않고 인도하시는 분이심을 보여 주고 있다. 심지어 성도가 악한 일에 빠져 하나님과 멀어져 가려고 할 때도 그 모든 악한 길에서 건져 주시고 반드시 천국까지 인도해 주시는 분이시다.

(12) 예수님께서 성도의 안전을 위해 기도하시기 때문임

예수님은 하나님 아버지께서 창세 전에 선택하여 예수님에게 맡기신 선택된 백성들을 위해 십자가에서 대속의 피를 흘려 주셨을 뿐만 아니라 택하심을 받은 성도들의 안전을 위해 기도해 주셨다. 요한복음 17:11절을 보면 "나는 세상에 더 있지 아니하오나 그들은 세상에 있사옵고 나는 아버지께로 가옵나니 거룩하신 아버지여 내게 주신 아버지의 이름으로 그들을 보전하사 우리와 같이 그들도 하나가 되게 하옵소서"라고 기도해 주셨고, 15절에서는 "내가 비옵는 것은 그들을 세상에서 데려가시기를 위함이 아니요 다만 악에 빠지지 않게 보전하시기를 위함이니이다"라고 성도의 안전을 위해 기도해 주셨다. 이렇게 예수님께서 성도들의 안전을 위해 기도해 주셨다면 이러한 예수님의 기도가 반드시 응답되었으리라 확신하는 것은 당연한 것이 아닌가?

(13) 변하지 않는 성경 말씀의 권위 때문임

성경은 여러 곳에서 성도가 일시적인 생명을 얻은 것이 아니라 영원한 생명을 받은 것이라고 말씀하고 있다(요 3:36; 5:24; 6:47; 10:28; 딛 1:2; 요일 5:11~13 등). 특별히 요한일서 5장 13절을 보면 "내가 하나님의 아들의 이름을 믿는 너희에게 이것을 쓰는 것은 너희로 하여금 너희에게 영생이 있음을 알게 하려 함이라"라고 하셨다. 즉 하나님의 말씀인 성경은 우리가 소유하고 있는 생명이 일시적인 생명이 아니라 영원한 생명임을 알려 주기 위해 기록된 것이라고 말씀을 하고 있다. 그런데 이러한 하나님의 말씀은 중간에 변하거나 없어지는 것이 아니다. 마태복음 5장 18절을 보면 "진실로 너희에게 이르노니 천지가 없어지기 전에는 율법의 일점 일획도 결코 없어지지 아니하고 다 이루리라"라고 말씀하셨는데, 이 말씀에서 교훈하는 것은 하나님의 말씀은 결코 변하지 않는다는 사실이다. 따라서 이러한 변하지 않는 성경의 불변적인 속성을 볼 때, 성경에 약속된 영원한 생명 역시 변함이 없다는 사실을 우리는 확신할 수 있다. "풀은 마르고 꽃은 시드나 우리 하나님의 말씀은 영원히 서리라 하라"(사 40:8).

(14) 영생은 거짓이 없으신 하나님의 약속이기 때문임

요한일서 2장 25절을 보면 "그가 우리에게 약속하신 것은 이것이니 곧 영원한 생명이니라"라고 했고, 디도서 1장 2절에서는 "영생의 소망을 위함이라 이 영생은 거짓이 없으신 하나님이 영원 전부터 약속하신 것인데"라고 하셨다. 이 말씀에서 보여 주는 것처럼 구원 받은 성도에게 주어진 영생은 어느 날 갑자기 주어진 것이 아니라 거짓이 없으신 하나님께서 영원 전부터 약속해 주신 것이다. 따라서 우리 성도들이 거짓이 없으신 하나님께서 약속하신 영생을 선물로 받은 것이 확실하다면 우리의 구원이 영원히 안전하다고 확신하는 것에 주저할 이유가 전혀 없다. 왜냐하면 영생은 거짓이 없으신 하나님의 약속이요 선물이기 때문이다.

(15) 영생은 삼위일체 하나님의 은혜이기 때문임

성부 하나님께서는 구원 받을 자를 창세 전에 미리 선택하셨고(엡 1:4), 예수님은 선택받은 자들의 죄를 깨끗이 씻어 주시기 위해 십자가에서 대속의 피를 흘려 주셨다(마 1:21; 롬 4:25). 또한 성령 하나님은 이렇게 선택을 받고 예수님께서 피 흘려 주신 자들에게 불가항력적인 중생(딛 3:5)의 은혜를 베풀어 주셨고, 계속해서 그들이 하나님과 멀어지지 않도록 경외하는 마음(렘 32:40)을 주시고 인도하신다. 이와 같이 우리에게 주신 영생은 삼위일체 하나님의 협력을 통해서 베풀어 주신 은혜의 선물이기 때문에 중간에 끊어지거나 취소되는 일이 있을 수 없다.

(16) 영생은 하나님의 작정에서 온 것이기 때문임

사도행전 13:48절을 보면 "이방인들이 듣고 기뻐하여 하나님의 말씀을 찬송하며 영생을 주시기로 작정된 자는 다 믿더라"라고 했는데, 이 말씀을 보면 하나님께서 영생을 주시기로 작정한 사람은 다 믿게 되었다고 말씀하고 있다. 그러므로 우리 성도들이 받은 영생은 영원하신 하나님의 미리 정하심 속에서 주어진 것이기 때문에 그 구원이 도중에 끊어지거나 상실될 수 없다. 왜냐하면 하나님은 불변의 하나님이시기 때문이다.

성경은 여러 곳에서 하나님은 어제나 오늘이나 영원토록 동일한 분이라고 증거하고 있다. 하나님은 그의 존재, 속성, 목적, 행동의 동기, 약속에 있어서 전혀 변함이 없으신 분이시라는 것이다(민 23:19; 시 102:26~27; 사 41:4; 48:12; 롬 1:23; 히 1:11~12). 즉 하나님은 절대적으로 완전무결하신 분이시기 때문에 변하실 이유가 전혀 없으시다. 말라기 3장 6절을 보면 "나 여호와는 변하지 아니하나니…"라고 했고, 야고보서 1장 17절에서는 "…그는 변함도 없으시고 회전하는 그림자도 없으시니라"라고 하나님의 불변성을 증명하고 있다. 따라서 이렇게 하나님은 변하지 않는 분이라고 말씀하셨기 때문에 영원한 하나님의 작정 가운데 주어진 영생 역시 취소되거나 변경되는 일은 없다고 확신할 수 있다.

(17) 성령 하나님의 인도하심이 있기 때문임

예레미야 32장 40절을 보면 "내가 그들에게 복을 주기 위하여 그들을 떠나지 아니하리라 하는 영원한 언약을 그들에게 세우고 나를 경외함을 그들의 마음을 두어 나를 떠나지 않게 하고"라고 했는데, 이 말씀을 보면 성령 하나님께서 구원 받은 성도의 마음이 하나님과 멀어지지 않도록 성도의 마음을 친히 인도하신 다는 사실을 보여 주고 있다. 이렇게 성령 하나님께서 우리의 마음에 찾아와 주셔서 하나님 경외하는 마음을 주시고 하나님과 멀어지지 않도록 인도하시기 때문에 성도가 하나님을 떠나 구원에서 탈락하는 일은 있을 수 없다.

또한 에스겔 36장 26~27절에서는 "또 새 영을 너희 속에 두고 새 마음을 너희에게 주되 너희 육신에서 굳은 마음을 제거하고 부드러운 마음을 줄 것이며 또 내 영을 너희 속에 두어 너희로 내 율례를 행하게 하리니 너희가 내 규례를 지켜 행할지라"라고 말씀하셨는데, 이 말씀을 보면 주님께서 새 영을 주셔서 성도로 하여금 주의 말씀을 순종하도록 인도해 주시는데 어떻게 구원 받은 성도가 하나님을 떠나 구원에서 떨어질 수 있겠는가?

11

영화

1) 영화의 개념

그리스도의 구속은 우리의 영혼만이 아니라 육체의 구속도 포함하는 구속이다. 따라서 우리를 위한 구속 사역은 육신이 타락의 영향에서 완전히 벗어나 하나님께서 지으신 완전한 상태에 이르기까지는 완성되었다고 볼 수 없다. 그러므로 바울은 로마서 8장 23절에서 "…우리 몸의 속량을 기다리느니라"라고 고백하였다. 구원의 적용에 있어서 부활의 육체를 받는 단계를 영화라고 하는데, 바로 그 미래의 날을 가리켜 바울은 우리가 '그와 함께 영광을'(롬 8:17) 받게 된다고 했다. 따라서 바울은 구속의 적용 단계를 언급하면서 영화를 맨 마지막에 열거하였다(롬 8:30).[313]

이와 같이 영화는 구원의 과정에 있어서 최종단계(final step)이다. 영화는 창세 전 하나님의 선택으로부터 시작하여 소명, 중생, 회심, 믿음, 칭의, 양자, 성화, 성도의 견인 등을 거쳐서 구원의 전 과정의 완성(종결)을 말한다. 하나님께서는 창조의 사역이 선하셨고, 아름다웠던

---

313) Wayne Grudem, 『조직신학(중)』, 531~532.

것같이, 그의 구속의 사역도 영광스러운 열매로 완성할 것이다.

로마서 8장 29~30절을 보면 "하나님이 미리 아신 자들을 또한 그 아들의 형상을 본받게 하기 위하여 미리 정하셨으니 이는 그로 많은 형제 중에서 맏아들이 되게 하려 하심이니라 또 미리 정하신 그들을 또한 부르시고 부르신 그들을 또한 의롭다 하시고 의롭다 하신 그들을 또한 영화롭게 하셨느니라"라고 했는데, 이 말씀에서 우리가 확인할수 있는 것처럼 부르심, 칭의, 영화 등 구속의 과정에 있어서 마지막 단계가 영화이다. 영화는 하나님의 모든 자녀들에게 하나님의 구속의 목적을 동시에 실현하시는 하나님의 위대한 역사이다. 따라서 영화는 하나님의 구속 사역이 완전히 실현되는 순간에 하나님의 모든 자녀들이 동시에 받게 될 것이다. 따라서 영화는 개인적이며 또한 집합적이라고 할 수 있다. [314]

그러므로 영화는 신자들의 장래에 대한 크나큰 소망이다. 하나님은 모든 일을 바르게 하시며 영원히 그것을 지키시는 분이시기 때문이다. 또한 영화는 현재의 우리에게 위로가 되기도 한다. 그 이유는 안팎으로 죄를 경험하는 이 타락한 세상 속에 있는 신자들을 위해서 하나님께서 신자들의 미래의 영광을 위해 준비하시며, 지금도 그의 신자들을 순결케 하시기 위해 역사하고 계신다는 것을 알 때 위로가 된다는 것이다. 신자들은 어떤 의미에서는 이미 영화롭게 되었으며 영원한 하나님의 자녀로 영원히 인침 받았다. [315] 따라서 우리 신자들이 이 후에 영화롭게 되는 날은 이 세상에서는 이제까지 경험하지 못했던 커다란 기

---

314) 조영엽, 『조직신학(구원론·종말/내세론)』, 241.
315) R. C. Sproul, 『기독교의 핵심 진리 102가지』, 248.

뻠과 승리의 날이 될 것이다. 왜냐하면 그날 마지막 원수인 죽음이 성경에 예언된 대로 반드시 멸망을 당하게 될 것이기 때문이다. "그가 모든 원수를 그 발 아래에 둘 때까지 반드시 왕 노릇 하시리니 맨 나중에 멸망 받을 원수는 사망이니라"(고전 15:25~26).

2) 영화에 대한 정의

조영엽 박사는 영화에 대하여 "영화는 영혼과 육체가 죄와 사망의 권세로부터 완전히 해방되는 구속의 최종 완성을 가리킨다. 좀 더 상세히 언급하면 성도가 사별(死別)의 순간에 영혼이 완전 성화되는 것과 그 후에 육체가 부활하여 썩지 않는 몸으로 되는 것을 포함한다. 그러므로 영화는 현세에서가 아니라, 죽음과 부활에서 최종 완성을 볼 것이다."[316]라고 했고, 데머리스트(Bruce Demarest)는 "영화는 영원 전에 하나님의 선택의 작정과 더불어 시작된 참된 신자의 구원 과정에서 마지막 사건에 해당된다. 영화는 하나님의 영광이 점진적으로 드러나는 우리의 영적인 여정에 합당한 결말이다. 우리의 영적 싸움은 영원히 계속되지 않을 것이다. 우리의 순례 여행은 옛 사람의 흔적이 완전히 뿌리 뽑히고 새 사람이 완벽하게 현실화되는 놀라운 결말로 귀결될 것이다. 영화란 그리스도 안에서의 우리의 구속이 승리의 결말을 맺는 것이다. 그것은 그리스도 안에서 전개되는 우리의 구원이 최종적으로 실현되는 것이다."[317]라고 했다.

---

316) 조영엽, 『조직신학(구원론 · 종말/내세론)』, 245.
317) Bruce Demarest, 『십자가와 구원』, 695.

에릭슨(Millard J. Erickson)은 "영화는 다차원적이다. 이것은 개인적이고 집단적인 종말론을 둘 다 포함한다. 이것은 개별적인 신자의 영적인 본성의 완성을 포함하는데, 그것은 그리스도인들이 주님이 계신 곳으로 나아가는 죽음에서 일어난다. 이것은 또한 모든 신자들의 몸의 완성을 포함하는데, 이것은 그리스도의 재림과 관련하여 부활 때에 일어날 것이다. 이것은 심지어 전체 피조물의 변형을 수반한다(롬 8:18~25)."[318]라고 했고, 박형룡 박사는 "영화는 구속의 적용의 최후 국면(最後局面)이다. 영화는 유효한 부르심으로 시작된 그 과정을 종결케 하는 것이다. 실로 영화는 구속의 전 과정의 완성이다. 왜냐하면 영화는 하나님의 택자들이 성부(聖父)의 영원한 목적으로 예정된 그 목표의 득달(得達)을 의미하기 때문이며, 또한 영화는 그리스도의 대속 사업(代贖事業)에 의하여 얻어진 구속의 완성을 포함하기 때문이다."[319]라고 했다.

따라서 영화란 구원의 적용에 있어 마지막 단계인데, 이는 그리스도께서 재림하셔서 그 동안에 죽은 모든 신자들의 육체를 죽음에서 살리어 그들의 영혼과 결합하게 하고 살아 있는 모든 신자들의 육체를 변화시켜 모든 신자들이 동시에 그리스도와 같은 완전한 부활의 몸을 입게 할 때 발생하는 것이 영화이다.[320]

---

318) Millard J. Erickson, 『복음주의 조직신학(하)』, 183~184.

319) 朴亨龍, 『教義神學(救援論)』, 416.

320) Wayne Grudem, 『조직신학(중)』, 532.

3) 영화의 좁은 의미와 넓은 의미

영화는 성도들의 부활에서 되는 것이지, 죽음 후에 일어나는 성화의 완성은 영화에 포함되지 않는다고 하는 좁은 의미의 영화를 주장하는 견해가 있다.[321] 그것은 성도의 영화를 부활의 상태로 보았던 머레이(John Murray)의 견해이다.[322] 그에 의하면 "영화란 신자들이 죽을 때 그 영혼이 들어가는 축복의 상태를 말하지 않는다. 육체를 떠난 그들의 영혼 편에서 보면 그들은 완전 성화되었고, 그리스도께서 계신 곳으로 즉시 들어간 것은 사실이다. 몸을 떠나는 것은 주님과 함께 거하는 것이다(참조, 고후 5:8). 영광스런 그리스도와 함께 거하는 것은 어떤 오염도 내포할 수 없다. … 육체를 떠난 성도의 영혼은 '온전케 된 의인의 영들'이다. 소요리문답은 이 진리를 다음과 같이 말하고 있다. '신자들이 죽을 때 그리스도로부터 받는 혜택은, 그들의 영혼이 완전히 거룩하여지며 그 즉시로 영광에 들어가고 그리스도와 연합되어 부활할 때까지 육체는 그들의 무덤에서 쉬게 된다'는 것이다. 그러나 하나님의 백성들이 죽을 때 그 변화가 아무리 영광스러운 것이라 할지라도, 또 그들이 사도 바울이 말한 대로 아무리 육체를 떠나 그리스도와 함께 있는 것을 더 좋아한다 할지라도(빌 1:23) 이것은 그들의 변화가 아니다. 이 상태는 신자의 소망과 염원의 궁극적인 목표가 아니다. 그리스도께서 자기 백성을 위하여 보장하신 구속은 다만 죄로부터의 구속뿐만 아니라 그 죄의 모든 결과로부터의 구속이다. 죽음은 죄의 삯

---

321) 朴亨龍, 『敎義神學(救援論)』, 417.

322) 하문호, 『교의신학(救援論)』, 348.

이고 신자들의 죽음은 그들을 죽음으로부터 구출하는 일이 아니다. 최후의 적인 죽음은 아직도 파괴되지 않았다. 그 죄는 아직도 승리에게 삼키운 바 되지 않았다. 그러므로 영화는 죽음 그 자체의 파괴로 생각된다. '이 썩을 것이 썩지 아니할 것을 입고 이 죽을 것이 죽지 아니할 것을 입을 때'(고전 15:54) 나타나게 되는 그 영광을 신자들이 죽을 때 들어가게 되는 축복의 상태로 대치시키는 것은 그리스도에게 욕을 돌리며 그리스도인의 소명의 독특성을 깎아내리는 결과가 될 것이다. … 영화가 육체의 부활을 기다리지 않으면 이루어질 수 없다는 이 사실은, 영화는 하나님의 모든 백성들이 정해진 일정한 시간에 '함께' 들어가게 되는 것임을 말해 준다. 거기에는 신자들 사이에 선후가 없다. 이러한 의미에서 영화는 죽음과 근본적으로 다르고 성도들이 죽을 때 들어가게 되는 그리스도와 함께하는 그의 상태와도 근본적으로 다르다. 하나님의 성도들이 죽을 때 사람마다 그 죽음의 시간 및 그리스도와 함께 있게 되는 시간이 다르다. 이것은 극히 개별적인 것임을 알 수 있다. 그러나 영화는 그렇지 않다. 한 사람이 다른 사람보다 어떤 유익을 더 받지 못할 것이다. 모든 사람이 다 같이 그리스도와 함께 영화될 것이다."[323]

이러한 머레이의 견해와 다르게 헤르만 카이퍼(Herman Kuiper)는 성도가 부활할 때 가지게 될 영육 간의 완전 성화의 상태만을 영화로 보지 않고, 성도가 죽을 때 그 영혼이 죄악에서 완전히 벗어나 천국에 이르게 되는 것도 영화라고 보았다.[324] 카이퍼는 말하기를 "통상으로

---

323) John Murray, 「구속론」, 231~233.
324) 하문호, 「교의신학(救援論)」, 349.

영화라는 명사는 성령이 하나님의 자녀들을 영혼과 육체를 아울러 죄의 세력과 부패로부터 완전 해방하시는 역사이지만 그것은 두 부분으로 나누어진다. 성도가 죽을 때 영혼의 영화와 부활 때 육체의 영화가 그것이다."[325]라고 했다. 박형룡 박사는 카이퍼의 견해는 넓은 의미의 영화관이며 보다 더 원만한 견해이기 때문에 이 견해를 취할 것을 권면했으나,[326] 이미 살펴본 두 견해가 본질상 모순이 없는 것을 알 수 있고, 헤르만 카이퍼도 좁은 의미의 영화를 인정하고 있으니, 우리는 좁은 의미의 영화와 넓은 의미의 영화 중에 어느 것이든 취해도 무방하다고 생각된다.

4) 영화에 대한 성경의 증거

(1) 영화에 대한 구약의 증거

구약 성경에는 장차 있을 부활에 대한 소망을 언급한 부분이 전혀 없거나 아니면 거의 없다고 주장하는 사람들이 있다. 그러나 사실은 우리가 생각하는 것보다 훨씬 더 많은 증거들이 있다(시 49:15; 73:24~25; 사 26:19; 단 12:2; 겔 37:1~14). 히브리서 11장 19절을 보면 "그가 하나님이 능히 이삭을 죽은 자 가운데서 다시 살리실 줄로 생각한지라…"라고 했는데, 이 말씀은 아브라함에게 부활 신앙이 있었음을 보여 준다. 또한 구약 성경 자체를 보아도 구약의 기자들이 장차 있을 부활을 강하게 고대하고 있었음을 알 수 있다. 가령 욥은 욥기 19장

---

325) Herman Kuiper, *By Grace Alone* (Eerdmans, 1985)., 148. 하문호, 『교의신학(救援論)』, 349에서 재인용.

326) 朴亨龍, 『教義神學(救援論)』, 418.

25~26절에서 "내가 알기에는 나의 대속자가 살아 계시니 마침내 그가 땅 위에 서실 것이라 내 가죽이 벗김을 당한 뒤에도 내가 육체 밖에서 하나님을 보리라"라고 했다. 구약의 신자들은 부활의 본질이나 메시야를 통해 부활에 이르는 방법 등에 관한 상세한 지식은 없었지만, 그리고 또한 우리처럼 예수 그리스도의 부활이라는 실제적인 사건에 근거한 확실한 확신은 없었지만, 그럼에도 불구하고 이미 위에서 살펴본 대로 장차 있을 육체적인 부활에 대한 기대를 가지고 있었던 것은 분명하다.[327] 따라서 이러한 부활 사상은 신약 시대의 신자들에게도 영향을 미쳐서 신약의 신자들도 이러한 부활의 사상을 가지고 있었음을 볼 수 있다. 요한복음 11장 23~24절을 보면 "예수께서 이르시되 네 오라비가 다시 살아나리라 마르다가 이르되 마지막 날 부활 때에는 다시 살아날 줄을 내가 아나이다"라고 했고, 사도행전 24장 15절에서 사도 바울은 "그들이 기다리는 바 하나님께 향한 소망을 나도 가졌으니 곧 의인과 악인의 부활이 있으리라 함이니이다"라고 하였다. 이와 같이 마르다와 사도 바울이 부활 사상을 가지고 있었다고 하는 것은 이미 구약 시대에 부활 사상이 있었다는 증거가 되는 것이다.

(2) 영화에 대한 신약의 증거

신자들의 영화와 육체의 부활에 대한 신약 성경의 증거는 고린도전서 15장 12~58절에 잘 나타나 있는데,[328] 특히 22~23절을 보면 "아담 안에서 모든 사람이 죽은 것 같이 그리스도 안에서 모든 사람이 삶

---

327) Wayne Grudem, 『조직신학(중)』, 535~536.
328) Ibid., 533.

을 얻으리라 그러나 각각 자기 차례대로 되리니 먼저는 첫 열매인 그리스도요 다음에는 그가 강림하실 때에 그리스도에게 속한 자요"라고 했고, 51~52절에서는 "보라 내가 너희에게 비밀을 말하노니 우리가 다 잠 잘 것이 아니요 마지막 나팔에 순식간에 홀연히 다 변화되리니 나팔 소리가 나매 죽은 자들이 썩지 아니할 것으로 다시 살아나고 우리도 변화되리라"라고 하였다. 그리고 53~54절은 "이 썩을 것이 반드시 썩지 아니할 것을 입겠고 이 죽을 것이 죽지 아니함을 입으리로다 이 썩을 것이 썩지 아니함을 입고 이 죽을 것이 죽지 아니함을 입을 때에는 사망을 삼키고 이기리라…"라고 했다.

데살로니가전서 4장 14절에서는 "우리가 예수께서 죽으셨다가 다시 살아나심을 믿을진대 이와 같이 예수 안에서 자는 자들도 하나님이 그와 함께 데리고 오시리라"라고 했고, 16~17절은 "주께서 호령과 천사장의 소리와 하나님의 나팔 소리로 친히 하늘로부터 강림하시리니 그리스도 안에서 죽은 자들이 먼저 일어나고 그 후에 우리 살아남은 자들도 그들과 함께 구름 속으로 끌어 올려 공중에서 주를 영접하게 하시리니 그리하여 우리가 항상 주와 함께 있으리라"라고 하였는데, 이와 같은 성경의 내용은 신자의 영화와 육체의 부활을 뒷받침해 주는 말씀이다.

또한 빌립보서 3장 21절을 보면 "그는 만물을 자기에게 복종하게 하실 수 있는 자의 역사로 우리의 낮은 몸을 자기 영광의 몸의 형체와 같이 변하게 하시리라"라고 했다. 이 말씀은 예수 그리스도께서 재림 하실 때 성도들에게 임할 구원이 어떤 모습인지 보여 주고 있다. 즉 성도의 몸은 '낮은 몸'에서 그리스도의 '영광의 몸'으로 완전히 변화된다. 여기서 '낮은 몸'은 성도들이 이 세상에 살면서 갖고 있는 현재의 몸으로서 죄짓기 쉬운 욕망, 죽음, 질병, 고난 등에 대해 무방비한 상태로 놓여 있는 육체의 연약성을 의미한다. 이러한 현재의 썩어질 몸이 그리스도께서 부활하실 때 입으신 '영광의 몸' 즉 '썩지 아니할 몸', '신령한 몸'으로 변화될 것을 말씀하고 있다(고전 15:42~44). [329]

5) 영화의 특징

(1) 영화는 구속의 완성

영화(榮華)는 구속 전 과정의 완성이다. 영화는 성화를 향해 나아가던 성도가 이 세상에서의 점진적인 성화를 계속하다가 결국 완전한 성화에 이르게 되는데, 그것은 살아서 자기 힘으로 이루는 것이 아니라 죽는 그 순간 하나님의 은혜로 이루는 것이다. 그러므로 영화는 성화의 완성인 동시에 하나님께서 성도를 끝까지 붙들어 주시는 견인의 궁극이 되는 것이다. 예수님은 성도가 누리게 될 미래적 영화를 위하여 이 땅에 계실 때에 다음과 같이 기도하였다. [330] "아버지여 내게 주신 자도 나 있는 곳에 나와 함께 있어 아버지께서 창세 전부터 나를 사랑하시므로 내게 주신 나의 영광을 그들로 보게 하시기를 원하옵나이다"(요 17:24).

---

329) 강병도 편, 『호크마 종합 주석(에베소서/빌레몬서)』, (서울: 기독지혜사, 1992), 173.
330) 석원태, 『기독교 7영리』, 263.

(2) 영화의 장소는 천국

신자들이 장차 누리게 될 영화의 장소는 이 세상이 아니라 주님께서 말씀하신 천국이다. 예수 그리스도를 영접하여 구원을 받은 신자가 구원하여 주신 그리스도와 함께 장차 영광을 누리게 될 장소는 바로 하나님의 나라인 천국이라는 것이다. 따라서 어떤 사람이 구원의 모든 과정은 믿으면서도 영화됨은 믿지 못하겠다고 한다든지, 다른 것은 다 믿어져도 천국은 안 믿어진다고 한다면, 그 사람은 중생 받지 못한 것이 아닌 것인지 의심해 보아야 한다.[331] 요한복음 14장 1~3절을 보면 "너희는 마음에 근심하지 말라 하나님을 믿으니 또 나를 믿으라 내 아버지 집에 거할 곳이 많도다 그렇지 않으면 너희에게 일렀으리라 내가 너희를 위하여 거처를 예비하러 가노니 가서 너희를 위하여 거처를 예비하면 내가 다시 와서 너희를 내게로 영접하여 나 있는 곳에 너희도 있게 하리라"라고 하셨는데, 이 말씀은 영화의 장소가 주님께서 친히 예비하신 천국임을 보여 주고 있다. 또한 요한계시록 21장 1~4절에서는 "또 내가 새 하늘과 새 땅을 보니 처음 하늘과 처음 땅이 없어졌고 바다도 다시 있지 않더라 또 내가 보매 거룩한 성 새 예루살렘이 하나님께로부터 하늘에서 내려오니 그 준비한 것이 신부가 남편을 위하여 단장한 것 같더라 내가 들으니 보좌에서 큰 음성이 나서 이르되 보라 하나님의 장막이 사람들과 함께 있으매 하나님이 그들과 함께 계시리니 그들은 하나님의 백성이 되고 하나님은 친히 그들과 함께 계셔서 모든 눈물을 그 눈에서 닦아 주시니 다시는 사망이 없고 애통하는 것이나 곡하는 것이나 아픈 것이 다시 있지 아니하리니 처음 것들이 다

---

331) *Ibid.*, 264.

지나갔음이러라"라고 말씀하고 있다.

6) 영화의 대상자와 시기

(1) 영화의 대상자

중생함을 받은 참된 모든 신자들은 장차 다 같이 영화롭게 될 것이다. 거기에는 차별이 있을 수 없다. 주님 재림 시에 그리스도 안에서 죽은 자들이 부활되고, 살아 있는 신자들은 변화될 것이다. 그리하여 다 함께 구름 속으로 끌어올려 공중에서 주님을 영접하게 될 것이다.[332] 데살로니가전서 4장 16~17절을 보면 "주께서 호령과 천사장의 소리와 하나님의 나팔 소리로 친히 하늘로부터 강림하시리니 그리스도 안에서 죽은 자들이 먼저 일어나고 그 후에 우리 살아남은 자들도 그들과 함께 구름 속으로 끌어 올려 공중에서 주를 영접하게 하시리니 그리하여 우리가 항상 주와 함께 있으리라"라고 하였는데, 이 말씀은 그리스도 안에서 죽은 자와 그리스도 안에 살아 있는 신자들이 영화의 대상임을 분명하게 보여 주고 있다.

(2) 영화의 시기

영화는 신자들이 세상에 살아 있는 동안에 이루어지는 것이 아니라, 부활에서 이루어진다. 중생의 시기는 각기 다르지만, 영화의 시기는 모두 동일하다. 잠자던 성도들의 부활과 생존 성도들의 변화로 이루어지는 영화는 그 시기가 다 동일하다. 신자들의 죽음에는 때가 있고 개

---

332) 조영엽, 『조직신학(구원론 · 종말/내세론)』, 246.

인적인 것이다. 그러나 영화에는 신자들 사이에 선후가 있을 수 없다. 사도 바울은 주님이 재림하실 때 죽지 않고 살아 있을 성도들은 이미 세상을 떠난 성도들보다 결코 앞서지 못할 것이라고 했다. 이것은 영화의 날이 모든 성도들에게 동일하다는 진리를 분명하게 보여 주는 것이다(살전 4:16~17; 고전 15:51~52). 영화는 그리스도께서 다시 오실 때 구속함을 받은 모든 성도들이 함께 받게 될 동시적 변화이다. 따라서 참된 성도들은 그리스도께서 재림하실 때 영화롭게 될 것이다.[333] "보라 내가 너희에게 비밀을 말하노니 우리가 다 잠 잘 것이 아니요 마지막 나팔에 순식간에 홀연히 다 변화되리니 나팔 소리가 나매 죽은 자들이 썩지 아니할 것으로 다시 살아나고 우리도 변화되리라"(고전 15:51~52).

7) 영화의 결과

영화는 영혼과 육체가 죄와 사망의 권세로부터 완전히 해방되어 자유롭게 되는 구속의 최종 완성 단계를 말하는 것으로 앞으로 신자들이 만나게 될 영화의 때에는 다음과 같은 결과가 뒤따른다.

(1) 죄로부터 완전한 자유를 얻게 됨

지금은 죄로부터의 자유는 부분적이지만 영화의 때에 우리는 완전히 죄로부터 자유함을 얻게 될 것이다(요 8:34~36). 즉 우리는 현재 타락한 죄의 성질(탐심, 교만, 음란한 마음, 미움, 질투 등)을 소유하고 있

---

333) *Ibid.*, 246~247.

으나 이 타락한 성질이 영화 시에는 다 없어지고 선(善)만을 행할 자유를 소유하게 될 것이다.[334] 로마서 6장 18절을 보면 "죄로부터 해방되어 의에게 종이 되었느니라"라고 했고, 22절에서는 "그러나 이제는 너희가 죄로부터 해방되고 하나님께 종이 되어 거룩함에 이르는 열매를 맺었으니 그 마지막은 영생이라"라고 했다.

(2) 율법으로부터 완전한 자유를 얻게 됨

우리가 지금은 법적으로는 그리스도로 말미암아 율법에서 자유함을 얻었으며, 부분적으로 자유를 누리며, 성화의 과정으로 가고 있다. 그러나 영화 시에는 법적으로만 아니라, 실제적으로 율법에서 완전한 자유를 얻게 될 것이다.[335] 로마서 8장 1~2절을 보면 "그러므로 이제 그리스도 예수 안에 있는 자에게는 결코 정죄함이 없나니 이는 그리스도 예수 안에 있는 생명의 성령의 법이 죄와 사망의 법에서 너를 해방하였음이라"라고 했다.

(3) 사망에서 완전한 자유를 얻게 됨

그리스도께서 죽으시고 부활하심으로 최후 원수인 사망으로부터 자유를 얻게 하셨다(히 2:14~18). 따라서 성도는 영화 시에 그리스도 안에서 사망으로부터 완전한 자유를 갖게 될 것이며, 참으로 그 자유를 누리게 될 것이다.[336] 고린도전서 15장 52절을 보면 "나팔 소리가 나매 죽은 자들이 썩지 아니할 것으로 다시 살아나고 우리도 변화되리라"라

---

334) *Ibid.*, 248.
335) *Ibid.*, 248~249.
336) *Ibid.*, 249.

고 했고, 54절에서는 "이 썩을 것이 썩지 아니함을 입고 이 죽을 것이 죽지 아니함을 입을 때에는 사망을 삼키고 이기리라고 기록된 말씀이 이루어지리라"라고 했다. 따라서 이 말씀은 영화 시에는 사망을 이기고 사망에서 완전한 자유를 얻게 된다는 사실을 가르쳐 주고 있다.

(4) 부활체로 영생에 참여하게 됨

영화의 때에는 영과 육이 재결합하여 부활체로 영생에 참여하게 된다(고전 15:51~52; 빌 3:21; 골 3:4; 요일 3:2, 3). 즉 영화 시에는 죽음으로 분리되었던 영혼과 육신이 재결합하여 부활체로 영생에 참여하게 된다. 영생은 시간상 영원히 끝없는 생활일 뿐만 아니라, 질적으로 새로운 생애를 의미한다.[337] 고린도전서 15장 51~52절을 보면 "보라 내가 너희에게 비밀을 말하노니 우리가 다 잠 잘 것이 아니요 마지막 나팔에 순식간에 홀연히 다 변화되리니 나팔 소리가 나매 죽은 자들이 썩지 아니할 것으로 다시 살아나고 우리도 변화되리라"라고 했는데, 이 말씀은 예수 그리스도께서 재림하실 때 잠자던 성도들의 부활과 생존해 있던 성도들이 어떻게 변화될 것인지를 밝히고 있다.

(5) 온전한 지식을 소유하게 됨

영화의 때에는 온전한 지식을 소유하게 될 것이다. 사도 바울은 우리의 현재 지식과 영화된 후에 미래 지식을 대조하여 말하기를 "우리가 지금은 거울로 보는 것 같이 희미하나 그 때에는 얼굴과 얼굴을 대하여 볼 것이요 지금은 내가 부분적으로 아나 그 때에는 주께서 나를 아

---

337) *Ibid.*

신 것 같이 내가 온전히 알리라"(고전 13:12)라고 했다. 이렇게 지금의 불완전한 지식은 영화의 때에는 완전한 지식으로 대치될 것이다.[338]

(6) 하나님과 온전한 교제가 가능하게 됨

중생한 사람이라 할지라도 육체 내에는 아직도 죄의 잔재(창 6:5; 욥 15:16; 렘 17:9)가 남아 있기 때문에 하나님과 온전한 교제를 할 수 없다. 그러나 영화 시에는 죄의 부패성을 완전히 탈피하게 되기 때문에 하나님과 온전한 교제를 이룰 수 있게 된다.[339]

(7) 그리스도의 형상으로 변화됨

영화의 때에는 성도들은 영원히 예수 그리스도의 형상으로 완전히 변화될 것이다(고후 3:18; 롬 8:29; 요일 3:2). 현재 신자들은 성령으로 말미암아 구주의 형상으로 조금씩 변화되고 있으며(고후 3:8), 성령의 사역을 통해 신자들은 점점 예수 그리스도를 닮아 간다(빌 3:10).[340] 그러나 이러한 모든 변화는 영화 시에 완성될 것이다.

(8) 신령한 몸이 됨

영화의 때에는 신령한 몸이 될 것이다(고전 15:44). '신령한 몸'이란 표현은 형체가 없는 몸을 말하는 것이 아니라 생명을 주시는 성령으로 말미암아 변화되고 생기를 받은 몸을 의미한다.[341] 고린도전서 15장 44

---

338) *Ibid.*, 249~250.
339) *Ibid.*, 250.
340) Bruce Demarest, 「십자가와 구원」, 703.
341) *Ibid.*, 705.

절을 보면 "육의 몸으로 심고 신령한 몸으로 다시 살아나나니 육의 몸이 있은즉 또 영의 몸도 있느니라"라고 했다.

(9) 썩지 않는 몸이 됨

영화의 때에는 우리의 몸이 썩지 않는 몸이 된다. 고린도전서 15장 42절을 보면 "죽은 자의 부활도 그와 같으니 썩을 것으로 심고 썩지 아니할 것으로 다시 살아나며"라고 했고, 52절에서는 "나팔 소리가 나매 죽은 자들이 썩지 아니할 것으로 다시 살아나고 우리도 변화되리라"라고 했다.

(10) 영광스러운 몸이 됨

영화의 때에는 우리의 몸이 영광스러운 몸이 된다. 고린도전서 15장 43절을 보면 "욕된 것으로 심고 영광스러운 것으로 다시 살아나며 약한 것으로 심고 강한 것으로 다시 살아나며"라고 했고, 빌립보서 3장 21절에는 "그는 만물을 자기에게 복종하게 하실 수 있는 자의 역사로 우리의 낮은 몸을 자기 영광의 몸의 형체와 같이 변하게 하시리라"라고 했다.

(11) 개인의 성(gender)적 인종적 특징을 유지하게 됨

영화의 때에도 신자들은 뚜렷이 식별 가능한 개인으로서의 성적, 인종적 특징을 그대로 갖게 될 것이다. 예수님은 내세에서 부활한 사람들이 시집이나 장가가지 않을 것이라고 말씀하셨지만(눅 20:35~36), 우리 성도들이 더 이상 남자와 여자로 존재하지 않을 것이라고는 말씀하지 않으셨기 때문이다. 변화산에서 베드로와 야고보와 요한이 모세와 엘리야를 알아본 것은 그들이 가진 남성적 특징 덕분이었다고 볼 수 있다(마 17:3).[342] 따라서 하나님의 형상으로 지음 받은 우리의 영혼과 육체는 영화 시에도 남녀의 성(gender)적 정체성과 인종적 특성을 지닌 하나님의 형상으로 새로워질 것이다.

(12) 애통과 고통에서 놓임을 받게 됨

영화의 때에 성도들은 애통과 몸이 아픈 것이나 고통과 죽음에서 자유롭게 놓임을 받게 될 것이다. 그 이유는 영화 시에 신자들이 애통이나 고통, 죽음에서 완전히 자유로운 신령한 몸으로 변화하게 될 것이기 때문이다(고전 15:44, 51~54). 요한계시록 21장 3~4절을 보면 "내가 들으니 보좌에서 큰 음성이 나서 이르되 보라 하나님의 장막이 사람들과 함께 있으매 하나님이 그들과 함께 계시리니 그들은 하나님의 백성이 되고 하나님은 친히 그들과 함께 계셔서 모든 눈물을 그 눈에서 닦아 주시니 다시는 사망이 없고 애통하는 것이나 곡하는 것이나 아픈 것이 다시 있지 아니하리니 처음 것들이 다 지나갔음이러라"라고 했다.

(13) 하나님과 어린 양을 온전히 경배하게 됨

옛날 이스라엘 백성들은 장막과 성전에서 하나님을 경배했으나, 영화롭게 된 성도들은 하나님과 어린 양을 영원히 온전하게 경배하게 될 것이다. 하늘의 도성에는 성전도(참조, 겔 40~48장) 예배당도 제사

---

342) *Ibid.*, 707.

장 직무도 없을 것이다(계 21:22).[343] 따라서 하나님의 은혜로 영화롭게 된 성도들은 영화의 때에 직접 나아가 하나님과 어린 양을 영원히 경배하며, 온전한 교제를 누리게 될 것이다(계 4:10~11; 5:8~10; 11:16; 22:3).

(14) 완전한 천국 시민으로서의 삶을 누리게 됨

빌립보서 3장 20절을 보면 "그러나 우리의 시민권은 하늘에 있는지라 거기로부터 구원하는 자 곧 주 예수 그리스도를 기다리노니"라고 했다. 이 말씀에서 우리의 시민권이 하늘에 있다고 하는 것은 하나님의 백성인 성도들이 앞으로 거처할 곳이 천국이라는 사실을 가르쳐 주고 있다. 그러므로 예수님은 요한복음 14장 2~3절에서 말씀하시기를 "내 아버지 집에 거할 곳이 많도다 그렇지 않으면 너희에게 일렀으리라 내가 너희를 위하여 거처를 예비하러 가노니 가서 너희를 위하여 거처를 예비하면 내가 다시 와서 너희를 내게로 영접하여 나 있는 곳에 너희도 있게 하리라"라고 하셨다.

따라서 성도들은 영화 시에 하나님의 백성들을 위해 예수 그리스도께서 준비하신 영원한 안식처인 천국에서 완전한 천국 시민으로서의 삶을 누리게 될 것이다.

---

343) *Ibid.*, 709.

참고 문헌

강병도 편.『호크마 종합 주석(요한복음)』. 서울: 기독지혜사, 1992.

___.『호크마 종합 주석(에베소서/빌레몬서)』. 서울: 기독지혜사, 1992.

___. 『호크마 종합 주석(요한일서/요한계시록)』. 서울: 기독지혜사, 1993.

강웅산.『구원론』. 경기: 도서출판 목양, 2018.

김기호.『칼빈주의 5대 교리란 무엇인가?』. 서울: 도서출판 그리심, 2009.

___.『칼빈주의는 무엇을 믿는가?』. 서울: 개혁주의 출판사, 2012.

___.『바른 신앙을 위한 핵심 교리 탐구』. 서울: 도서출판 좋은땅, 2021.

김광열.『구원과 성화』. 서울: 총신대학교출판부, 2004.

김남식 편저.『칼빈주의 연구』. 서울: 백합 미디어, 2002.

김성린.『기독교 교리 개설』. 서울: 개혁주의신행협회, 1995.

김성환.『칼빈주의 해설』. 서울: 영음사, 1976.

김영재.『교회와 신앙고백』. 서울: 성광문화사, 1989.

김의환 편저.『개혁주의 신앙고백집』. 서울: 생명의말씀사, 2003.

김철웅.『칼빈주의 5대 교리를 어떻게 설교할 것인가』. 서울: 부흥과개혁사, 2015.

김하진.『주제별 칼빈주의』. 서울: 한국문서선교회, 1988.

라보도.『칼빈주의 신학과 신앙』. 서울: 성광문화사, 1981.

라보도 · 김달생. 『바른 신학』. 서울: 한국기독교교육연구원, 1980.

박일민. 『초보자를 위한 신학입문』. 서울: 성광문화사, 2001.

____. 『개혁교회의 신조』. 서울: 성광문화사, 2002.

박윤선. 『성경주석(요한복음)』. 서울: 영음사, 1984.

____. 『성경주석(고린도전후서)』. 서울: 영음사, 1984.

____. 『성경주석(바울서신)』. 서울: 영음사, 1983.

____. 『성경주석(히브리서/공동서신)』. 서울: 영음사, 1983.

____. 『성경주석(요한계시록)』. 서울: 영음사, 1984.

朴亨龍. 『敎義神學(神論)』. 서울: 韓國基督敎敎育硏究院, 1983.

____. 『敎義神學(救援論)』. 서울: 韓國基督敎敎育硏究院, 1983.

석원태. 『기독교 7영리』. 서울: 도서출판 경향문화사, 2000.

안창천. 『파워8확신』. 서울: 도서출판 우리하나, 2018.

이근삼. 『칼빈·칼빈주의』. 부산: 고신대출판부, 1978.

____. 『개혁주의 조직신학 개요(2)』. 서울: 도서출판 생명의 양식, 2007.

이상화. 『관통 기독교 교리』. 경기: 카리스, 2013.

이윤근. 『구원론』. 서울: 성광문화사, 1992.

유태화. 『개혁주의 신학의 구원론』. 경기: 크리스챤출판사, 2006.

정기화. 『평신도를 위한 조직신학』. 서울: 규장문화사, 1989.

정성구. 『칼빈의 신학사전』. 서울: 총신대학교 출판부, 2000.

조영엽. 『조직신학(신론 · 인죄론)』. 서울: 미스바, 2001.

____. 『조직신학(구원론 · 종말/내세론)』. 서울: 도서출판 미스바, 2004.

정원태. 『열정칼빈주의』. 서울: 기독교문서선교회, 1984.

車榮倍. 『改革敎義學(II/1)』. 서울: 總神大學出版部, 1982.

하문호. 『교의신학(神論)』. 서울: 도서출판 그리심, 2002.

____. 『교의신학(救援論)』. 서울: 도서출판 그리심, 2003.

韓聖基. 『신학으로의 초대』. 경기: 도서출판 잠언, 2006.

한국개혁주의신행협회 편. 『神學事典』. 서울: 한국개혁주의신행협회, 1981.

황대우. 『칼빈과 개혁주의』. 서울: 도서출판 깔뱅, 2009.

Barrett, Matthew. 『구원에 관한 40가지 질문』. 김태곤 옮김. 서울: 아가페, 2020.

Bavink, Herman. 『개혁주의 신론』. 이승구 역. 서울: 기독교문서선교회, 1998.

Berkhof, Louis. 『조직신학(합본)』. 권수경 · 이상원 옮김. 경기: 크리스챤 다이제스트, 2008.

Boston, Thomas. 『웨스트민스터 소교리문답 해설 1』. 장호준 옮김. 서울: 부흥과개혁사, 2018.

Boettner, Loraine. 『개혁주의 신학 연구』. 김광열 역. 서울: 기독교문서선 교회, 1994.

____. 『칼빈주의 예정론』. 김남식 · 홍의표 역. 서울: 베다니, 1996.

Buswell, Oliver. 『조직신학(2권)』. 권문상 · 박찬호 옮김. 서울: 웨스트민 스터 출판부, 2005.

Calvin, John. 『칼빈의 예정론』. 한국칼빈주의연구원 역. 서울: 기독교문 화협회, 1986.

____. 『基督敎綱要(上)』. 김종흡 외 3인 공역. 서울: 생명의말씀사, 2002.

____. 『基督敎綱要(中)』. 김종흡 외 3인 공역. 서울: 생명의말씀사, 2002.

Demarest, Bruce.『십자가와 구원』. 이용중 옮김. 서울: 부흥과개혁사, 2010.

Erickson, Millard J.『복음주의 조직신학(하)』. 신경수 옮김. 경기: 크리스 챤다이제스트, 2007.

____.『복음주의 조직신학(중)』. 현재규 옮김. 경기: 크리스챤다이제스트, 2008.

Grudem, Wayne.『조직신학(중)』. 노진준 옮김. 서울: 은성, 2009.

Hendriksen, William.『來世論』. 오성종 역. 서울: 새筍출판사, 1981.

Klooster, Fred H.『칼빈의 예정론』. 신복윤 역. 서울: 성광문화사, 1987.

Murray, John.『구속론』. 하문호 역. 서울: 성광문화사, 1983.

Pink, Arthur W.『성화론』. 서창원 옮김. 서울: 도서출판 진리의 깃발, 2014.

Palmer, Edwin H.『칼빈주의 5대 교리』. 박일민 역. 서울: 성광문화사, 1982.

Reymond, Robert L.『최신조직신학』. 나용화 외 3인 공역. 서울: 기독교 문서선교회, 2010.

Reed, R. C.『칼빈이 가르친 복음』. 정중은 역. 서울: 새순출판사, 1986.

Shaw, Robert.『웨스트민스터 신앙고백 해설』. 조계광 역. 서울: 생명의말 씀사, 2017.

Sproul, R. C.『알기 쉬운 예정론』. 정중은 역. 서울: 생명의말씀사, 1993.

____.『개혁주의 은혜론』. 노진준 역. 기독교문서선교회, 1999.

____.『기독교의 핵심 진리 102가지』. 윤혜경 옮김. 서울: 생명의말씀사, 2007.

_____.『웨스트민스터 신앙고백 해설(2)』. 이상웅 · 김찬영 공역. 서울: 부흥
과개혁사, 2011.

Steele, David N and Thomas, Curtis C.『칼빈주의와 알미니안주의』. 이상
화 옮김. 서울: 엠마오, 1996.

Thiessen, Henry C.『組織神學講論』. 권혁봉 역. 서울: 생명의말씀사,
1995.

Van Til, Cornelius.『개혁주의 신학 서론』. 이승구 옮김. 서울: 기독교문서
선교회, 2004.

Williamson, G. I.『웨스트민스터 신앙 고백서 강해』. 나용화 옮김. 서울:
한국개혁주의신행협회, 1980.